FolyMaps

Touring Atlas

FRANZÖSISCHE ALPEN

Savoien • Ain • Isère • Drôme

Alpes-Maritimes • Provence • Côte d'Azur

LEGENDE

45 24 Autobahn mit Nummer und Anschlussstelle

471 4- oder mehrspurige Schnellstraße mit Nummer und Anschlussstelle

Fernstraße

16 % Wichtige Hauptstraße, Steigung in Prozent

XII-II Hauptstraße, Mautstelle, Wintersperre

Nebenstraße, Pass, Straße gesperrt

Autofähre

Autoverladebahnhof

ICE IC/EC ICE/IC/EC Bahnhof

Autobahn- Tankstelle, Raststätte, mit Motel, Autohof

Sehenswürdigkeiten

Internationaler Flughafen

Flughafen

IMPRESSUM

1. Auflage Juni 2018 | © 2018

HERAUSGEBER
TVV Touristik-Verlag GmbH | Werner Henschel Str. 2 | D-34233 Fuldatal-Ihringshausen
Tel.: +49 - (0) 561/400 85 - 0 | Fax: +49 - (0) 561/400 85 - 21
info@bikerbetten.de | www.bikerbetten.de
Vertretungsberechtigter Geschäftsführer: Peter Schmitz
Registergericht: Kassel | Registernummer: 13254
Umsatzsteuer-Identifikationsnummer gemäß § 27 a Umsatzsteuergesetz: DE813611060

REDAKTION Stephan Fennel
UMSCHLAGGESTALTUNG TVV Touristik-Verlag GmbH
PRODUKTION TVV Touristik-Verlag GmbH
KARTENBASIS © Kunth Verlag GmbH & Co. KG

BLATTSCHNITTKARTE 123map; Daten: OpenStreetMap; Lizenz ODbL 1.0
Die GPS-Daten gibt es zum kostenlosen Download auf www.bikerbetten.de

Alle Angaben dieses Werks wurden von den Autoren sorgfältig recherchiert. Für die Richtigkeit der Angaben kann jedoch keine Haftung übernommen werden.

ISBN 978-3-937063-59-1

Am Col du Glandon in den Savoien

INHALT

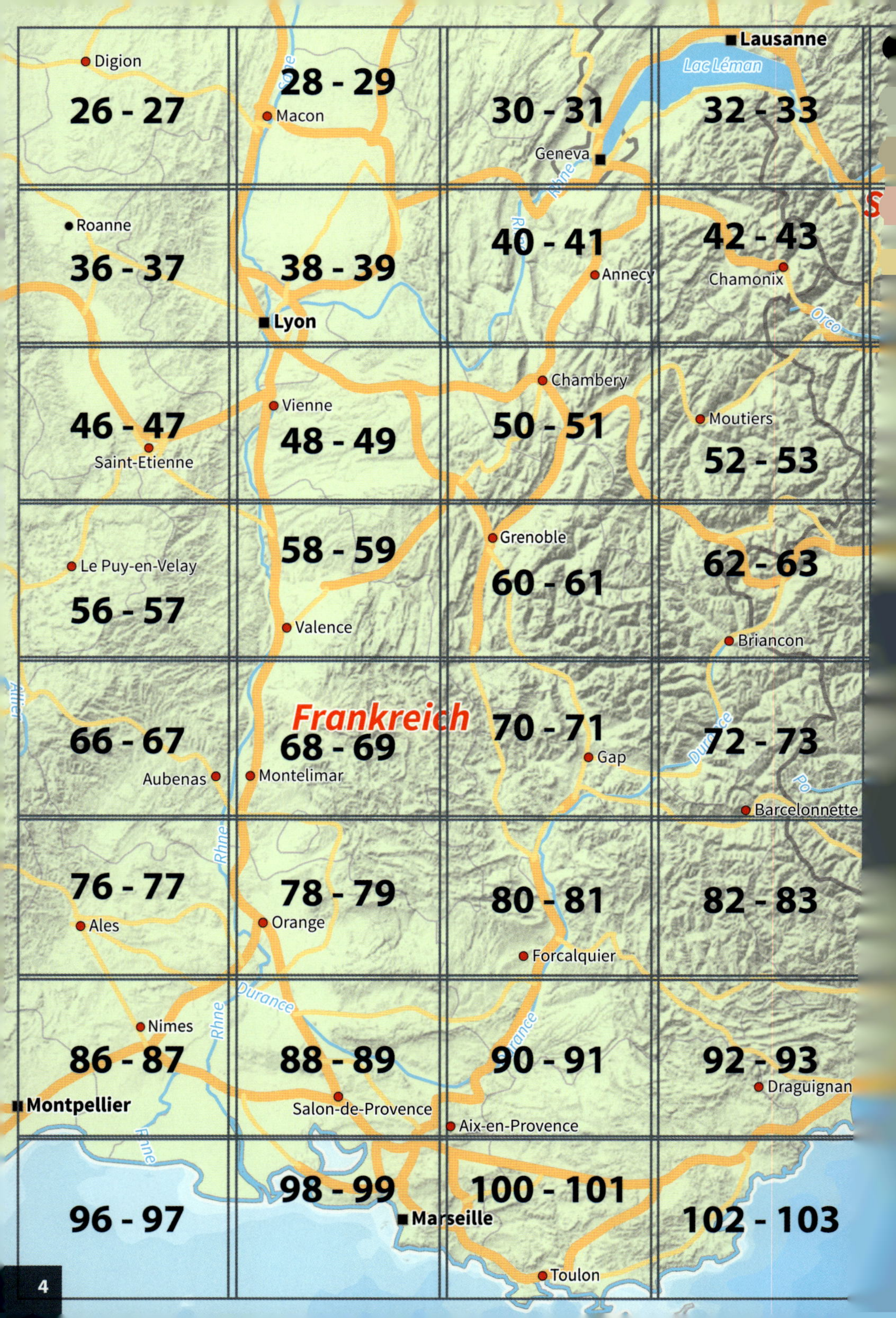
Digion
26 - 27
28 - 29
Macon
30 - 31
Geneva
Lausanne
Lac Léman
32 - 33
Roanne
36 - 37
38 - 39
Lyon
40 - 41
Annecy
42 - 43
Chamonix
Orco
Chambery
46 - 47
Saint-Etienne
Vienne
48 - 49
50 - 51
Moutiers
52 - 53
Grenoble
Le Puy-en-Velay
56 - 57
58 - 59
Valence
60 - 61
62 - 63
Briancon
Frankreich
66 - 67
Aubenas
68 - 69
Montelimar
70 - 71
Gap
72 - 73
Durance
Po
Barcelonnette
Rhne
76 - 77
Ales
78 - 79
Orange
80 - 81
Forcalquier
82 - 83
Durance
Nimes
86 - 87
Montpellier
88 - 89
Salon-de-Provence
90 - 91
Aix-en-Provence
92 - 93
Draguignan
96 - 97
98 - 99
Marseille
100 - 101
Toulon
102 - 103

4 - 35
Rhne
iz
- 45
Lag
Ivrea
4 - 55
Novar
Turin
- 65
Asti
Italien
- 75
- 85
- 95
meer
60 km

© Eberhard Nowatzki

Annecy: Die Stadt am gleichnamigen See lohnt sicher einen mehrtägigen Aufenthalt. Sie verfügt über eine wunderbare mittelalterliche Innenstadt und ist mit ihrer Uferlage eine Perle in Savoiens Landschaft.

Col de la Forclaz: Wird der See gegen den Uhrzeigersinn umrundet, führt eine kleine Straße bis zum Pass auf 1157 Meter. Von hier aus bietet sich einer der schönsten Ausblicke auf den Lac d'Annecy.

Col de Leschaux: Bei Sèvrier wird die Seeumrundung beendet und es geht ins Massif des Bauges. Der Gebirgskamm hat Tourenfahrern reichlich zu bieten. Kaum Verkehr bei schöner Streckenführung zeichnet eine gute Handvoll Pässe aus, die durch das waldreiche Gebiet führen. Dieser Pass ist mit 897 Metern der erste davon.

Col de Plainpalais: Seine steile Nordostrampe ist das Markenzeichen des 1173 Meter hohen Passes, der insgesamt 14 Kehren aufweist. Auf der Passhöhe zweigt aber schon die D913 zum nächsten Highlight ab.

Col de la Cluse: Auch wenn dem 1184 Meter hohen Pass ein markanter Scheitel fehlt, so ist er doch ein kurvenreicher Genuss, der einen bis ans Ostufer des Lac du Bourget führt. Von hier aus ist bald Chambery erreicht und damit der Anstieg zum nächsten Pass.

Col des Prés: Auf 1142 Meter kommt dessen Scheitel, zu dem ein Wechselbad von Kehren und Kurven hinauf führen.

Col du Frêne: Im Herzen des Bauges-Massivs führt die Strecke zunächst nach la Châtelard, bevor es über den Col du Frêne mit seinen 950 Metern ins Tal der Isère hinab geht.

Col de Tamié: Kurz vor Albertville lockt dieser Pass noch einmal auf 907 Meter, bevor diese Tour in Faverges endet.

ROADBOOK ca. 230 km

Annecy – Col de la Forclaz – Sèvrier – Col de Leschaux – Col de Plainpalais – Col de la Cluse – Chambery – Col des Prés – La Châtelard – Col du Frêne – Col de Tamié – Faverges

Col de la Forclaz: Gleich mehrere Pässe in der Region tragen diesen Namen. Dieser führt von Martigny in der Schweiz auf 1527 Metern zur französischen Grenze. Dabei hat man bei gutem Wetter den Gletscher bedeckten Mont Blanc gut im Blick. Außerdem bietet sich ein Abstecher zum Lac d'Emosson an, dessen Staumauer auf fast 2 000 Metern Höhe liegt.

Chamonix-Mont Blanc: Der bekannte Wintersportort ist eng mit Europas höchstem Berg verbunden. Erreicht wird Chamonix über den 1461 Meter hohen Col des Montets. Wie bei vielen Zufahr ten zu Skigebieten ist auch dieser mittlerweile gut ausgebaut.

Ugine: Die Strecke von Megève nach Ugine lässt einem ab Not reDamedeBellecombe die Qual der Wahl. Entweder man bleibt auf der besser ausgebauten, aber dennoch attraktiven Talstraße D1212 am Fluss l'Arly entlang, oder man schwingt sich auf der schmalen D109 in die Höhe, um dann in engen Kehren nach Ugine hinabzustoßen.

Cormet de Roselend: Nicht wenige meinen, dass der Cormet de Roselend einer der schönsten Alpenpässe ist, den Frankreich aufzuweisen hat. Die Wintersperre auf dem 1967 Meter hohen Pass gilt zumeist nur von Dezember bis April, also relativ kurz für die sonstigen Verhältnisse in den französischen Hochalpen. Zu verdanken haben wir die meisterliche Streckenführung einer ehemaligen Großbaustelle: Der so wunderbar türkis schimmernde Lac de Roselend ist ein erst in den 1950er Jahren errichteter Stausee. Die jetzige Straße an ihm vorbei und über den Pass wurde zunächst als Zufahrt zur Baustelle angelegt. Zwar bestand von Osten eher eine Auffahrt auf die Passhöhe, die war aber bis 1960 nicht mit dem Beaufortain verbunden.

Col du Petit St-Bernard: Auf der 2188 Meter hohen Passhöhe des Kleinen Sankt Bernhard verläuft die Landesgrenze zwischen Italien und Frankreich. Deshalb hat er auch in beiden Landessprachen seine eigene Bezeichnung: Colle del Piccolo San Bernardo und Col du Petit Saint Bernard. Auf der französischen Seite lohnt sich kurz vor der Passhöhe eine Pause an dem eindrucksvollen Monolithen. Darauf befindet sich die Statue des Heiligen Bernhard von Menthon. Die Straße ist breit und gut ausgebaut und sorgt mit insgesamt 52 Kehren für mächtig Fahrspaß.

Courmayeur: Der Wintersportort ist auch im Sommer attraktiv genug als Endpunkt dieser Route. Wer die Runde weiter führen möchte, kann auch noch über den Großen St. Bernhardpass nach Martigny und damit in die Schweiz zurückkehren.

ROADBOOK ca. 248 km

Martigny – Lac d'Emosson – Col des Montets – Chamonix-Mont Blanc – Megève – Ugine – Beaufort – Cormet de Roselend – Seez – Col du Petit Saint-Bernard – Courmayeur

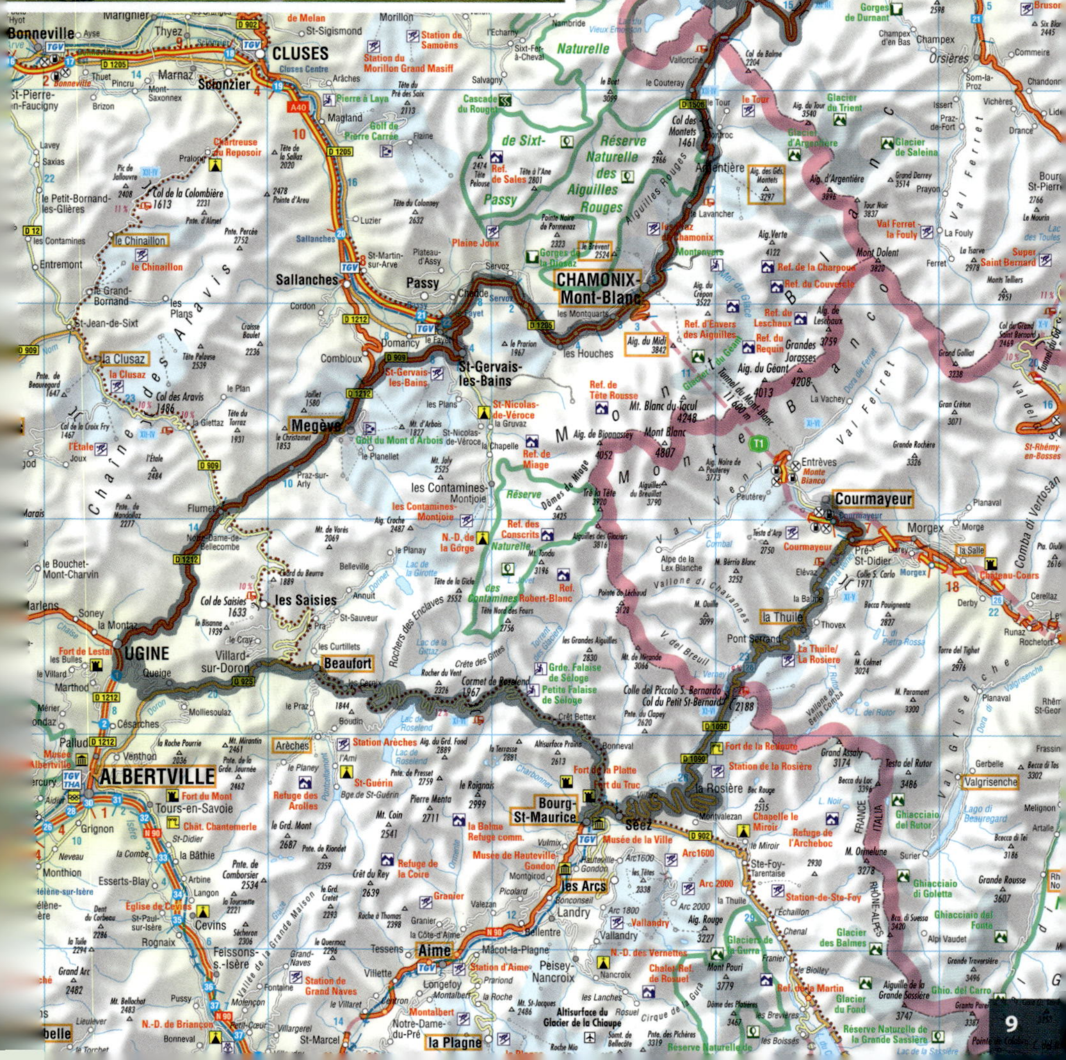

© BikerBetten - Peter Schmitz

St-Péray: Dass die Ardèche weit mehr als nur die formidable Schlucht gleichen Namens zu bieten hat, wird einem schon hier klar. Der Ort liegt nur wenige Kilometer vom Tourstart im Rhônetal entfernt und wird dominiert von der Burgruine Crussol.

Lamastre: Der Ort, den man über den 754 Meter hohen Col des Fans erreicht, ist das Tor zum Naturpark Monts d'Ardèche. Gleich zwei Burgruinen krönen die umliegenden Hügel. Der touristische Dampfzug durch die Doux-Schlucht startet hier seine Fahrt.

Gorges du Doux: Der kleine Fluss hat große Wirkung gezeigt und eine prächtige Schlucht hinterlassen. Die lässt sich auf einer schmalen Straße zwar umrunden, um in den Genuss der schönsten Ausblicke zu kommen, ist die eine oder andere kurze Wanderung vonnöten. Aber es lohnt sich!

Col du Faux: Ein prächtiges Kurvengetümme hat in Folge die D532 zu bieten. Zunächst führt sie über den 920 Meter hohen Col de Buis- son, um danach die magische Marke zu kna- cken und bei 1020 Metern den Scheitel diese Passes zu erreichen.

Annonay: Die größte Stadt der Ardèche ha gerade mal 15 000 Einwohner – und zwe berühmte Söhne. Die Gebrüder Montgolfie leiteten hier im 18. Jahrhundert die elterlich Papierfabrik und ließen am 4. Juli 1783 eine Heißluftballon erfolgreich aufsteigen. Noc im gleichen Jahr gaben sie König Ludwig XV eine Vorführung. Und obwohl ihre Arbeit di bemannte Luftfahrt revolutionierte, widmete sich beide fortan wieder der Papierherstellun

Lalouvesc: In diesem Ort steht die beeindr- ckende Basilika, in der die Reliquien des Hei gen Jean-François Régis verwahrt werden.

ROADBOOK ca. 158 km

Valence – Saint-Péray – Col des Fans – Lamastre – Gorges du Doux – Col de Buisson – Col du Faux – Lalouvesc – Satillieu – Saint-Alban-d'Ay – Annonay – Serrières

Alpe d'Huez: Ausgangspunkt dieser stimmungsvollen Runde im Herzen der französischen Alpen ist Le Bourg-d'Oisans. Von hier aus geht es in 21 schwungvollen Kehren einen der berühmtesten Anstiege der Tour de France hinauf zum Ski Ort Alpe d'Huez.

Col de Sarenne: Kaum jemand nimmt diesen kleinen Pass wahr, weil die meisten Alpe d'Huez für eine Sackgasse halten. Weit gefehlt. Allerdings ist die Strecke zum Pass auf 1999 Metern nicht durchgängig asphaltiert, zudem von zahlreichen tiefen Betonrinnen durchzogen, die dem Schmelz- und Regenwasser den Weg weisen sollen. Auch die Abfahrt nach Mizoën am Lac du Chambon hat schon besser asphaltierte Zeiten gesehen. Dafür herrscht kaum Verkehr an den Traumaussichten der Route.

Col du Galibier: Bei einer Runde über Tour de France-Legenden darf der 2646 Meter hohe Galibier nicht fehlen, wurde er doch schon 33 mal bezwungen. Zum 100. Jubiläum der Tour im Jahre 2011 wurde er gar auf zwei Etappen von beiden Seiten angefahren.

St-Jean-de-Maurienne: Der kleine Hauptort des Maurienne-Tals ist nicht besonders hübsch, doch immerhin seit dem sechsten Jahrhundert besiedelt. Außerdem ist es der Stammsitz der bekannten Messerfabrik Opinel, deren Produkte einen ähnlichen Ruf wie die Schweizer Messer haben. Besuche in Museum und Shop sollten bei dieser Tour eingeplant werden.

Col de la Croix de Fer: Der kurvenreiche Anstieg zum 2068 Meter hohen Pass zählt vor allem wegen seiner fantastischen Ausblicke auf die Belledonne-Kette zu den schönsten Strecken der Region – und ist damit ein krönender Abschluss dieser Tour.

ROADBOOK ca. 250 km

Le Bourg-d'Oisans – Alpe d'Huez – Col de Sarenne – Mizoën – Col du Lautaret – Col du Galibier – Valloire – Col du Télégraphe – St. Jean-de-Maurienne – Col de la Croix de Fer – Le Bourg-d'Oisans

Vallon-Pont d'Arc: Von unserem Startort Saint-Paul aus überqueren wir zunächst das Rhônetal und cruisen dann durch das Ardèche-Hinterland. Auch hier dominieren Olivenbäume oder Lavendelfelder das Landschaftsbild. In Vallon-Pont d'Arc ändert sich das dramatisch. Hier hat der Fluss eine Schneise geschlagen, dabei den viel fotografierten Felsenbogen hinterlassen. Das ist der Auftakt zu unserem Ritt entlang der Ardèche-Schlucht.

Gorges de l'Ardèche: Während sich auf dem Gewässer, das sich auch in diesem Teil Frankreichs tief ins Gestein gegraben hat, Kanus und Kajaks tummeln, nutzen Motorradfahrer die großartig angelegte Panoramastraße an der Oberkante der Schlucht. Während eine Kalksteinhöhle mit frühzeitlichen Wandmalereien nicht besichtigt werden kann, steht die Tropfsteinhöhle Grottes de la Madeleine Besuchern offen – was an heißen Tagen eine willkommene Abkühlung bringt.

Saint-Martin-d'Ardèche: Kurz vor dem Ort gibt es ein paar der schönsten Aussichtspunkte auf die Schlucht, die sich dann öffnet und in ihrer Weite wieder Platz für Bebauung lässt. Unsere Route schwenkt hier über die Ardèche-Brücke ab ins Gard.

Gorges de la Cèze: Die D901 führt von der Ardèche zum Cèze, einem deutlich kleineren Fluss, der aber trotzdem ein paar Schluchten hinterlassen hat. Nicht ganz so spektakulär wie entlang der großen Schwester, aber sehenswert.

Saint-Paul-Trois-Châteaux: Der Ort liegt an einem Nebenkanal der Rhône – und damit an der Nahtstelle zwischen Drôme und Ardèche. Daher eignet er sich ganz gut als Tourenbasis in diese beiden Départements der Region Rhône-Alpes.

© BikerBetten - Peter Schmitz

ROADBOOK ca. 154 km

Saint-Paul-Trois-Châteaux – Bourg-Saint-Andéol – Vallon-Pont-d'Arc – Gorges de l'Ardèche – Saint-Martin-d'Ardèche – Gorges de la Cèze – Bollène – Saint-Paul-Trois-Châteaux

Col de Tempêtes: Nyons ist dasZentrum des Olivenanbaus im Departement Drôme, dem südlichsten Teil der Region Rhône- Alpes. Und es ist Ausgangspunkt dieser Runde, die auch zum Mont Ventoux führen wird. Bei Malaucène zweigt die D974 nach Osten ab und führt auf den 1909 Meter hohen Gipfel dieses markanten Bergs. Während seine tiefer gelegene Umgebung im Immergrün von Olivenbäumen und anderem typischen Provence-Buschwerk erstrahlt, ist dieser eigentümliche Felsriese einfach nur: kahl! Und sieht damit wie ein Mega-Fremdkörper aus. Doch damit nicht genug ist der Berg auch extrem wetterlaunisch. Starke Winde oder gar Stürme treten häufig wie aus dem Nichts auf. Da gilt es dann, im Sattel zu bleiben. Aber die Strecke ist ein Genuss und jede Mühe wert.

Sault: Die kleine Gemeinde ist typisch für die Hochprovence. Charakteristische Natursteinhäuser stehen in einer hügeligen Umgebung, die im Frühjahr zur Lavendelblüte das ganze Land mit ihrem Violett überziehen. Col de l'Homme Mort: Es gibt einen kürzeren Weg von Sault nach Montbrun, doch dieser 1212 Meter hohe Pass ist eine gute Alternative für Fahrer mit nervöser Gashand.

Montbrun-les-Bains: Das hübsche Dorf klebt geradezu an einem Hangausläufer des Mont Ventoux. Ein toller Anblick.

Buis-les-Baronnies: Zwei kleinere Pässe weiter erwartet uns ein weiteres dieser verträumten Drôme- Dörfer.

Nyons: Neben der mittelalterlichen Brücke, dem Ortskern und der Lavendel-Destillerie lohnt hier auch ein Blick hinter die Kulissen einer kleinen Seifenproduktion.

ROADBOOK ca. 163 km

Nyons – Vaison-la-Romaine – Malaucène – Col des Tempêtes – Mont Ventoux – Sault – Col de l'Homme Mort – Montbrun-les-Bains – Buis-les-Baronnies – Sainte-Jalle – Nyons

Lac de Serre-Ponçon: Von Gap aus bietet sich auch eine Tagestour rund um das Tal der Durance an. Ostwärts über die N94 führt der Weg zunächst nach Chorges und dann in die Höhenlagen über den Stausee Lac de Serre-Ponçon. Eine besonders gute Aussicht lässt sich von einem etwas abseits der kurvenreichen D954 gelegenen Punkt in Le Sauze-du-Lac genießen. Hier kann der Blick über weite Teile des Gewässers wie auch die sich teilweise steil emporhebenden Berghänge schweifen.

le Lauzet-Ubaye: Am Kreuzungspunkt der D954 mit der D900 liegt das Gemeindgebiet von le Lauzet-Ubaye. Der Ort hat sich zu einem Mekka für Rafter, Kanuten und Kletterer gemausert. Entsprechende Angebote sind an den Ufern des Flusses Ubaye allerhand zu finden.

Col St-Jean: Auf dem Weg nach Selonnet muss zunächst einmal der etwas unsepktakuläre Col St-Jean überwunden werden. Die weitgehend von Landwirtschaft geprägte Umgebung hat ebenfalls kaum Reize zu bieten. Bleibt eine Scheitelhöhe von 1333 Metern fürs Fahrtenprotokoll.

Gorges de la Blanche: Wirklich spektakulär wird es dafür kurze Zeit später auf dem Weg durch diese Schlucht. Ihre Steilhänge werfen ganzjährig reichlich Material auf den schmalen Fahrweg ab, so dass man mit großer Aufmerksamkeit fahren muss. Dazu ist die Strecke häufig ausgesetzt und führt durch einige Naturtunnel.

Col d'Espréaux: Dieser nur 1142 Meter hohe Pass ist fahrerisch schon reizvoll genug. Doch bietet er mit einer ähnlichen „Mondlandschaft" wie die der Casse Déserte zusätzlich ein grandioses Naturspektakel, bevor es über Veynes zurück zum Ausgangspunkt nach Gap geht.

ROADBOOK ca. 160 km

Barcelonnette – Jausiers – Col de Restefond – Col de la Bonette – Cime de la Bonette – Isola – Col de la Lombarde – Vinadio – Argentera – Col de Larche – Meyronnes – Jausiers – Barcelonnette

Corniche des Maures: Das zweite, kleine Küstengebirge neben dem Esterel und zugleich ein Unterschied wie Tag und Nacht: Die Corniche des Maures ist die Küstenstraße, die Saint-Tropez mit Le Lavandou verbindet. Statt des goldroten Gesteins im Esterel ist das Massif des Maures von dunklen, fast schwarzen Tönen geprägt. Unmittelbar hinter der Küste geht es bereits steil bergan mit Gipfeln bis über 500 Meter. Von der Straße aus ist die Inselgruppe der Îles d'Hyères gut zu erkennen.

Le Lavandou: Der Hauptort am Massif des Maures mit allen Angeboten, die man für eine ausgiebige Pause benötigt. Einen Besuch wert ist aber auch das mittelalterliche Bormes-les-Mimosas am weiteren Verlauf unserer Route.

Collobrières: Korkeichen und Kastanien prägen die Wälder der Region. Die Herstellung von Kastanienmus und kandierten, „Marrons glaces" genannten Esskastanien, hat Tradition in dieser Gegend. Im Museum einer Confiserie können historische Maschinen zur Maronenverarbeitung besichtigt werden. Eine Spezialität dieses Hauses ist unter anderem eine Eiscreme aus Maronen.

Gonfaron: Erreicht wird der Ort über den 535 Meter hohen Col des Fourches. Durch ein stark bewaldetes Gebiet, in dem sich im Herbst gerne der Nebel hält, geht es weiter zum Col de Vignon, der mit seinen 352 Metern zwar keine Höhenrekorde aufstellt, aufgrund der schmalen Straße aber dennoch Aufmerksamkeit fordert.

Saint-Tropez: Obwohl nur ein kleiner Küstenort, lebt es sich gut hier. Vor allem von Besuchern auf der Suche nach pikanten Anekdoten. In den 1950ern vollendete ein Mix aus „besserer Gesellschaft" und Künstlern, was Maler Anfang des 20. Jahrhunderts begannen.

ROADBOOK ca. 148 km
Saint-Tropez – La Croix-Valmer – Corniche des Maures – Le Lavandou – Col de Babaou – Collobrières – Col des Fourches – Gonfaron – La Garde-Freinet – Col de Vignon – Plan-de- la-Tour – St.Tropez
Chapelle Ste-Brigitte
Grotte St-Michel
Vidauban
Vidauban-Nord
Vidauban-Sud
Eglise N- D. de Pitié
Sommet de St-Martin
le Vieux Revest
Col de Gratteloup
Col de Bougnon
le Lissandre
Val-d'Esquières
le Cannet-des-Maures
Autodrome du Var
Bois du Rouquan
Forêt Communale des Arcs
le Revest
les Gastons
Valauris
Plan-de-la-Tour
Aqualand
Baie de
la Nartelle
la Basse Verrerie
la Moure
Col de Vignon
le Village des tortues
St-Preire
Coriolan
Ste-Maxime
la Garde-Freinet
Forêt des Mayons
Golfe de St-Tropez
Guerre-Vieille
Beauvallon
St-Pons-les-Mûres
St-Tropez
Port-Grimaud
Col des Fourches
Massif des Maures
Grimaud
N. D. de-la-Queste
Chap. Ste-Anne
la Sauvette
Ancien Eglise de Collobrières
Capelude
Périer
Cogolin
Bastagne-Moulin
la Capilla
Salagru
Collobrières
Chartreuse de la Verne
Barrage de la Verne
Gassin
Ramatuelle
Plage
les Guiols
la Croix-Valmer
Moulins de Paillas
Montjean
l'Escalet
Sommet du Laquina
Menhirs du Laquina
St-Guillaume
Col de Babaou
la Môle
Bois de la Colle
la Bouuillabaisse
les Pradels
Baie de Cavalaire
Gigaro
Cap Cartaya
Port Cavalaire-sur-Mer
Col de Gratteloup
le Rayol
Cavalaire-sur-Mer
Canadel-sur-Mer
Cap Lardier
Gaouby
Bormes-les-Mimosas
Cavalière
St-Clair
Aiguebelle
Pramousquier
Cap Nègre
Réserve du Trapan
Château de Bormes
LE LAVANDOU
Corniche des Maures
Port Le Lavandou
la Favière
Plage de la Favière
Chât. les Fourches
Baie de Gau
Pointe de l'Esquillette
Cabasson
Cap Bénat
Cap de Brégançon
Fort de Brégançon
Phare Cap Bénat
Iles d'Hyères
Pointe du Castellas
Île du Levant - /Champ Militaire/
Île du Levant
Île de Port-Cros
Passe des Grottes
Héliopolis
Pointe Marpertuis
Port-Cros
Ancien Batterie
Fort de Emminence
Vallon de la Solitude
Île de Porquerolles
Parc National de Port-Cros

Col du Ferrier: Von Cannes aus bietet sich eine Nebenstrecke hinter Mouans-Sartoux für den Weg nach Grasse an. Von dort geht es weiter zu diesem 1041 Meter hohen Pass, der neben der Route Napoléon zu finden ist.

Col de la Sine: Der 1080 Meter hohe Pass ist nur wenig ausgeprägt und in einem bewaldeten Gebiet gelegen. Im Osten ist über schmale Straßen ein Ableger des Observatoire de la Côte d'Azur mit den bizarren Bauten erreichbar. Nach Norden schließt sich mit dem 1248 Meter hohen Col de Castellaras und seiner schönen Aussicht über tiefer gelegene Täler ein weiterer Übergang an.

Grand Canyon du Verdon: Zurück auf der Route Napoléon ist Castellan bald erreicht. Es fungiert als das östliche Tor zum Grand Canyon du Verdon. Die 21 Kilometer lange und bis zu 700 Meter tiefe Schlucht nimmt hier ihren Anfang. Geschaffen vom Wasser des Flusses Verdon ist das Naturschauspiel für Motorradfahrer auch deshalb interessant, weil die beiderseits an ihr entlang führende Straße neben tollen Ausblicken auch manch überraschende Streckenführung zu bieten hat. Die schönsten und spektakulärsten Plätze werden auf einer Schleife erreicht, die in La Paludsur-Verdon von der Hauptstrecke abzweigt.

Moustiers-St. Marie: Der perfekte Ort für einen Mittagsstopp, liegt er doch ungefähr auf halber Strecke bei diesem Tourvorschlag.

Comps-sur-Artuby: Die südliche Verdon-Straße führt auf dem Weg zu diesem Ort etwas tiefer an der Schlucht vorbei, aber auch zu den Balcons de la Mescla, wo der Verdon an seinem Zusammenfluss mit dem Artuby auch noch eine dramatische Schleife in die Landschaft zeichnet.

ROADBOOK ca. 286 km

Cannes – Mouans-Sartoux – Grasse – Col du Ferrier – Col de la Sine – Castellane – Grand Canyon du Verdon – Moustiers-Saint-Marie – Comps-sur-Artuby – Grasse – Mougins – Cannes

Col de Vence: Aus Nizza heraus ist Cagnes-sur-Mer bald erreicht. Hier zweigt unsere Tour von der Küste ab ins Landesinnere. Weiter geht es über Vence zum gleichnamigen Pass, der mit 970 immerhin schon knapp an der 1000 Meter-Marke kratzt – und das nur wenige Kilometer hinter „Normal Null".

Gorges de la Vésubie: Sind die Montagne du Chiers als nächstes überwunden, führt uns der Weg tief hinab ins Tal des Var, der bei Nizza das Mittelmeer erreicht. Aus nordöstlicher Richtung mündet die Vésubie in den Var und ergießt sich dabei aus einer dramatischen Schlucht, die einen Besuch unbedingt lohnt. Es ist ein großes Vergnügen, den Windungen des Gewässers entgegen der Fließrichtung zu folgen und sich dabei durch allerlei enge Felsformationen zu zwängen.

Col de l'Ablé: Die Alternativ-Abfahrt vom Col du Turini bringt uns über zwei weitere Pässe auf der D21 mit ihren zahlreichen engen Kehren an die D54 und weiter zu diesem 1149 Meter hohen Übergang. Sie geht am Scheitel des Col de Braus in die D2204 über.

Col de Braus: Die Straße über den 1002 Meter hohen Pass kommt von Sospel im Osten und führt über eine grandiose Westrampe mit einer nahezu perfekten Kehren-Choreographie nach L'Escarène, wo unsere Route Richtung Monaco abzweigt.

la Turbie: Wer dem Verkehrschaos in Monaco entgehen und dennoch einen Blick auf die Millionärs-Enklave werfen möchte, ist hier genau richtig. Im Anschluss geht es über die höchstgelegene der drei Küstenstraßen, der „Corniches", zurück nach Nizza.

Nizza: Die wohl lebendigste, bunteste, liebenswerteste Stadt der Côte d'Azur sollte man sich nicht entgehen lassen.

ROADBOOK ca. 206 km

Nizza – Cagnes-sur-Mer – Vence – Col du Vence – Saint- Martin-du-Var – Gorges de la Vesubie – Col de Turini – Col de l'Ablé – Col de Braus – l'Escarène – la Turbie – Col d'Eze – Nizza

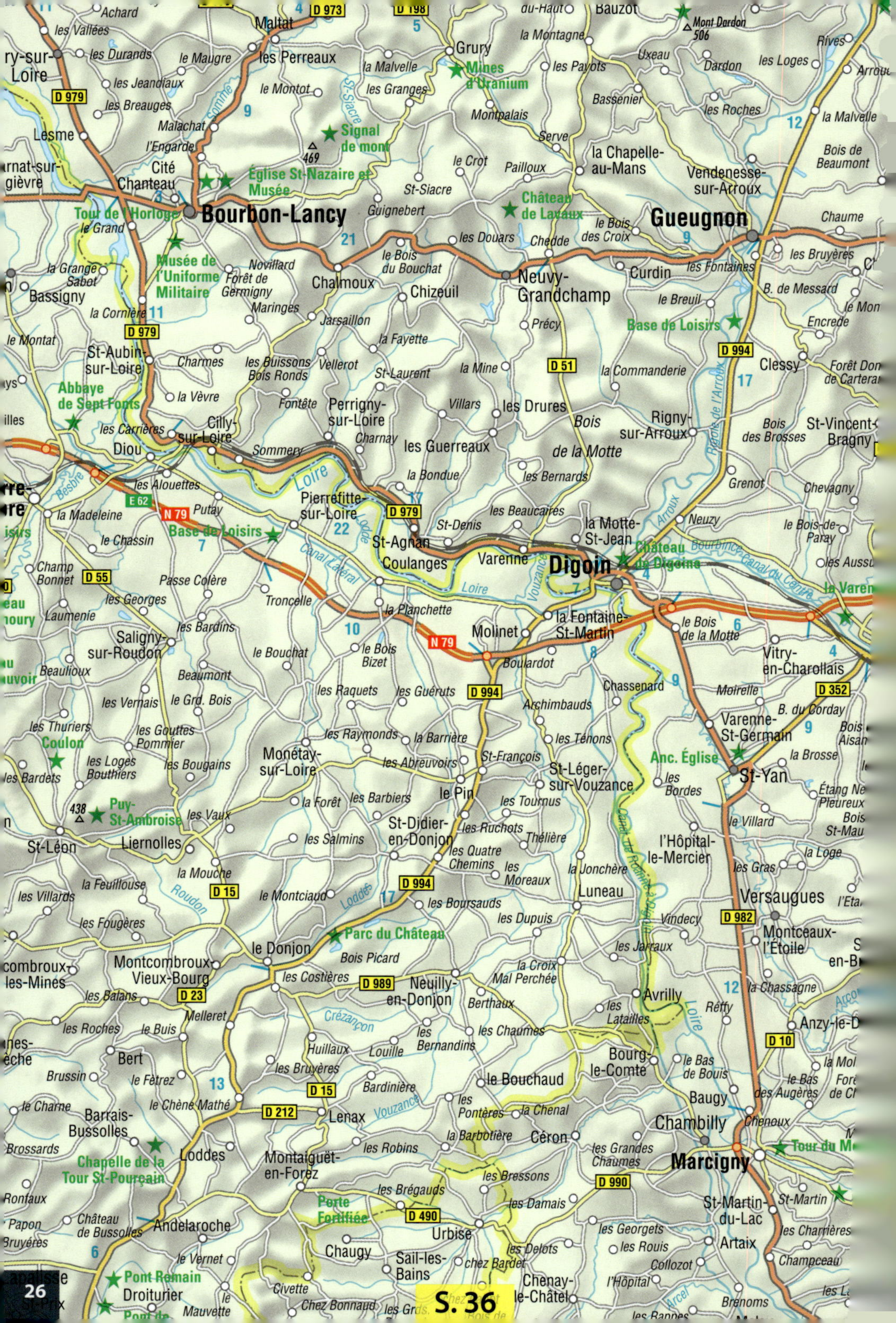
Bourbon-Lancy
Gueugnon
Digoin
Marcigny
Maltat
les Perreaux
Grury
Mines d'Uranium
Signal de mont
Église St-Nazaire et Musée
Tour de l'Horloge
Musée de l'Uniforme Militaire
Château de Lavaux
Base de Loisirs
Abbaye de Sept Fonts
Château de Digoine
Anc. Église
Parc du Château
Puy-St-Ambroise
Coulon
Chapelle de la Tour St-Pourçain
Porte Fortifiée
Pont Romain
Tour du M
Cité
Chanteau
Lesme
Chalmoux
Chizeuil
Neuvy-Grandchamp
Curdin
Vendenesse-sur-Arroux
la Chapelle-au-Mans
St-Aubin-sur-Loire
Cilly-sur-Loire
Diou
Perrigny-sur-Loire
Pierrefitte-sur-Loire
St-Agnan
Coulanges
Varenne
la Motte-St-Jean
Rigny-sur-Arroux
Clessy
Molinet
la Fontaine-St-Martin
Vitry-en-Charollais
Varenne-St-Germain
St-Yan
Saligny-sur-Roudon
Monétay-sur-Loire
St-Didier-en-Donjon
St-Léger-sur-Vouzance
l'Hôpital-le-Mercier
Versaugues
Montceaux-l'Étoile
le Donjon
Neuilly-en-Donjon
Luneau
Avrilly
Bourg-le-Comte
Baugy
Chambilly
Montcombroux-Vieux-Bourg
Liernolles
St-Léon
Bert
Barrais-Bussolles
Loddes
Lenax
Montaiguët-en-Forez
Céron
Urbise
Chaugy
Sail-les-Bains
Chenay-le-Châtel
St-Martin-du-Lac
Artaix
Andelaroche
Droiturier
Loire
Canal Latéral
Bois de la Motte
N 79
E 62
D 979
D 994
D 51
D 55
D 15
D 23
D 989
D 212
D 490
D 990
D 982
D 10
D 352
D 973
D 198
469
438
Mont Dardon 506

S. 36

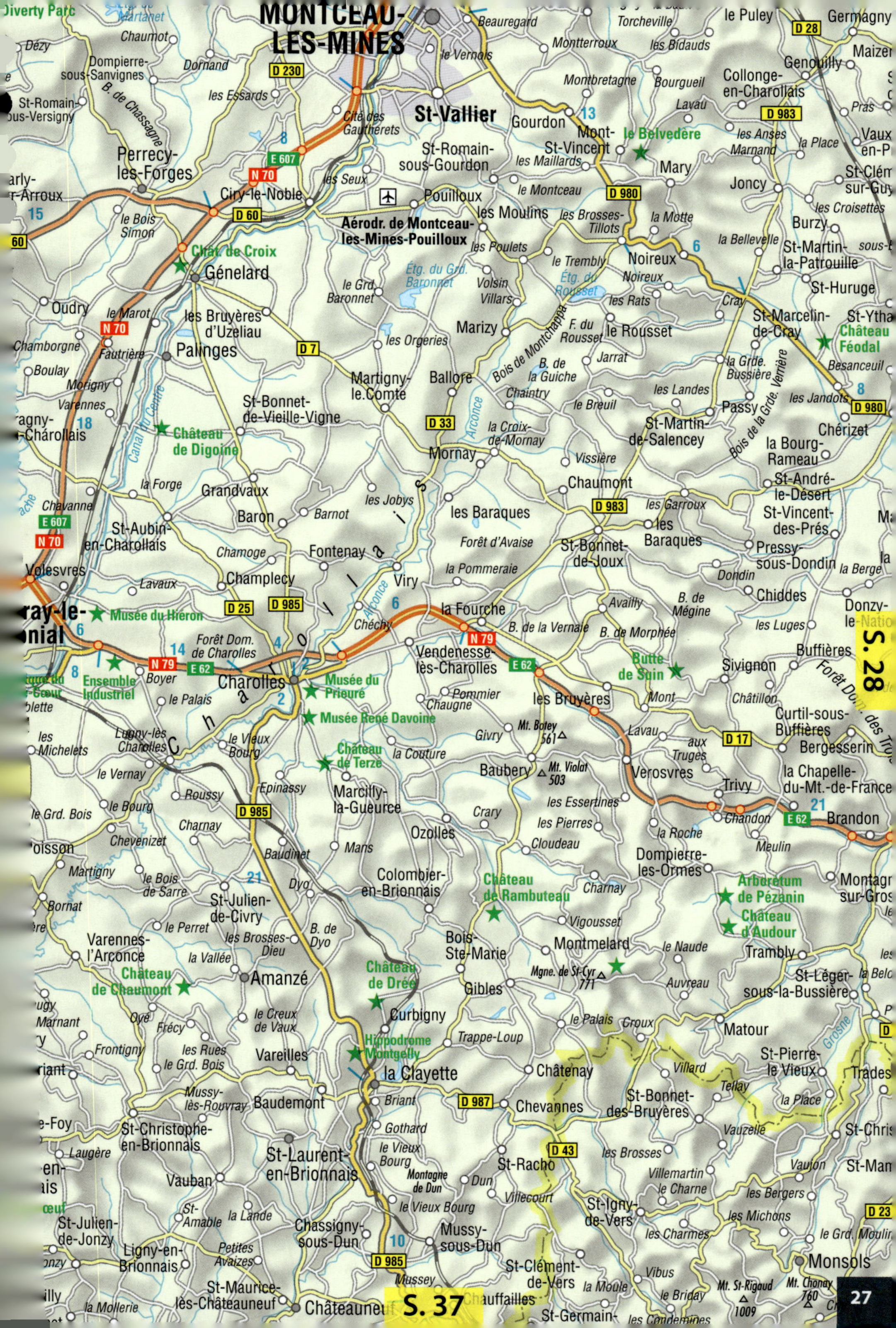

MONTCEAU-LES-MINES
Diverty Parc
Dézy
Chaumot
Dompierre-sous-Sanvignes
Dornand
St-Romain-sous-Versigny
B. de Chassagne
les Essarts
D 230
Cité des Gautherets
St-Vallier
le Vernois
Beauregard
Montterroux
Torcheville
les Bidauds
le Puley
D 28
Germagny
Genouilly
Collonge-en-Charollais
Montbretagne
Bourgueil
Lavau
D 983
Gourdon
Mont-St-Vincent
le Belvédère
les Anses
Marnand
la Place
Pras
Perrecy-les-Forges
E 607
N 70
St-Romain-sous-Gourdon
les Maillards
Mary
Joncy
les Seux
Ciry-le-Noble
Pouilloux
le Montceau
D 980
les Moulins
les Brosses-Tillots
la Motte
les Croisettes
Burzy
le Bois Simon
D 60
Aérodr. de Montceau-les-Mines-Pouilloux
les Poulets
Noireux
la Bellevelle
St-Martin-la-Patrouille
Chât. de Croix
Génelard
Étg. du Grd. Baronnet
le Grd. Baronnet
Volsin
Villars
le Trembly
Étg. du Rousset
Noireux
les Rats
Cray
St-Huruge
Oudry
le Marot
N 70
les Bruyères d'Uzeliau
Marizy
F. du Rousset
le Rousset
St-Marcelin-de-Cray
St-Ytha
Château Féodal
Chamborgne
Fautrière
Palinges
D 7
les Orgeries
Bois de Montchappa
Jarrat
la Grde. Bussière
Besanceuil
Boulay
Morigny
Martigny-le-Comte
Ballore
B. de la Guiche
Chaintry
les Landes
Bois de la Grde. Verrière
Varennes
St-Bonnet-de-Vieille-Vigne
le Breuil
Passy
les Jandots
D 980
Génelard
Château de Digoine
Canal du Centre
D 33
Arconce
la Croix-de-Mornay
St-Martin-de-Salencey
Chérizet
Mornay
Vissière
la Bourg-Rameau
la Forge
Grandvaux
Chaumont
St-André-le-Désert
Chavanne
Baron
les Jobys
les Baraques
D 983
les Garroux
les Baraques
St-Vincent-des-Prés
E 607
N 70
St-Aubin-en-Charollais
Barnot
Forêt d'Avaise
St-Bonnet-de-Joux
Pressy-sous-Dondin
Chamoge
Fontenay
la Pommeraie
Dondin
la Berge
Volesvres
Lavaux
Champlecy
Viry
Chiddes
Musée du Hiéron
D 25
D 985
Arconce
la Fourche
Availly
B. de Mégine
Donzy-le-National
Chéchy
B. de la Vernaie
les Luges
Forêt Dom. de Charolles
N 79
Vendenesse-lès-Charolles
B. de Morphée
Buffières
Ensemble Industriel
Boyer
N 79
E 62
Charolles
Musée du Prieuré
E 62
Butte de Suin
Sivignon
S. 28
le Palais
Pommier
Chaugne
les Bruyères
Mont
Châtillon
Forêt Dom. des Tr.
Curtil-sous-Buffières
Musée René Davoine
Lugny-les-Charolles
les Michelets
le Vieux Bourg
Château de Terze
Givry
Mt. Botey 561
Lavau
D 17
Bergesserin
la Couture
aux Truges
le Vernay
Roussy
Epinassy
Marcilly-la-Gueurce
Baubery
Mt. Violat 503
Verosvres
Trivy
la Chapelle-du-Mt.-de-France
le Bourg
Charnay
D 985
Crary
les Essertines
le Grd. Bois
les Pierres
Chandon
E 62
Brandon
Chevenizet
Ozolles
Cloudeau
la Roche
Baudinet
Mans
Meulin
Martigny
le Bois de Sarre
Dyo
Colombier-en-Brionnais
Château de Rambuteau
Dompierre-les-Ormes
Arboretum de Pézanin
Montagny-sur-Grosne
Bornat
St-Julien-de-Civry
Charnay
le Perret
B. de Dyo
Château d'Audour
Vigousset
Varennes-l'Arconce
les Brosses-Dieu
Bois-Ste-Marie
Montmelard
le Naude
Trambly
la Vallée
Château de Chaumont
Amanzé
Château de Drée
Gibles
Mgne. de St-Cyr 771
Auvreau
St-Léger-sous-la-Bussière
Marnant
Oyé
Frécy
le Creux de Vaux
Curbigny
le Palais
Croux
Matour
Frontigny
les Rues
le Grd. Bois
Vareilles
Hippodrome Montgelly
Trappe-Loup
Grosne
Villard
St-Pierre-le-Vieux
Trades
la Clayette
Châtenay
Tellay
Briant
D 987
St-Bonnet-des-Bruyères
la Place
Mussy-lès-Rouvray
Baudemont
Chevannes
Vauzelle
St-Chris
Laugère
St-Christophe-en-Brionnais
Gothard
le Vieux Bourg
D 43
les Brosses
Vaujon
St-Man
Vauban
St-Laurent-en-Brionnais
Montagne de Dun
Dun
St-Racho
Villecourt
Villemartin
le Charne
les Bergers
St-Amable
la Lande
le Vieux Bourg
St-Igny-de-Vers
les Michons
D 23
St-Julien-de-Jonzy
Chassigny-sous-Dun
Mussy-sous-Dun
les Charmes
le Grd. Moulin
Ligny-en-Brionnais
Petites Avaizes
D 985
St-Clément-de-Vers
Vibus
Monsols
Mussey
la Moule
le Briday
Mt. St-Rigaud 1009
Mt. Chonay 760
St-Maurice-lès-Châteauneuf
la Mollerie
Châteauneuf
S. 37
Chauffailles
St-Germain-
les Condemines

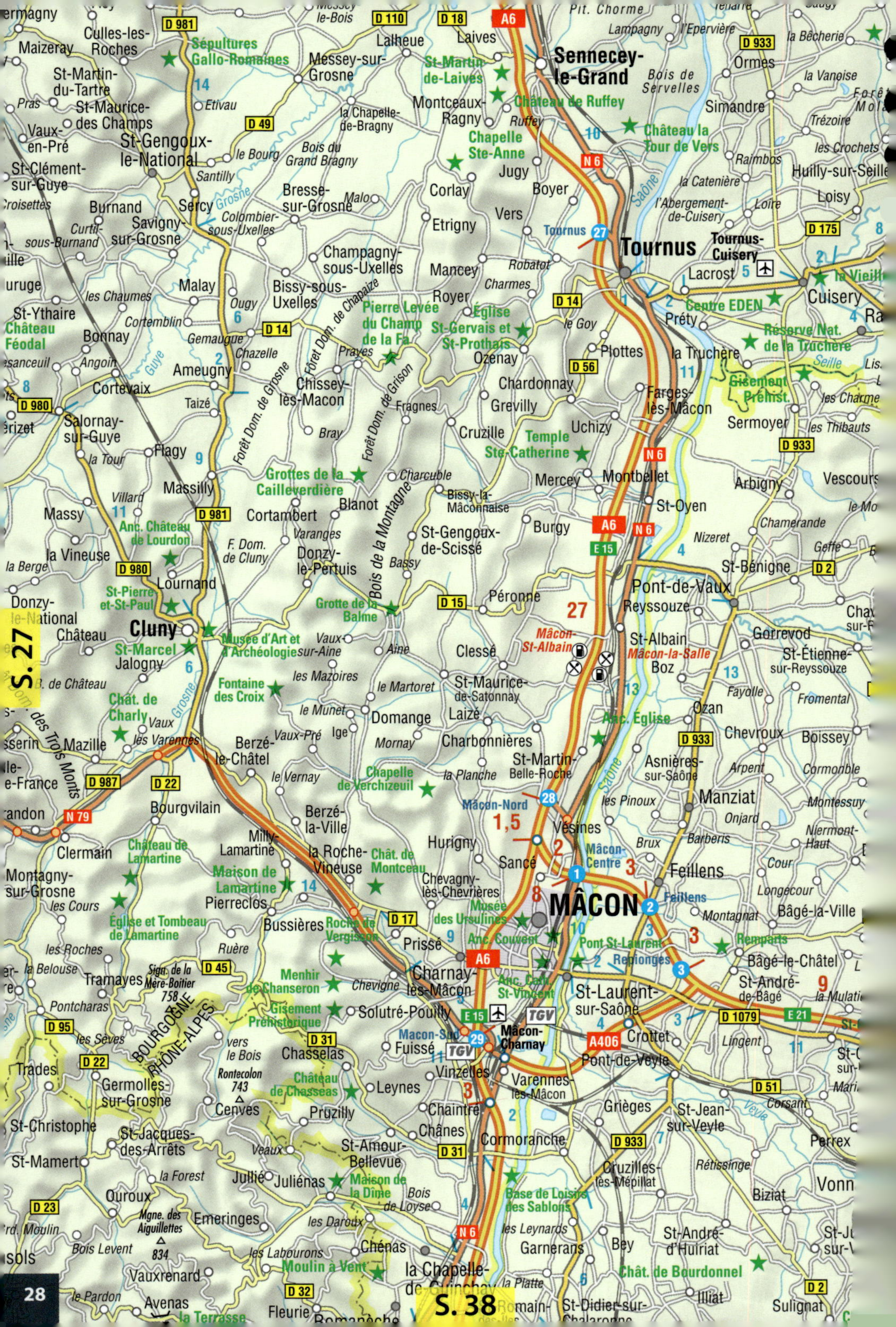
Sennecey-le-Grand
Tournus
Tournus-Cuisery
Cuisery
Cluny
MÂCON
St-Gengoux-le-National
Sennecey-le-Grand
Laives
Lalheue
Messey-sur-Grosne
Sépultures Gallo-Romaines
St-Martin-de-Laives
Château de Ruffey
Chapelle Ste-Anne
Château la Tour de Vers
Bois de Servelles
Ormes
Simandre
Culles-les-Roches
Maizeray
St-Martin-du-Tartre
St-Maurice-des-Champs
Vaux-en-Pré
St-Clément-sur-Guye
Burnand
Savigny-sur-Grosne
Sercy
Bresse-sur-Grosne
Corlay
Jugy
Boyer
Etrigny
Vers
Champagny-sous-Uxelles
Bissy-sous-Uxelles
Mancey
Royer
Malay
Ougy
Pierre Levée du Champ de la Fa
Église St-Gervais et St-Prothais
Centre EDEN
Réserve Nat. de la Truchère
La Truchère
Préty
Lacrost
Huilly-sur-Seille
Loisy
St-Ythaire
Château Féodal
Bonnay
Ameugny
Cortevaix
Taizé
Chissey-lès-Mâcon
Ozenay
Plottes
Chardonnay
Grevilly
Farges-lès-Mâcon
Uchizy
Cruzille
Temple Ste-Catherine
Sermoyer
Arbigny
Vescours
Salornay-sur-Guye
Flagy
Massilly
Massy
Grottes de la Cailleverdière
Blanot
Cortambert
Anc. Château de Lourdon
Bissy-la-Mâconnaise
St-Gengoux-de-Scissé
Burgy
Mercey
Montbellet
St-Oyen
Lournand
La Vineuse
St-Pierre et St-Paul
Donzy-le-Pertuis
Bois de la Montagne
Grotte de la Balme
Péronne
Pont-de-Vaux
Reyssouze
St-Bénigne
St-Albain
Mâcon-St-Albain
Mâcon-la-Salle
Boz
Gorrevod
St-Étienne-sur-Reyssouze
Château
Musée d'Art et d'Archéologie
St-Marcel
Jalogny
Clessé
St-Maurice-de-Satonnay
Laizé
Domange
Fontaine des Croix
Chât. de Charly
Mazille
Berzé-le-Châtel
Chapelle de Verchizeuil
Charbonnières
St-Martin-Belle-Roche
Anc. Église
Ozan
Chevroux
Boissey
Asnières-sur-Saône
Manziat
Bourgvilain
Clermain
Berzé-la-Ville
Milly-Lamartine
La Roche-Vineuse
Chât. de Montceau
Château de Lamartine
Maison de Lamartine
Mâcon-Nord
Hurigny
Sancé
Vésines
Mâcon-Centre
Feillens
Montagny-sur-Grosne
Pierreclos
Chevagny-lès-Chevrières
Musée des Ursulines
Anc. Couvent
Église et Tombeau de Lamartine
Bussières
Roche de Vergisson
Prissé
Pont St-Laurent
Remparts
Bâgé-la-Ville
Bâgé-le-Châtel
St-André-de-Bâgé
Tramayes
Menhir de Chanseron
Gisement Préhistorique
Solutré-Pouilly
Charnay-lès-Mâcon
Anc. Cath. St-Vincent
St-Laurent-sur-Saône
Mâcon-Sud
Mâcon-Charnay
Fuissé
Chasselas
Vinzelles
Crottet
Pont-de-Veyle
Germolles-sur-Grosne
Château de Chasselas
Leynes
Varennes-lès-Mâcon
Grièges
St-Jean-sur-Veyle
St-Christophe
St-Jacques-des-Arrêts
Cenves
Pruzilly
Chaintré
Chânes
Crêches
St-Mamert
St-Amour-Bellevue
Juliénas
Maison de la Dîme
Cormoranche
Cruzilles-lès-Mépillat
Base de Loisirs des Sablons
Ouroux
Emeringes
Garnerans
St-André-d'Huiriat
Bey
Chénas
Moulin à Vent
La Chapelle-de-Guinchay
Chât. de Bourdonnel
Vauxrenard
Avenas
Fleurie
Romanèche
St-Didier-sur-Chalaronne
Illiat
Sulignat
BOURGOGNE
RHÔNE-ALPES
Saône
Grosne
Seille
Veyle
A6
A406
E15
E21
N6
N79
D 981
D 110
D 18
D 933
D 49
D 175
D 14
D 56
D 980
D 15
D 987
D 22
D 17
D 45
D 95
D 31
D 1079
D 51
D 23
D 32
D 2
TGV
S. 27
S. 38

Branges
Musée de Louhans
Louhans
Pont de la Barque
Frette
les Pilloux
Sornay
Savigny-sur-Seille
la Croix
les Rédy
Bram
le Nauvret
Bantanges
D 971
Grannod
Courcelle
Sagy
Fontainessot
Connièvre
les Prosts
la Chaux
Sauvigny-en-Revermont
Véria
le Villard
16
BOURGOGNE
FRANCHE-COMTÉ
Cesancey
Ste-Agnès
Vincelles
Froideville
Bonnaud
Paisia
Rotalier
Vercia
Orbagna
la Combe de Rotalier
Rancy
la Cravotte
la Tuilerie
Bruailles
Vieux Tilleul
Culey
Véage
les Thurts
Flacey-en-Bresse
A39
Sellières
le Perret
la Chaigne
la Chapelle-Naude
la Varenne
Vieux Jouvençon
D 475
D 996
les Bulets
Crotenots
les Rompois
D 1083
Beaufort
Ménètreuil
Chantisy
Ste-Croix
les Gambards
Maynal
Augea
Château de Rosay
Rosay
Cressia
Jouvençon
le Bourg
Marcillat
la Chapelle-Thècle
Montpont-en-Bresse
Recule
Frontenaud
les Gugniots
Cuisia
Rerafay
Château de Burtal
Tageat
Cuiseaux/Cousance
9
Cousance
Gizia
D 2
de Molard
le Molard
la Reine
Poulet de Bresse
Bois de la Manche
Digna
Chevreaux
Graveleuse
la Brosse
Frettechise
Bicheniche
D 12
le Buet
Grange
Lessot
Bellanoiset
Dommartin-lès-Cuiseaux
D 117
D 975
Montcherin
BOURGOGNE
RHÔNE-ALPES
le Perroux
Dodo
D 11
Montdésert
Anc. Tuilerie
Champagnat
Cuiseaux
le Bouchat
Varennes-St-Sauveur
13
Bois de Laveratière
D 1083
Graye-et-Charnay
Vernoux
les Ecopets
Courciat-Dongalon
Collonges
Joudes
10
Montagna-le-Reconduit
les Varennes
la Varna
D 2
Matrignat
14
St-Trivier-de-Courtes
St-Nizier-le-Bouchoux
Condal
Montgardon
St-Sulpice
Balanod
l'Aubépin
Curny
Véria
Gigny
Cormoz
St-Trivier-de-Courtes
Villeneuve
Croupet
Montrachy
Mépillat
D 56
les Montets
10
St-Amour
Thoissia
D 975
Moissonniers
A39
Andelot-Morval
Servignat
Bonnacour
la Charme
D 1
le Vernay
Nanc-lès-St-Amour
Nantey
Reyssouze
Chemillat
Etang de Pontremble
D 996
5
D 3
les Thiêtres
Beaupont
Domsure
St-Jean-d'Étreux
Florentia
St-Julien
S. 30
Lescheroux
Chamandre
D 1083
St-Julien-sur-Reyssouze
Droiselle
Ringe
les Marcs
Senaud
Veyriat
Ste-Colombe
Orgent
Val Epy
la Balme-d'Epy
14
les Blaisous
St-Jean-sur-Reyssouze
Bésentet
les Clermonts
Coligny
Villechantria
23
Pirajoux
FRANCHE-COMTÉ
RHÔNE-ALPES
D 117
le-Tem
Bois des Charmonts
Foissiat
Bourcia
Montéfanty
Jayat
Toulon
les Devins
6
Broissia
D 1
Château la Tour
le Montcel
les Forêts
la Baronnière
Villeneuve-lès-Charnod
Base de Loisirs
Spire
Marboz
Villemotier
Verjon
Marsonnas
Montrevel-en-Bresse
St-Germain
Chevignat
Pouillat
Montfleur
Etrez
Montsouge
D 28
Aussiat
Courmangoux
Pressiat
Malafretaz
les Bois
D 996
Mt. Myon
E 21
Germagnat
St-Sulpice
Cuet
D 975
Cras-sur-Reyssouze
Bény
5
Balvay
le Blancs Maillards
Vacon
Bois des Chartreux
Cuisiat
Aromas
St-Didier-d'Aussiat
D 1083
D 42
Jalamonde
les Puthods
A39
Fraidègue
Rosy
Ceillat
8
Confranchesse
D 52
9
Attignat
Crangeat
Forêt de Chareyziat
St-Étienne-du-Bois
Etang Berchoux
St-Martin-le-Châtel
Treffort-Cuisiat
Charluat
But
Mas-Gaillard
Chavannes-sur-Suran
Loriol
13
Curtafond
la Carronière
Marillat
Courtaringe
Béchanne
Lionnière
Dhuys
Abbaye de Sélignac
Château de Loriol
Lingeat
E 62
A40
Bourg-Nord
5
7
10
la Raza
Plantaglay
la Pérouse
la Béyière
Confrançon
Chérinal
Bois de Béchannoz
les Greffets
Polliat
Viriat
3
Meillonnas
Montmerle
Thioles
Logis Neuf
13
Viriat
Menhir Pierre Fiche
Montfalcon
les Roussets
D 1079
Crépignat
la Perrinche
6
Bourg-Jasseron
Simandre-sur-Suran
le Charvet
Mézériat
Champvent
5
Drom
le Guidon
BOURG-EN-BRESSE
Bois de Valuisant
Cize
D 26
Luisandre
Majornas
D 936
Jasseron
Marciat
Montcet
Monastère Royal de Brou
Eglise Croix St-Julien
Rés. Nat. de la Grotte de Hautecourt
Vandeins
Buellas
Parc de Loisirs de Bouvent
Bourg-Ceyzériat
St-Denis-lès-Bourg
Ramasse
10
Montracol
Chât. de la Teyssonnière
TGV
D 979
12
Ceyzériat
Villereversure
Roma
13
Chaveyriat
Péronnas
les Bassettes
les Egrelles
St-Remy
A40
15
D 1083
Hautecourt
D 936
Château de la Verpee
8
S. 39
D 1075
Montagnat
E 21
Revonnas
29

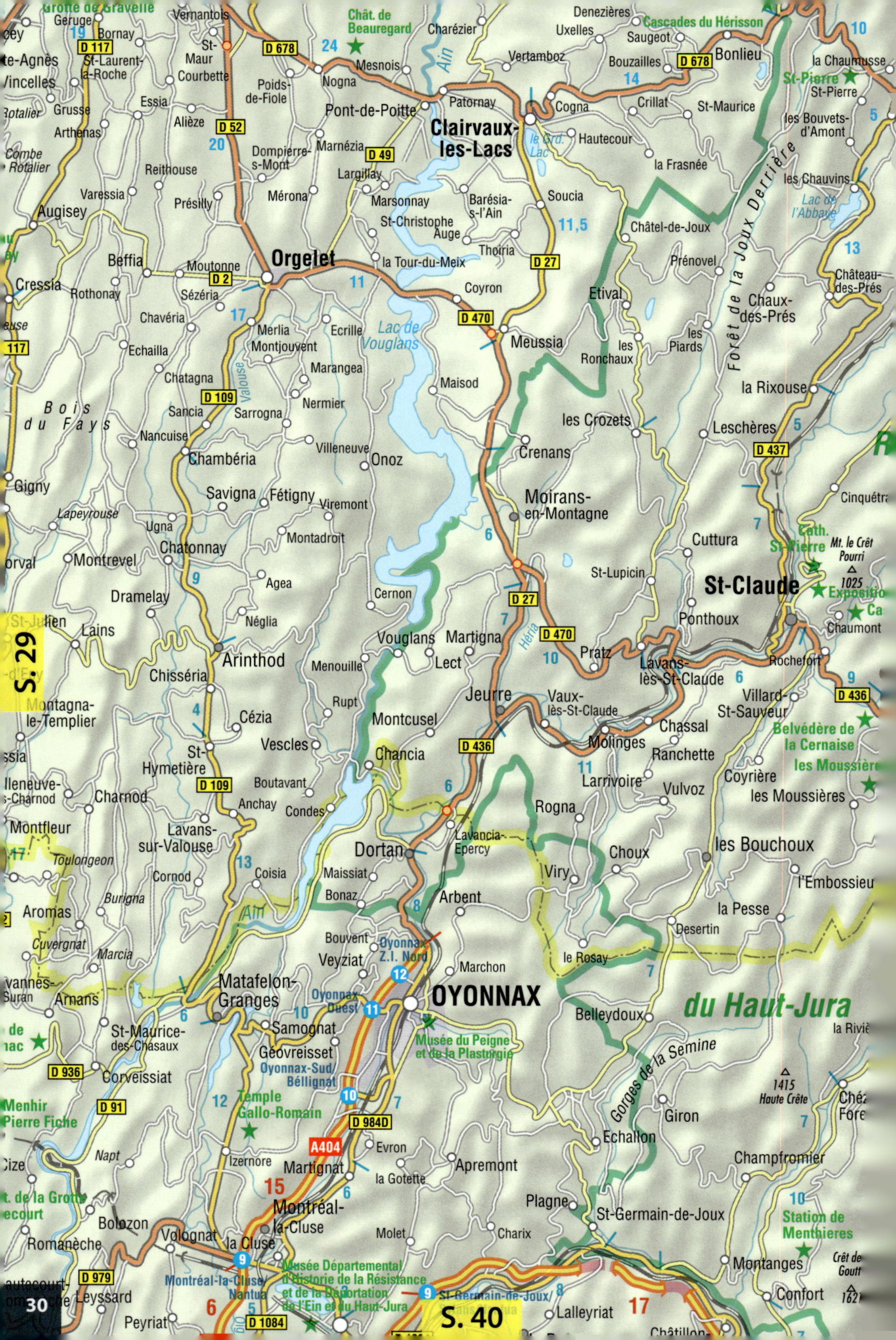
Grotte de Gravelle
Geruge
Vernantois
Bornay
D 117
St-Laurent-la-Roche
St-Maur
Courbette
D 678
Chât. de Beauregard
Charézier
Denezières
Uxelles
Cascades du Hérisson
Saugeot
Bouzailles
D 678
Bonlieu
la Chaumusse
St-Pierre
Mesnois
Nogna
Poids-de-Fiole
Vertamboz
Patornay
Pont-de-Poitte
Clairvaux-les-Lacs
Cogna
Crillat
St-Maurice
les Bouvets-d'Amont
Essia
Alièze
D 52
Grusse
Arthenas
Dompierre-s-Mont
Marnézia
D 49
Hautecour
le Grd. Lac
la Frasnée
Reithouse
Largillay
Marsonnay
Barésia-s-l'Ain
Soucia
les Chauvins
Lac de l'Abbaye
Varessia
Présilly
Mérona
St-Christophe
Auge
Augisey
Thoiria
Châtel-de-Joux
Forêt de la Joux Derrière
Beffia
Moutonne
Orgelet
la Tour-du-Meix
D 27
Prénovel
Château-des-Prés
Cressia
Rothonay
D 2
Sézéria
Coyron
Etival
Chaux-des-Prés
Chavéria
Merlia
Ecrille
Lac de Vouglans
D 470
Meussia
les Ronchaux
les Piards
Echailla
Montjouvent
Marangea
Chatagna
Valouse
D 109
Maisod
la Rixouse
Bois du Fays
Sancia
Sarrogna
Nermier
les Crozets
Leschères
Nancuise
Chambéria
Villeneuve
Onoz
Crenans
D 437
Gigny
Savigna
Fétigny
Viremont
Moirans-en-Montagne
Cinquétral
Lapeyrouse
Ugna
Montadroit
Cuttura
Cath. St-Pierre
Mt. le Crêt Pourri
Montrevel
Chatonnay
St-Lupicin
1025
Dramelay
Agea
Cernon
St-Claude
Exposition
Néglia
D 27
Ponthoux
Chaumont
Lains
Vouglans
Martigna
Héria
D 470
Arinthod
Menouille
Lect
Pratz
Lavans-lès-St-Claude
Rochefort
Chisséria
Montagna-le-Templier
Rupt
Jeurre
Vaux-lès-St-Claude
Villard-St-Sauveur
D 436
Cézia
Montcusel
Chassal
Belvédère de la Cernaise
St-Hymetière
Vescles
Chancia
D 436
Molinges
Ranchette
les Moussières
Boutavant
D 109
Larrivoire
Coyrière
Charnod
Anchay
Condes
Vulvoz
les Moussières
Montfleur
Rogna
Lavans-sur-Valouse
Dortan
Lavancia-Epercy
Choux
les Bouchoux
Toulongeon
Cornod
Coisia
Maissiat
Viry
l'Embossieu
Aromas
Burigna
Bonaz
Arbent
la Pesse
Ain
Desertin
Cuvergnat
Marcia
Bouvent
Oyonnax Z.I. Nord
le Rosay
Veyziat
Marchon
Arnans
Matafelon-Granges
Oyonnax Ouest
OYONNAX
du Haut-Jura
Samognat
Belleydoux
St-Maurice-des-Chasaux
Geovreisset
Musée du Peigne et de la Plasturgie
Gorges de la Semine
D 936
Corveissiat
Oyonnax-Sud/Béllignat
1415
Haute Crête
Menhir Pierre Fiche
D 91
Temple Gallo-Romain
D 984D
Giron
Echallon
A404
Evron
Napt
Izernore
Martignat
Apremont
Champfromier
la Gotette
Montréal-la-Cluse
Plagne
St-Germain-de-Joux
Station de Menthières
Bolozon
Molet
Charix
Romanèche
Vologna
la Cluse
Musée Départemental d'Historie de la Résistance et de la Déportation de l'Ain et du Haut-Jura
Montanges
D 979
Montréal-la-Cluse/Nantua
St-Germain-de-Joux/
Confort
Leyssard
Lalleyriat
Peyriat
D 1084
Châtillon

S. 29

S. 40

Naturel
St-Laurent-en-Grandvaux
Roche Champion
Le Brassus
Cabane du Cunay
Berolle
Ballens
Bas du Chenit
les Mortes
Roche Bernard
Col de la Savine
la Combe-de-Morbier
les Marais
Bellefontaine
Bois-d'Amont
Vallée de Joux
Col du Marchairuz
Froideville
Bière
La Taille
La Repentance
Fromagerie de Morbier
les Trois Commères
la Roche au Dade
Cabane Trois Chalets
Saubraz
Morbier
Musée de la Lunette
Gimel
St-Livres
les Buclets d'Aval
Tancua
Morez
Fort du Risoux
Saint-George
Montherod
les Mouilles
les Lattes
Gros Crétet
Lac des Rousses
Cabane Les Pralets
St-Oyens
Essertines-sur-Rolle
Longirod
Bougy-Villars
Féchy
la Mouille
Golf Club des Rousses
Mouille
la Doye
les Rousses
le Noirmont
Le Vaud
Mont-sur-Rolle
Tartegnin
Rolle
Perroy
Golf Mont St-Jean
Cabane du Carroz
Burtigny
Gilly
Fort des Rousses
Cabane Rochefort
Arzier
Bassins
La Cure
Bursins
Vinzel
La Côte
Col de la Givrine
Saint-Cergue
Bursinel
Prémanon
Genolier
Begnins
Luins
Givrins
Dully
Chalet des Tuffes
Belvédère des Dappes
Coinsins
Vich
Gland
Haut-Crêt
le Pivot
Chalet de la Frasse
la Dôle
Trélex
Crêt Pela
Abbaye de Bonmont
Gingins
Duillier
Musée national suisse Château de Prangins
Chéserex
Prangins
Musée Romain
Nyon
Lamoura
Grens
La Rippe
Borex
Eysins
NYON
Yvoire
Château de Rovorée
Queue de Cheval
Crassier
Excenevex
Lajoux
Col de la Faucille
Divonne-les-Bains
Crans-près-Céligny
Messery
Bogis-Bossey
Céligny
Essert
Chevilly
S. 32
Mijoux
Vesancy
Chens-sur-Léman
Chavannes-de-Bogis
Coppet
Founex
Filly
Mont Rond
sous Estraz
Prailles
Gex
Grilly
Commugny
St-Joseph du Lac
Véreitre
Massongy
Coppet
Ballaison
Sauverny
Douvaine
Colomby de Gex
Tannay
Mies
Loisin
Hermance
Versonnex
Échenevex
Lélex
Versoix
Marcorens
Loyer
Veigy-Foncenex
Brens
Anières
Avouzon
Chevry
Refuge de la Loge
Corsier
Genthod
Collex-Bossy
Langin
Ferney-Voltaire
Collonge-Bellerive
Gy
Machilly
Bellevue
Bellerive
Villeneuve
Monniaz
Meinier
Refuge de Curson
Sergy
St-Genis-Pouilly
Le Vengeron
Lac
Aéroport Genève-Cointrin
Chambésy
Vandœuvres
Jussy
St-Cergues
Allemogne
Prégny
Thoiry
Presinge
Palais des Nations
Choulex
Meyrin
Temple de St-Pierre
Chêne-Bougeries
Ville-la-Grand
MEYRIN
Satigny
Vernier
GENÈVE
Chêne-Bourg
ANNEMASSE
Lucinges
Peissy
Aïre
Lancy
Sous-Moulin
Gaillard
Monthoux
Peney
Aïre-la-Ville
Bernex
Étoile
Onex
Carouge
Vétraz
Bonne
Dardagny
Russin
Bernex
La Praille
Veyrier
Fillinges
Cartigny
Confignon
Plan-les-Ouates
Monnetier-Mornex
Pouilly
Avully
Eau-Morte
Perly
Athenaz
Laconnex
Bardonnex
la Vallée Verte
Avusy
Chancy
Sézegnin
Soral
Collonges-sous-Salève
Reignier
St-Julien-en-Genevois
Archamps/Parc d'Affaires International
S. 41
la Muraz
Jussy
Humilly
Rhône
Jura

Lac Léman
LAUSANNE
RENENS
PRILLY
Bussigny
Crissier
Savigny
Ecublens
Préverenges
Echandens
MORGES
Saint-Sulpice
Ouchy
PULLY
Lutry
Grandvaux
Cully
Chexbres
Puidoux
Rivaz
Saint-Saphorin (Lavaux)
Corseaux
Forel (Lavaux)
Les Thioleyres
Granges
Apples
Colombier
Clarmont
Romanel-sur-Morges
Bremblens
St-Saphorin-sur-Morges
Reverolle
Bussy
Vufflens-le-Château
Denens
Yens
Tolochenaz
Lavigny
Lussy
Lully
Aubonne
Féchy
Allaman
Perroy
Buchillon
Saint-Prex
Collection de l'Art Brut
Fondation de l'Hermitage
Musée de la Pipe
Belmont
Corsy
Lonay
Ballens
Évian-les-Bains
Grande-Rive
Petite-Rive
Torrent
Lugrin
Meillerie
Locum
St-Gingolph
Maxilly-sur-Léman
Neuvecelle
Lajoux
Thollon-les-Mémises
1677 les Mémises
Novel
Dent d'Oche 2221
Cornettes de Bise 2432
Château de Ripaille
Amphion-les-Bains
Publier
St-Paul
St-Thomas
THONON-les-Bains
Marin
Larringes
Praubert
les Faverges
Bernex
Vinzier
Féternes
Châteauvieux
la Plantaz
Chevenoz
Excenevex
Séchex
Jussy
Bonnatrait
Armoy
Lyaud
Allinges
Reyvroz
Mt. d'Hermone 1412
Mâcheron
Mésinges
Jouvernex
Prailles
Chavannex
Draillant
Orcier
Vailly
Vernaz
la Forclaz
Fontany
Vacheresse
le Villard
Chalets de Bise
Mt. Chauffé 2095
la Chapelle-d'Abondance
Ubine
Gorges du Pont du Diable
1880 Mt. Ouzon
le Jotty
Mt. Billiat 1895
Melon
Richebourg
Abondance
Chablais
Col du Feu 1121
Col es Arces 1171
Perrignier
Brécorens
Cervens
Lully
Fessy
Brenthonne
les Crapons
Col de Cou 1113
Lullin
le Lavouet
la Baume
Urine
Col du Corbier 1237
le Biot
sur-la-Fontaine
Plan-de-Charmy
Pic de la Corne 2084
Bellevaux
Bons-en-Chablais
Langin
Col de Saxel 944
Saxel
Habère-Poche
1092 Col du Terramont
Habère-Lullin
Pointe de la Gay 1802
Seytroux
St-Jean-d'Aulps
Pointe d'entre Deux Pertuis 2146
Essert-la-Pierre
la Grande Terche
la Chèvrerie
Essert-Romand
les Granges
Montriond
Avoriaz
Morzine
Cergues
1480 Grand Signal
Burdignin
Pointe de Miribel 1582
la Clusaz
les Moulins
Villard
Boëge
St-André-de-Boëge
Mégevette
les Fornets
la Culaz
Bogève
Hte. Pointe 1958
2244 Roc d'Enfer
la Côte-d'Arbroz
chez Pallud
Onnion
Sommant
les Gets
Cherny
St-Denis
Quincy
Messy
Pointe de Perret 1940
Praz-de-Lys
Pointe de Nyon
Pte. d'Angolon 2090
Col de Joux Plane 1712
Fillinges
Marcellaz-en-Faucigny
Viuz-en-Sallaz
Pouilly
St-Jeoire
Mieussy
Pointe de Marcelly 2000
Contamine-sur-Arve
Senoche
la Tour
Peillonnex
Faucigny
St-Jean-de-Tholome
la Combe
Taninges
la Rivière-Enverse
Verchaix
Jardin Alpin
Samoëns
Ancienne Chartreuse

S. 31
S. 42

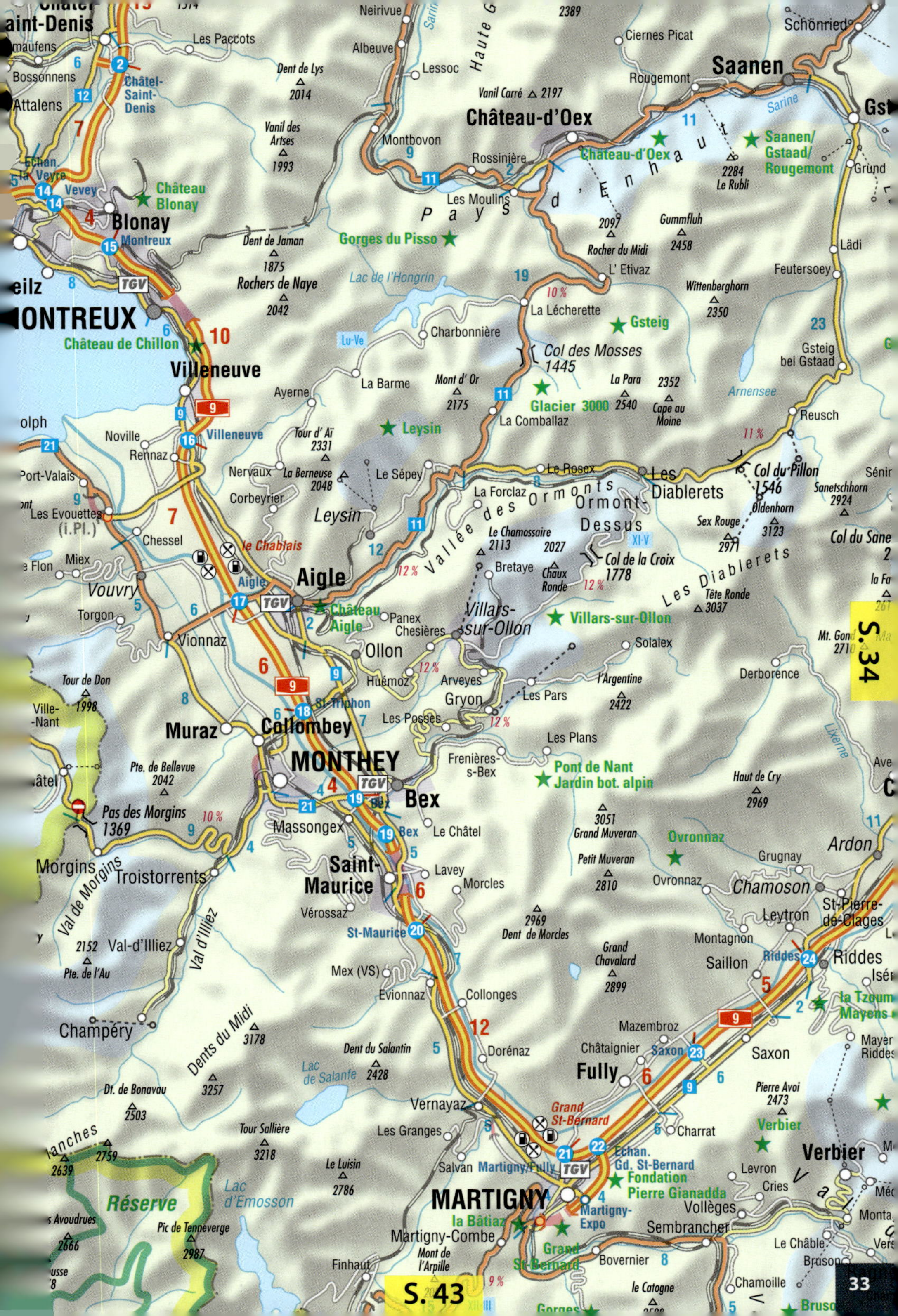

Châtel-Saint-Denis
Les Paccots
Neirivue
Albeuve
Lessoc
Haute Gruyère
Sarine
2389
Ciernes Picat
Schönried
Saanen
Bossonnens
Attalens
Dent de Lys
2014
Vanil Carré 2197
Rougemont
Château-d'Oex
Sarine
Montbovon
Rossinière
Vanil des Artses
1993
Château-d'Oex
Saanen/Gstaad/Rougemont
Grund
2284
Le Rubli
Pays d'Enhaut
Vevey
Château Blonay
Blonay
Montreux
Les Moulins
Dent de Jaman
1875
Rochers de Naye
2042
Gorges du Pisso
Lac de l'Hongrin
2097
Rocher du Midi
Gummfluh
2458
Lädi
L' Etivaz
Feutersoey
MONTREUX
Château de Chillon
Villeneuve
10 %
La Lécherette
Wittenberghorn
2350
Gsteig
Charbonnière
Lu-Ve
Col des Mosses
1445
Gsteig bei Gstaad
La Barme
Mont d' Or
2175
La Para
2540
2352
Cape au Moine
Arnensee
Ayerne
Glacier 3000
La Comballaz
Reusch
Noville
Rennaz
Villeneuve
Tour d' Aï
2331
Leysin
11 %
Port-Valais
Nervaux
La Berneuse
2048
Le Sépey
Le Rosex
Les Diablerets
Col du Pillon
1546
Sanetschhorn
2924
Corbeyrier
La Forclaz
Ormont-Dessus
Oldenhorn
3123
Les Evouettes
(i.Pl.)
Leysin
Vallée des Ormonts
Sex Rouge
2971
Col du Sanetsch
Chessel
le Chablais
Le Chamossaire
2113
2027
XI-V
Miex
12 %
Bretaye
Chaux Ronde
Col de la Croix
1778
Les Diablerets
Vouvry
Aigle
Aigle
12 %
Tête Ronde
3037
Torgon
Château Aigle
Panex
Chesières
Villars-sur-Ollon
Villars-sur-Ollon
Vionnaz
Ollon
Solalex
Mt. Gond
2710
Huémoz
12 %
Arveyes
l'Argentine
2422
Derborence
Tour de Don
1998
Gryon
Les Pars
Ville-Nant
St-Triphon
Les Posses
12 %
Muraz
Collombey
Les Plans
Lizerne
MONTHEY
Frenières-s-Bex
Pont de Nant
Jardin bot. alpin
Pte. de Bellevue
2042
Bex
Haut de Cry
2969
Pas des Morgins
1369
10 %
Bex
Massongex
Bex
Le Châtel
3051
Grand Muveran
Ovronnaz
Ardon
Morgins
Troistorrents
Saint-Maurice
Lavey
Morcles
Petit Muveran
2810
Ovronnaz
Grugnay
Chamoson
St-Pierre-de-Clages
Val de Morgins
Vérossaz
2969
Dent de Morcles
Leytron
St-Maurice
Montagnon
Val-d'Illiez
Val d'Illiez
2152
Pte. de l'Au
Grand Chavalard
2899
Saillon
Riddes
Riddes
Mex (VS)
Evionnaz
Collonges
La Tzoumaz
Mayens
Champéry
Dents du Midi
3178
Mazembroz
Châtaignier
Saxon
Saxon
Dorénaz
Dent du Salantin
2428
Fully
Mayens-de-Riddes
Dt. de Bonavau
2503
3257
Lac de Salanfe
Pierre Avoi
2473
Vernayaz
Grand St-Bernard
Verbier
Tour Sallière
3218
Les Granges
Charrat
Verbier
Le Luisin
2786
Salvan
Martigny/Fully
Échan. Gd. St-Bernard
Fondation Pierre Gianadda
Levron
Cries
2759
2639
Réserve
Lac d'Emosson
MARTIGNY
Martigny-Expo
Vollèges
Val de Bagnes
Les Avoudrues
2666
Pic de Tenneverge
2987
La Bâtiaz
Martigny-Combe
Sembrancher
Le Châble
Mont de l'Arpille
Grand St-Bernard
Bovernier
Bruson
Finhaut
9 %
le Catogne
Chamoille
Gorges

S. 34

S. 43

Gstaad
Lenk
Adelboden
Kandersteg
Obersimmental
Lauenental
Lauenen
Grund
Engi
Lädi
Matten
Oberried
Pöschenried
Boden
Lenk-Mersch
Engstligenfälle
Engstligenalp
Hornflue 1949
Giferspitz 2542
Albristhorn 2762
Gr. Lohner 3049
Balmhorn 3699
Gasterntal
Daubensee
Steghorn 3146
Rinderhorn 3453
Gemmipass 2314
Sunnbüel-Kandersteg
Torrenthorn 2998
Wildstrubel
3243
3244
Schwarzhorn 3105
Schneehorn 3178
Leukerbad
Schwefelbad
Birchen
Bodmen
Albinen
Inden
Feschel
Trubelstock 2998
Stübleni 2109
Rothorn 2276
Gl. de la Plaine Morte
Mittaghorn 2696
Mont Bonvin 2995
Schnide Horn 2937
Hahnenschritthorn 2834
Spitzhorn 2807
Geltenschuss
Lac de Tseuzier
Bella Lui 2548
Cordona
Wildhorn 3248
Berner
Leuk
Guttet
Erschmatt
Varen
Susten
Leuk (i.B.)
Turtmann
Unterems
Oberems
Agarn
Pfyn
Salgesch
Rhône
Sénin
Arpelistock 3035
Le Sérac 2817
Col du Sanetsch 2251
La Fava 2612
Glarey
Sex-Rouge 2893
Sex-Noir 2731
Praz Combeira
Crans Montana Aminona
Montana
Crans
Chât. des Vidomnes
Mollens
Miège
Venthône
SIERRE/ SIDERS
TGV
N.-D.-des-Marais
Sierre-Est
Chippis
Ste-Catherine
Sierre-Ouest
Anzère
Icogne
Ayent
Lens
Chermignon
Chalais
Réchy
Mayens de My
Morge
Arbaz
Saint-Léonard
Grimisuat
Drône
Savièse
Cath. N.-D. du Glarier
Chât. de Valère
Grône
Erdesson
Daillet
Loye
Vercorin
Fang
Chandolin
Illhorn 2716
Brunnethorn 2952
Bella Tola 3025
Val d'Anniviers
Saint-Luc
Pinsec
Vissoie
Saint-Jean
Mission
Ayer
Pte. de Tourtemagne 3080
Daillon
Aven
Erde
Chandolin
SION
Sion-Est
Sion-Ouest
Bramois
Nax
St-Théodule
Naturhistor. Museum
Conthey
Vétroz
Ardon
Nendaz
Salins
Vex
Veysonnaz
Hérémence
Thyon
Vernamiège
Mase
Mt. Noble 2654
Crêt du Midi 2332
Roc d'Orzival 2852
Grimentz
Becs de Bosson 3149
Corne de Sorebois 2896
Mottec
Saint-Pierre-de-Clages
Les Raerettes
Riddes
Isérables
Dent de Nendaz 2463
4 Vallées
Prolin
Mâche
Mont Rouge 2491
Val de Nendaz
Val d'Hérémence
Saint-Martin (VS)
La Luette
Eison
Pont noir
Borgne
Villetta
Val d'Hérens
Sasseneire 3254
Lac de Moiry
Zinal
Garde de Bordon 3310
Val de Zinal
La Tzoumaz-Mayens de Riddes
Mayens-de-Riddes
La Printze-Thyon-Veysonnaz-Nendaz
Siviez
Dixence
Pralong
Pic d'Artsinol 2998
Evolène
Villa
La Sage
La Forclaz
Pte. du Tsaté 3078
Le Métailler 3213
Mt. de l'Etoile 3369
Les Haudères
Mondzeu
Mont Gelé 3023
Médières
Montagnier
Versegères
Sarreyer
Lourtier
Champsec
Bagnes
Mont Fort 3329
Barrage de la Grande Dixence
Rosablanche 3336
Lac des Dix
Aiguilles Rouges 3646
La Gouille
Satarma
Dt. de Perroc 3676
Dents de Veisivi 3418
Ferpècle
Pte. de Bricola 3658
Grand Cornier 3962
Dent Blanche 4357
Walliser

S. 33

S. 44

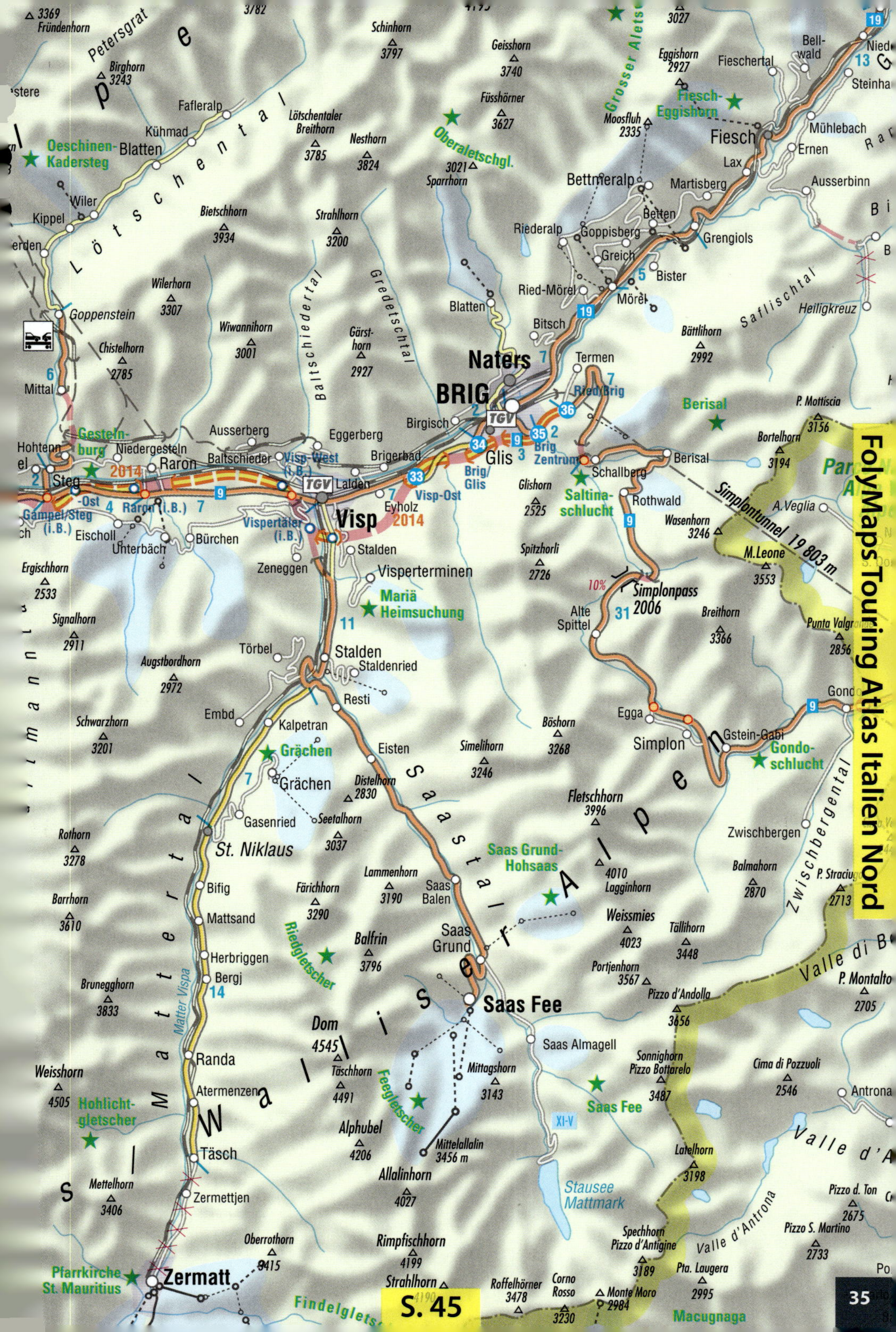
Fründenhorn 3369
Petersgrat
Birghorn 3243
Fafleralp
Lötschentaler Breithorn 3785
Schinhorn 3797
Geisshorn 3740
Füsshörner 3627
Nesthorn 3824
Oberaletschgl.
Sparrhorn 3021
Grosser Aletsch
Moosfluh 2335
Eggishorn 2927
Fiescheral
Fiesch-Eggishorn
Bellwald
Fiesch
Mühlebach
Ernen
Lax
Ausserbinn
Martisberg
Bettmeralp
Betten
Grengiols
Riederalp
Goppisberg
Greich
Bister
Ried-Mörel
Mörel
Oeschinen-Kadersteg
Kühmad
Blatten
Wiler
Kippel
Lötschental
Bietschhorn 3934
Strahlhorn 3200
Goppenstein
Wilerhorn 3307
Wiwannihorn 3001
Baltschiedertal
Gredetschtal
Gärsthorn 2927
Blatten
Bitsch
Heiligkreuz
Saflischtal
Bättlihorn 2992
Chistelhorn 2785
Mittal
Naters
BRIG
Termen
Ried/Brig
Berisal
P. Mottiscia 3156
Bortelhorn 3194
Gesteln-burg
Hohtenn
Niedergesteln
Ausserberg
Eggerberg
Birgisch
Brigerbad
Glis
Brig Zentrum
Schallberg
Berisal
Steg
Raron
Baltschieder
Visp-West (I.B.)
Lalden
Visp-Ost
Brig/Glis
Glishorn 2525
Saltina-schlucht
Rothwald
Simplontunnel 19 803 m
A. Veglia
Gampel/Steg (I.B.)
Raron (I.B.)
Eischoll
Unterbäch
Bürchen
Vispertäler (I.B.)
Visp
Eyholz
Stalden
Zeneggen
Visperterminen
Spitzhorli 2726
Wasenhorn 3246
M. Leone 3553
Ergischhorn 2533
Mariä Heimsuchung
Simplonpass 2006
Alte Spittel
Breithorn 3366
Punta Valgrande 2856
Signalhorn 2911
Augstbordhorn 2972
Törbel
Stalden
Staldenried
Resti
Embd
Kalpetran
Grächen
Grächen
Eisten
Böshorn 3268
Egga
Simplon
Gstein-Gabi
Gondo
Gondoschlucht
Schwarzhorn 3201
Simelihorn 3246
Distelhorn 2830
Seetalhorn 3037
Gasenried
St. Niklaus
Saastal
Fletschhorn 3996
Zwischbergen
Zwischbergental
Rothorn 3278
Bifig
Färichhorn 3290
Lammenhorn 3190
Saas Balen
Saas Grund-Hohsaas
Lagginhorn 4010
Balmahorn 2870
P. Straciugo 2713
Barrhorn 3610
Mattsand
Riedgletscher
Balfrin 3796
Saas Grund
Weissmies 4023
Tällihorn 3448
Herbriggen
Bergj
Brunegghorn 3833
Mattervispa
Portjenhorn 3567
Pizzo d'Andolla 3656
Valle di Bognanco
P. Montalto 2705
Saas Fee
Dom 4545
Saas Almagell
Randa
Täschhorn 4491
Mittagshorn 3143
Sonnighorn Pizzo Bottarelo 3487
Cima di Pozzuoli 2546
Antrona
Weisshorn 4505
Hohlicht-gletscher
Atermenzen
Feegletscher
Saas Fee
Alphubel 4206
Mittelallalin 3456 m
Täsch
Allalinhorn 4027
Latelhorn 3198
Valle d'Antrona
Stausee Mattmark
Mettelhorn 3406
Zermettjen
Oberrothorn 3415
Rimpfischhorn 4199
Spechhorn Pizzo d'Antigine 3189
Valle d'Antrona
Pizzo d. Ton 2675
Pizzo S. Martino 2733
Pta. Laugera 2995
Pfarrkirche St. Mauritius
Zermatt
Strahlhorn 4190
Findelgletscher
Roffelhörner 3478
Corno Rosso 3230
Monte Moro 2984
Macugnaga
Walliser Alpen
FolyMaps Touring Atlas Italien Nord

S. 45

S. 26

Lapalisse
St-Prix
Pont Romain
Droiturier
Pont de la Vallée
Godinière
Mauvette
Civette
Chez Bonnaud
Bains
les Grds. Bernards
chez Cabot
Bois de Lafey
Chenay-le-Châtel
l'Hôpital
Collozot
Brenoms
les Lavals
Melay
D 982
Iguerande
les Rappes
les Coches
les Matheys
les Davids
les Bidolins
Chateaumorand
Briérette
les Joberts
les Racodons
les Gillands
les Sigots
Montciant
St-Martin-d'Estréaux
Maison Notre-Dame
la Molière
Vivans
le Curtil
les Chassins
Lapillonne
les Daumas
Mauvernay
Valière
Châtelus
le Breuil
Boutier
Morel
Choly
le Crozet
la Pacaudière
Village Berrys
Tupinet
les Cours
Montely
chez Gaillard
D 26
Pinleau
les Grivets
la Ricarde
Bardinot
Bois de Briquelandière
la Bénisson-Dieu
Rodon
Monts de la Madeleine
Gagnon
Chassenay
les Claines
Briennon
Chap. St-Pierre
Arfeuilles
Beauvallon
Mailland
la Croix du Verger
Charrondière
Rebruns
Changy
les Bruyères
Noailly
Garambeau
Combaret
les Merles
N 7
Thódière
Issard
le Cortay
le Veillot
chez Gade
Chavroche
Casc. de Pisserote
St-Bonnet-des-Quarts
Ste-Forgeux-Lespinasse
Gameau
Vécloitre
chez Sion
la Centrale
chez Tachon
Bois des Servajeans
les Sables
l'Époux
D 43
Châtel-Montagne
Puy du Roc 637
Martin
Malgoutte
D 9
Ambierle
St-Germain-Lespinasse
le Pont Marc
le Capitan
D 7
D 25
la Pierre du Charbonnier 1027
D 4
les Reynauds
St-Romain-la-Motte
Mábly
Chargueraud
St-Haon-le-Vieux
Fourgon
Cité Mably
Blètière
les Robins
Fayot
St-Rirand
St-Haon-le-Châtel
la Raillère
le Mayet-de-Montagne
Bois Froid
les Hormières
Château-de-Boisy
Aérodr. de Roanne-Renaison
les Mits
les Brosses
Tachon
Renaison
St-Clement
St-Nicolas-des-Biefs
Roy de Musy 1036
Barrage de la Tache
Riorges
les Marais
la Roche
Sennepin
le Vernay
le Chier
Martinet
Boffet
les Forges
les Noës
D 47
les Goyards
Pouilly-les-Nonains
le Mallot
D 177
Galand
le Perret
la Blanchisserie
le Coteau
Château de Montgilbert
Malatray
Aurouer
les Robins
Arborétum
les Pleins
la Gde. Grange
Giraud
Chamdagne
Périasse
Bois du Sapey
RHÔNE-ALPES
AUVERGNE
St-André-d'Apchon
Ferrières-sur-Sichon
la Chabanne
Ouches
Golf de Champlong
les Mûres
Lallias
Bois Tombbérimaux
Montcigny
le Garret
les Laurents
la Loge des Gardes
Rocher de Rochefort
St-Alban-les-Eaux
Lentigny
Villerest
Commelle
Pilard
Barlaud
Baudinat
Matichard
Forêt Domaniale de l'Assise
Mauchamp
Ratignet
Pierre Belle
Villemontais
Muraille de Porphyre
Base de Loisirs
Roch St-Vincent
Charrier
la Bancillon
Cherier
la Poste
la Goutte
la Guillermie
Lavoine
la Bonnière
B. Vague
les Moulins-Cherier
St-Jean
St-Maurice-sur-Loire
D 56
Barraud
Epinat
Tournaire
Bois Tor
Montloup
Puy du Mars 917
D 53
Mézir
le Bouchet
Chevenet
la Font Blanche
St-Priest-la-Prugne
Ecoche
D 8
Audenet
Gorges de la Loire
Mine d'Uranium
Seignolles
19
les Essarts
Lamure
Chossières
Roch du Jot 1052
Cité Tardy
D 495
la Tuilière
Labouré
les Cinquin
Molette
Bois
Fragne
le Mélerie
Molières
Fragny
Pitelet
les Bois Noirs
Arpheuille
Clavellières
Bully
le Plat
Puy de Montoncel 1287
Lespinasse
la Croix Vallier
Chapelle N.-D. du Château
les Portes
la Marche
la Petite Roche
Vaudier
Chalissant
St-Polgues
chez Biesse
la Muratte
le Chêne Rouge
B. Génetine
la Chaussessy
St-Just-en-Chevalet
Cremeaux
Dancé
Redevis
les Cros
Montlune
le Roure
Chât. de Contenson
le Creux
Noally
Pradel
Chol
la Brosse
Fican
Bouzon
Chevallard
Luré
Chapelat
Arconsat
1192
Chausseterre
la Grabillière
Persigny
Amions
Rémy-Durolle
Chabreloche
la Trappe
la Meule
Grandris
le Fôt
Montbereau
Chassenay
Purière
Prachaise
26
le Vernay
A 89
E 70
St-Marcel-d'Urfé
Brissay
Puy Vernay 832
Chât. d'Urfé
22
Grézolles
D 2089
Mont Sude
les Prades
les Suchères
Haut-Forez
Champoly
Avez
Chavagneux
Bodinal
St-Germain-Laval
Sabonnière
les Lignières
Pouzet
Jeunes
Maubert
Obstancle
le Chambon
Fauchemagne
Vassauges
D 42
la Vachie
la Barge
Cervières
Chalmette
Piolard
Urval
la Forge
Méalard
Chapelle N.-D.
Pommiers
Magnol
Puy d'Oscal 883
Viscomtat
la Courtade
D 1089
Noirétable
St-Priest-la-Vêtre
Puy Blanc 610
Nollieux
N.-D. de l'Ermitage
Ste-Agathe
la Montférie
St-Didier-sur-Rochefort
Ailleux
Cezay
Rochemulet
les Baraques
Vérine
St-Jean-la-Vêtre
Albieux
Puy de Chignot
D 102
N.-D. de l'Ermitage
le Phaux
Rochefort
Anzon
Arth
le Troulier
Vollore-Montagne
1251
D 101
la Fressinie
l'Hôpital-sous-Rochefort
St-Sixte

S. 46

S. 27

Mailly
la Mollerie
St-Maurice-lès-Châteauneuf
Châteauneuf
Chauffailles
de-Vers
la Moule
le Briday
Mt. St-Rigaud 1009
Mt. Chonay 760
Crié
Bonnet-de-Cray
St-Edmond
St-Martin-de-Lixy
St-Germain-la-Montagne
les Condemines
la Verrière
Coratop
D 987
Laval
Azolette
Propières
les Ard
les Avaizes
D 83
St-Igny-de-Roche
le Bois
Roche d'Ajoux 970
la Bernaudière
Maizilly
Volaille
Belleroche
les Echarmeaux
Chenelette
Pierre-Noaille
les Gatetiers
Coublanc
Biesse
St-Nizier-sous-Charlieu
St-Denis-de-Cabanne
le Bois Gauthay
Ecoche
Belmont-de-la-Loire
Poule-les-Echarmeaux
St-Didier-sur-Beaujeu
Charlieu
Mars
D 31
la Buffaudière
Berthillot
le Mont Pinay
Mt. Pinay 883
Pouilly-sous-Charlieu
Pont au Diable
Chandon
les Bruyères
les Trembles
D 485
Mgne. de Montclair
Lafont 879
les Voisinées
D 70
Arcinges
Chât. de la Ronze
la Croix Buisson
les Etangs
Cuinzier
le Cergne
D 8
la Chevrelus 904
Ranchal
le Prunier
Montrenard
St-Hilaire-sous-Charlieu
le Chambost
Pey
Valtorte
Château de Vougy
Gilbeau
la Ville
Thel
Crêt de Favardy 917
la Grandouze
les Béluses
Verville
Cours-la-Ville
Nandax
D 13
Sevelinges
les Forests
les Filatures
Claveisolles
la Fouillaud
le Collier
Pont Gaillard
le Roseil
Marpin
Chassignol
les Déaux
St-Nizier-d'Azergues
Crêt de l'Heule 779
Chatillon
D 482
la Gresle
St-Vincent-de-Reins
les Oliviers
Coutouvre
Mardore
Lamure-sur-Azergues
Aiguilly
la Varenne
Pont-Trambouzé
la Pyramide 888
Thély
le Pavillon
Farjas
la Chapelle-de-Mardore
Meaux-la-Montagne
D 485
Meyrol
le Vanel
Vence
Château Matel
la Chèvre
le Coteau
Ronzy
la Triche
Bourg-de-Thizy
Gondras
Grandris
la Paroisse
les Prés
Thizy
le Minier
ANNE
Rhodon
Roche
le Tatu
Nuizières
les Basses Vavres
Montagny
Combre
Nizerolles
Chambost-Allières
Chambost
Cherve
Chogne
Gros Claude
Cublize
Bois des Mollières
la Blancherie
Béjure
la Bruyère
St-Victor-sur-Rhins
Lafay
Base de Loisirs
St-Maurice
les Rippes
Verpierre
Lac des Sapins
Charmacot
la Chapelle
N 7
St-Vincent-de-Boisset
Pradines
le Janot
St-Jean-la-Bussière
St-Just-d'Avray
Chalosset
Chamelet
le Bois Dieu
Vervaux
Rhins
Ronno
le Mas
au Gutty
la Voisinée
Régny
St-Claude-Huissel
les Quatre Vents
Néanne
le Marvallin
D 80
Foive
Amplepuis
St-Appolinaire
Dième
Bourhet
Dorthoray
la Claye
le Chagnard
Montceau
Buthéry
Sarron
Rançon
la Berchaudière
les Charmettes
Neaux
Ecoron
Vervas
Mioland
la Moussière
D 13
Ternand
N 82
Gand
Thélis
D 5
D 8
Valsonne
Cantin
Bigard
Silloux
St-Clément-sur-Valsonne
Fragny
St-Symphorien-de-Lay
N 7
la Forêt
la Croix
Benard
la Pierre
le Charpenay
Vendranges
les Champs
le Monnet
St-Vérand
Maure
chez Rondard
Montcizor
Château de l'Aubépin
Machézal
la Moissonière
les Sauvages
Mgne. de Tarare 717
Taponas
les Fortunes
735
la Pinay
les Places
Rechagny
Mt. Chavrier
Dareize
St-Priest-la-Roche
Villechaise
Neulise
Croizet-sur-Gand
Chirassimont
les Cotes
Pied de la Montagne
N 7
la Goutte
Pontcharra-sur-Turdine
Château de la Roche
St-Cyr-de-Valorges
la Voisinée
la Porge
St-Just-la-Pendue
Tarare
le Mont
Joux
Machézallet
St-Jodard
Métérange
Ste-Colombe-sur-Gand
chez Chaland
St-Marcel-l'Eclaire
Grévilly
les Arthauds
chez le Moine
A 89
Ronzière
les Gouttes
St-Marcel-de-Félines
les Lagnières
Bois Doiré
St-Forgeux
la Valette
Montcellier
le Bois Corcy
Mt. du Crêpier 934
le Chezeau
le Beroudiat
Teilloux
St-Romain-de-Popey
le Château
la Croix de Bard
Léchaud
D 1
Violay
D 27
Affoux
le Chât. de Chénevoux
Ste-Agathe-en-Donzy
D 38
St-Georges-de-Baroille
la Garelle
le Manderon
le Maillard
le Sévard
Fontanes
Villette
Mollières
Félines
Albigny
D 1082
A 89
le Bernaud
Néronde
Bussières
Montchal
Cherblanc
le Souzy
Arjoux
la Rivière
Lafay
Château de la Salle
Balbigny
Montchal
Villechenève
St-Julien-sur-Bibost
D 1082
Nervieux
Pouilly-lès-Feurs
Rozier-en-Donzy
Longessaigne
Montrottier
St-Sulpice
Mizérieux
Epercieux-St-Paul
Panissières
le Grand Maison
la Roule
St-Clément-les-Places
A 72
Chambost-Longessaigne
chez Blanc
Brullioles

S. 38

S. 47

S. 28
S. 37
S. 48
Vauxrenard
Avenas
la Terrasse
Fleurie
Romanèche
Thorins
St-Romain-des-Iles
St-Didier-sur-Chalaronne
Illiat
Sulignat
les Ardillats
Chiroubles
Villié-Morgon
Lancié
Dracé
Thoissey
Dompierre-sur-Chalaronne
l'Abergement-Clémenciat
Beaujeu
Lantignié
Corcelles-en-Beaujolais
Mogneneins
St-Étienne-sur-Chalaronne
Régnié-Durette
St-Jean-d'Ardières
Peyzieux-sur-Saône
Quincié-en-Beaujolais
Cercié
St-Lager
Belleville
Genouilleux
Guéreins
Baneins
Marchampt
Montceaux
Chaneins
Château de la Chaize
Odenas
Charentay
Montmerle-sur-Saône
Amareins
St-Trivier-sur-Moignans
Sandrans
St-Etienne-la-Varenne
St-Etienne-des-Oullières
St-Georges-de-Reneins
Lurcy
Francheleins
le Perréon
Messimy-sur-Saône
Chaleins
Salles-Arbuissonnas-en-Beaujolais
Blacé
Château de Laye
Arnas
Château de Flécheres
Villeneuve
Ste-Olive
St-Cyr-le-Chatoux
Montmelas-St-Sorlin
Fareins
Beauregard
Savigneux
Ambérieux-en-Dombes
Rivolet
Denicé
VILLEFRANCHE-SUR-SAÔNE
Ars-sur-Formans
Lacenas
Gleizé
Jassans-Riottier
Golf du Gouverneur
Limas
Misérieux
Rancé
Monthieux
Liergues
Plan d'Eau du Bourdelan
Toussieux
Ste-Paule
Ville sur Jarnioux
Pommiers
St-Bernard
St-Jean-de-Thurigneux
Dingt
Theizé
Anse
Les Cascades Base de Loisirs
Reyrieux
Civrieux
le Bois-d'Oingt
Golf du Beaujolais
Ambérieux
Massieux
Légny
Alix
Marcy
Lucenay
Morancé
Parcieux
Genay
Charnay
Les Chères
St-Germain-au-Mont-d'Or
Château d'Ombreval
Chessy
Chazay-d'Azergues
Chasselay
Montanay
Châtillon
Albigny-sur-Saône
Neuville-sur-Saône
Marcilly-d'Azergues
Lissieu
Lozanne
Poleymieux-au-Mont-d'Or
Fontaines-sur-Saône
Cailloux-sur-Fontaines
St-Germain-sur-l'Arbresle
Dommartin
RILLIEUX-LA-PAPE
Bully
Fleurieux-sur-l'Arbresle
St-Cyr-au-Mont-d'Or
St-Didier-au-Mont-d'Or
CALUIRE-ET-CUIRE
l'Arbresle
Couvent de la Tourette
Golf de Salvagny
Savigny
Sourcieux-les-Mines
Lentilly
Dardilly
Champagne-au-Mont-d'Or
Sain-Bel
Fort de Loyasse
Bibost
St-Pierre-la-Palud
Marcy-l'Étoile
Tassin-la-Demi-Lune
Bessenay
Pollionnay
St-Genis-les-Ollières
Château de St-Bonnet
Grézieu-la-Varenne
Craponne
Ste-Foy

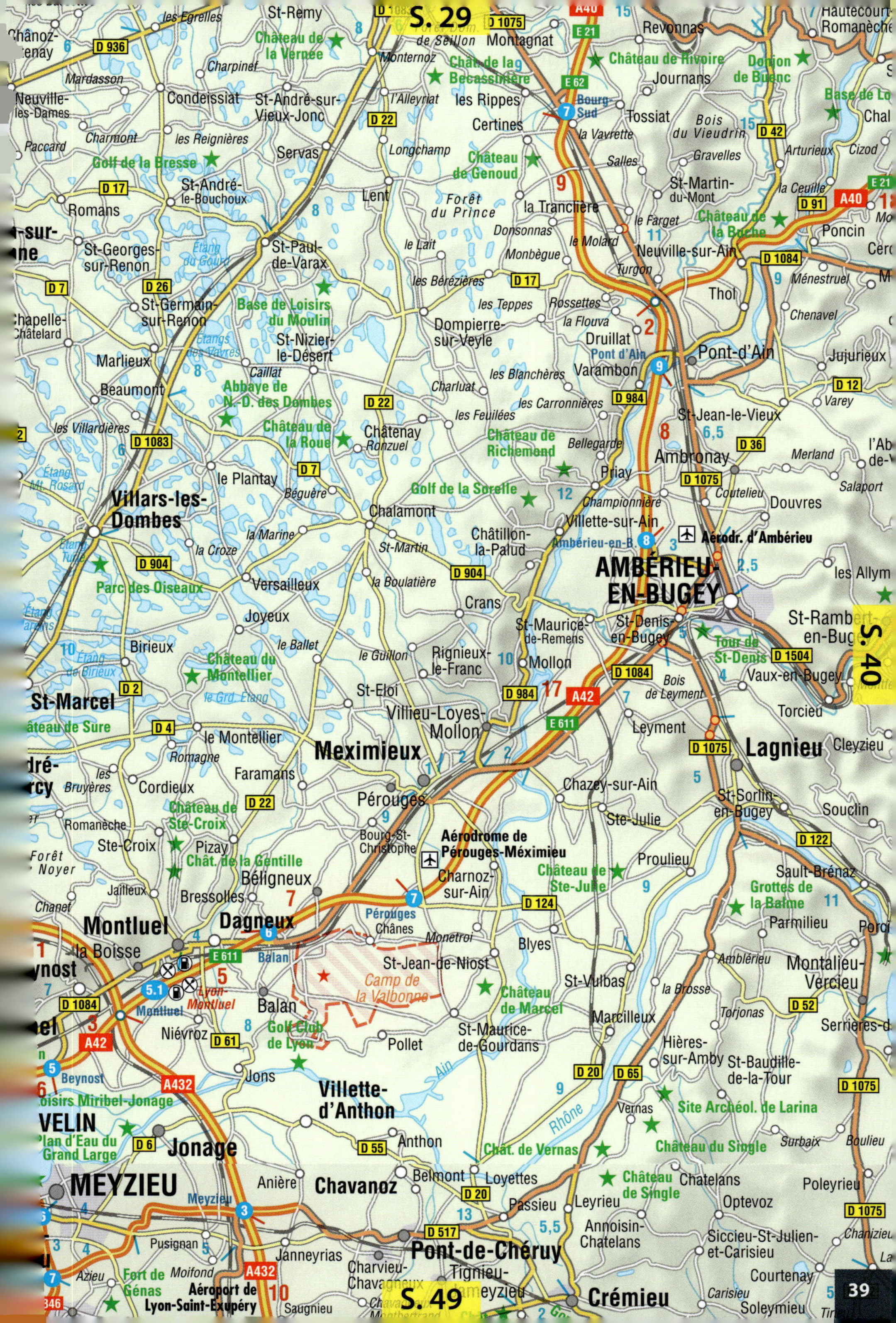

S. 29
S. 40
S. 49
Villars-les-Dombes
Meximieux
Montluel
Dagneux
AMBÉRIEU-EN-BUGEY
Lagnieu
MEYZIEU
Jonage
Pont-de-Chéruy
Crémieu
Villette-d'Anthon
Chavanoz
Pérouges
Pont-d'Ain
Ambronay
Chalamont
Villieu-Loyes-Mollon
Béligneux
St-Paul-de-Varax
St-André-sur-Vieux-Jonc
Condeissiat
Servas
Lent
St-Nizier-le-Désert
Marlieux
Dompierre-sur-Veyle
Châtillon-la-Palud
St-Maurice-de-Rémens
St-Denis-en-Bugey
Vaux-en-Bugey
St-Rambert-en-Bugey
Neuville-sur-Ain
St-Jean-le-Vieux
Douvres
St-Sorlin-en-Bugey
Sault-Brénaz
Montalieu-Vercieu
Serrières-de-Briord
Hières-sur-Amby
St-Baudille-de-la-Tour
Loyettes
Anthon
Janneyrias
Charvieu-Chavagneux
Tignieu-Jameyzieu
Pusignan
Aéroport de Lyon-Saint-Exupéry
Aérodrome de Pérouges-Méximieux
Aérodr. d'Ambérieu
Camp de la Valbonne
Golf de la Bresse
Golf de la Sorelle
Golf Club de Lyon
Parc des Oiseaux
Abbaye de N.-D. des Dombes
Château de Richemond
Château de la Roue
Château du Montellier
Château de Marcel
Château de Ste-Julie
Site Archéol. de Larina
Grottes de la Balme
Tour de St-Denis
Château de Rivoire
Donjon de Buenc
Château de Genoud
Château de la Vernée
Chât. de Vernas
Château de Single
A42
A40
A432
E 611
D 1084
D 1075
D 904
D 984

S. 30
S. 39
S. 50
NANTUA
St-Martin-du-Frêne
Lalleyriat
le Poizat
Les Neyrolles
Église St-Michel
Châtillon-en-Michaille
Confort
Lancrans
Bellegarde-s-Valserine
Fort l'Écluse
Crêt de Beauregard
1249
Col de Bérentin
1054
Plateau de Retord
1322
Leyssard
Peyriat
Serrières-sur-Ain
Base de Loisirs
Challes
Étables
Ceignes
Maillat
Moulin Chabaud
Chevillard
Grottes du Cerdon
Condamine
Labalme
Mortaray
Cerdon
Morts du Maquis
le Chevril
Vieu-d'Izenave
Outriaz
Brénod
Mérignat
Châtillon de Cornelle
Brouillat
Lantenay
Airport de Corlier
Jujurieux
Boyeux-St-Jérôme
Corcelles
Corlier
Salagnat
St-Jérôme
l'Abergement-de-Varey
Champdor
Montgriffon
Aranc
Salaport
Nivollet-Montgriffon
Résinand
Jalinard
le Grand-Abergement
le Petit-Abergement
Col de Richemond
1036
Crêt du Nu
1351
Villes
Davanod
Billiat
Chaix
Injoux
Injoux-Génissiat
Eloise
Barrage de Génissiat
Chêne-en-Semine
Franclens
Surjoux
Lhôpital
Chanay
Dorches
Challonges
Bassy
Hauteville-Lompnes
Ruffi
Hotonnes
Songieu
Sothonod
Etranginaz
Seyssel (Ain)
les Allymes
Oncieu
Evosges
Chaley
Lompnieu
Anc. Abbaye St-Domitien
Cormaranche-en-Bugey
Lilignod
Brénaz
Lochieu
Reculafol
le Chanay
Serrières
Malix
Longecombe
Argis
Tenay
Indrieux
Gorges de l'Albarine
Vaux-St-Sulpice
St-Sulpice-le-Vieux
Charancin
Fitignieu
Passin
Anglefort
Grand Colombier
1531
Champriond
Cleyzieu
Arandas
Conand
Cluse des Hôpitaux
Thézillieu
Champagne-en-Valromey
Chavornay
Serrières-en-Chautagne
Belmont-Luthézieu
Artemare
Châtel
Talissieu
Prémillieu
Pontieu
Ruffieux
Chartreuse de Portes
Villébois
Porcieu-Amblagnieu
la Vallée Bleue
Base de Loisirs
Base de Loisirs du Point Vert
la Burbanche
Armix
Virieu-le-Grand
St-Martin-de-Bavel
Ardosset
Béon
Culoz
Saumont
Ordonnaz
Bénonces
Rossillon
Cheignieu-la-Balme
Grammont
Ceyzérieu
Rés. Nat. du Marais de Lavours
Aignoz
Vions
Bois de la Morgne
Seillonnaz
Lompnas
Préveyssieu
Pugieu
Cuzieu
Vongnes
Lavours
Chanaz
Portout
Chazey-Bons
Flaxieu
Pollieu
Contrevoz
Billieu
Marignieu
Cressin
Landard
Montagnieu
Marchamp
Andert-et-Condon
Magnieu
St-Champ
Bouvesse-Quirieu
Vercra
Châtl. de Beauretour
Innimond
St-Germain-les-Paroisses
Musin
Base de Loisirs du Lit du Roi
Briord
Aqueduc Romain
Belley
Coron
Massignieu-de-Rives
Boulieu
Flévieu
Millieu
Cessieu
Cathédrale St-Jean
Grand Étang
Faverge
Château de Mérieu
Lhuis
Montagne de Tentanet
Ambléon
Thoys
les Écassas
Parves
Marchenieu
Nattages
Mépieu
Rhône
Rix
Château de Varepe
Ansolin
Crapéou
Colomieu
Petit Brens
Virignin
Bas-Somont
Chanizieu
Pusignieu
Trieux
Conzieu
Arbignieu
Brens
Fort-les-Bancs
Yenne
Lancin
Creys-Mépieu
Groslée
Pont-Bancet
Peyzieu
Furans
la Balme
Landrecin
Daleygnieu
Grand-Gouvoux
Tours
le Port-de-Groslée
Vieu
Neyrieu
D 1084
D 1206
D 12
D 8
D 21
D 1504
D 904
D 992
D 1075
D 52
D 19
A40
A404
E 62
E 21

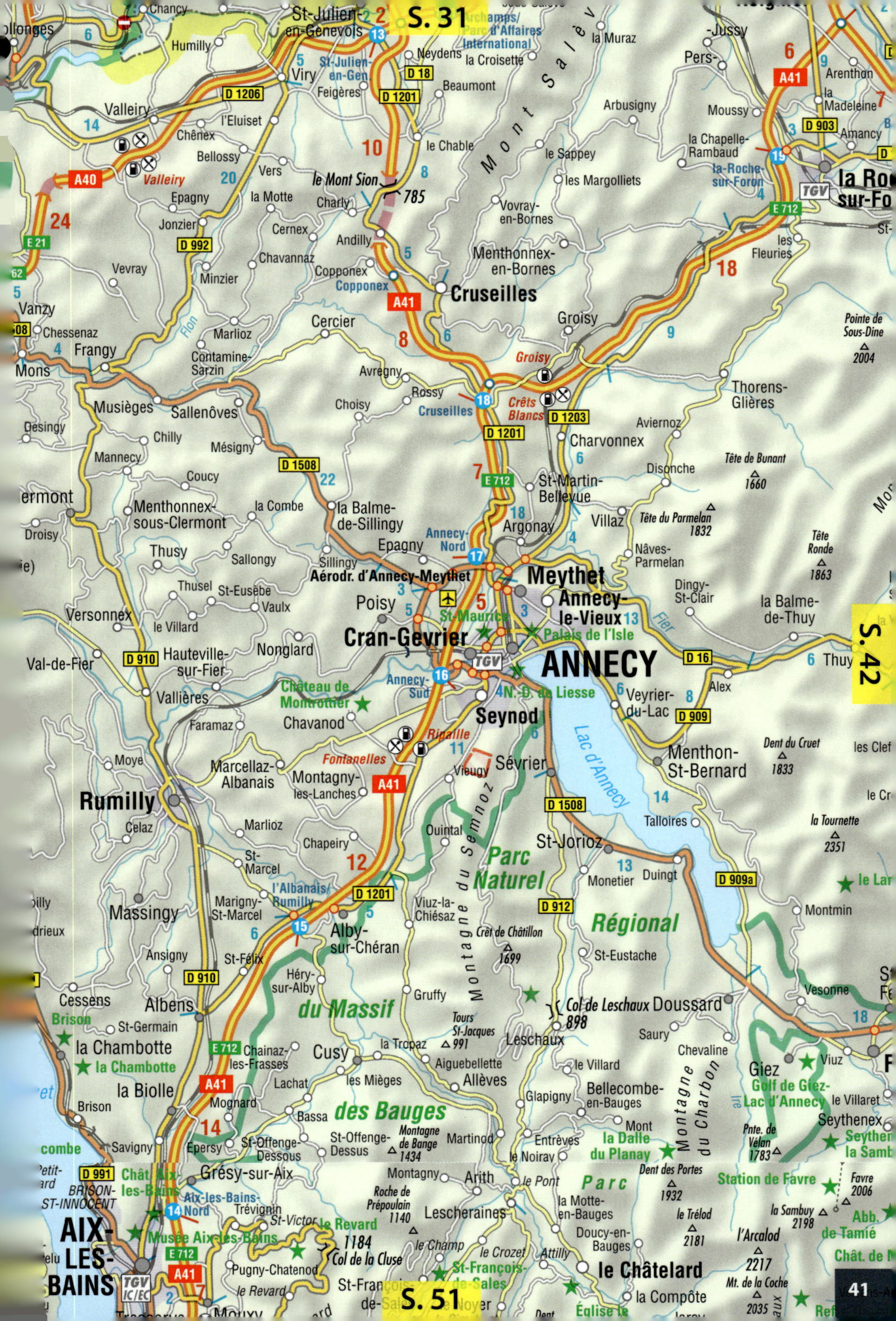
S. 31
S. 42
S. 51
St-Julien-en-Genevois
Archamps/Parc d'Affaires International
la Croisette
Neydens
la Muraz
Mont Salève
Chancy
Humilly
Viry
St-Julien-en-Gen
Feigères
Beaumont
Arbusigny
-Jussy
Pers-
Arenthon
la Madeleine
Moussy
Amancy
la Chapelle-Rambaud
la Roche-sur-Foron
Valleiry
Chênex
l'Eluiset
Bellossy
Vers
le Chable
le Sappey
les Margolliets
Valleiry
Epagny
la Motte
Charly
le Mont Sion
785
Vovray-en-Bornes
Jonzier
Cernex
Andilly
Menthonnex-en-Bornes
Chavannaz
Copponex
Copponex
Cruseilles
Vevray
Minzier
Vanzy
Chessenaz
Marlioz
Cercier
Groisy
Pointe de Sous-Dine
2004
Frangy
Contamine-Sarzin
Mons
Avregny
Groisy
Rossy
Crêts Blancs
Thorens-Glières
Musièges
Sallenôves
Choisy
Cruseilles
Desingy
Chilly
Mésigny
Charvonnex
Aviernoz
Mannecy
Coucy
Dingy
Tête de Bunant
1660
St-Martin-Bellevue
Menthonnex-sous-Clermont
la Combe
la Balme-de-Sillingy
Argonay
Villaz
Tête du Parmelan
1832
Droisy
Thusy
Sallongy
Epagny
Annecy-Nord
Nâves-Parmelan
Tête Ronde
1863
Sillingy
Aérodr. d'Annecy-Meythet
Meythet
Dingy-St-Clair
Thusel
St-Eusèbe
Poisy
Annecy-le-Vieux
la Balme-de-Thuy
Versonnex
le Villard
Vaulx
St-Maurice
Cran-Gevrier
Palais de l'Isle
Fier
Val-de-Fier
Hauteville-sur-Fier
Nonglard
ANNECY
Thuy
Vallières
Château de Montrottier
Annecy-Sud
N.-D. de Liesse
Veyrier-du-Lac
Alex
Faramaz
Chavanod
Seynod
Rigaille
Fontanelles
Moye
Marcellaz-Albanais
Montagny-les-Lanches
Vieugy
Sévrier
Lac d'Annecy
Menthon-St-Bernard
Dent du Cruet
1833
les Clef
Rumilly
Celaz
Marlioz
Quintal
Talloires
le Cr
la Tournette
2351
Chapeiry
Semnoz
St-Jorioz
St-Marcel
l'Albanais/Rumilly
Parc Naturel
Monetier
Duingt
le Lar
Massingy
Marigny-St-Marcel
Alby-sur-Chéran
Viuz-la-Chiésaz
Montagne du Semnoz
Crêt de Châtillon
1699
Régional
Montmin
Ansigny
St-Félix
St-Eustache
Héry-sur-Alby
Gruffy
Vesonne
Cessens
Albens
du Massif
Col de Leschaux
898
Doussard
Brison
St-Germain
Tours St-Jacques
991
Leschaux
Saury
la Chambotte
la Chambotte
Chainaz-les-Frasses
Cusy
la Tropaz
Aiguebellette
Chevaline
Giez
Viuz
Lachat
les Mièges
Allèves
le Villard
Golf de Giez-Lac d'Annecy
Montagne du Charbon
la Biolle
le Villaret
Brison
Mognard
Bassa
des Bauges
Glapigny
Bellecombe-en-Bauges
Seythenex
Savigny
Epersy
St-Offenge-Dessous
St-Offenge-Dessus
Montagne de Banges
1434
Martinod
Entrèves
Mont
la Dalle du Planay
Pnte. de Vélan
1783
la Sambuy
Petit-Iard
Chât. Aix-les-Bains
Grésy-sur-Aix
le Noiray
Montagny
Arith
le Pont
Parc
Dent des Portes
1932
Station de Favre
Favre
2006
BRISON-ST-INNOCENT
Aix-les-Bains-Nord
Trévignin
Roche de Prépoulain
1140
Lescheraines
la Motte-en-Bauges
le Trélod
2181
la Sambuy
2198
Abb. de Tamié
AIX-LES-BAINS
Musée Aix-les-Bains
St-Victor
le Revard
1184
Col de la Cluse
le Champ
le Crozet
Attilly
Doucy-en-Bauges
l'Arcalod
2217
Chât. de M
Pugny-Chatenod
St-François-de-Sales
le Châtelard
Mt. de la Coche
2035
le Revard
St-François-de-Sales
Noyer
la Compôte
Église
Mouxy
TGV IC/EC
A40
A41
E 21
E 712
D 1206
D 1201
D 18
D 992
D 1508
D 1203
D 910
D 16
D 909
D 909a
D 912
D 903
D 991

S. 32
S. 41
S. 52
Bonneville
CLUSES
Scionzier
Marnaz
Thyez
Marignier
la Roche-sur-Foron
St-Pierre-en-Faucigny
Faucigny
St-Jean-de-Tholome
Ayse
Arenthon
Amancy
St-Laurent
Thuet
Pincru
Brizon
Mont-Saxonnex
les Granges
Châtillon-sur-Cluses
la Rivière-Enverse
Ancienne Chartreuse de Melan
St-Sigismond
Samoëns
Vallon
Morillon
Station de Samoëns
Station du Morillon Grand Massif
Arâches
Pierre à Laya
Magland
Golf de Pierre Carrée
Flaine
Tête du Pré des Saix 2113
Salvagny
Cascade du Rouget
Cluses Centre
Chartreuse du Reposoir
Pralong
Tête de la Sallaz 2020
Pointe d'Areu 2478
Tête du Colonney 2632
Luzier
Sallanches
St-Martin-sur-Arve
Plateau-d'Assy
Passy
Plaine Joux
Chedde
le Fayet
Domancy
Combloux
St-Gervais-les-Bains
Cordon
Lavey
Saxias
Pointe de Sous-Dine 2004
le Petit-Bornand-les-Glières
Pic de Jallouvre 2408
Col de la Colombière 1613
Pnte. d'Almet 2231
Pnte. Percée 2752
les Contamines
Entremont
le Chinaillon
Montagne des Auges
le Grand-Bornand
les Plans
Chaîne des Aravis
St-Jean-de-Sixt
Mont Lachat 2020
les Villards-sur-Thônes
la Vacherie
la Clusaz
Pnte. de Beauregard 1647
Tête Pelouse 2539
Croisse Baulet 2236
Col des Aravis 1486
le Plan
Jaillet 1580
Thônes
Col de la Croix Fry 1467
la Giettaz
Tête du Torraz 1931
Megève
le Christomet 1853
Mt. d'Arbois 1827
Golf du Mont d'Arbois
St-Nicolas-de-Véroce
le Planellet
l'Étale
Joux
Manigod
les Clefs
l'Étale 2484
Mt. Joly 2525
Praz-sur-Arly
les Contamines-Montjoie
le Cropt
Col du Marais 833
Pnte. de Mandallaz 2277
Flumet
Aig. Croche 2487
Notre-Dame-de-Bellecombe
Mt. de Vorès 2069
N.-D. de la Gorge
le Lars
Serraval
le Planay
le Bouchet-Mont-Charvin
Chard du Beurre 1889
Belleville
Lac de la Girotte
Tête de la Gicle 2552
Col de Saisies 1633
les Saisies
Annuit
Rochers des Enclaves
Marlens
St-Ferréol
Soney
la Montaz
le Bisanne 1939
St-Sauveur
le Pra
Faverges
Cons-Ste-Colombe
Fort de Lestal
les Bulles
UGINE
le Cray
les Curtillets
Lac de la Gittaz
Villard-sur-Doron
Beaufort
Queige
le Villard
Frontenex
Marthod
les Cernix
Rocher du Vent 2326
Crête des Cormet 1967
Tertenoz
les Combes
Mérier
Allondaz
Molliesoulaz
le Praz
1844
Boudin
Lac de Roselend
Seythenex
la Sambuy
Césarches
Pallud
Favre 2006
Plateau des Teppes
Musée Albertville
Venthon
la Roche Pourrie 2036
Mt. Mirantin 2461
Arèches
Station Arèches
Aig. du Grd. Fond 2889
Lac de Roselend
Abb. Tamié
Col de Tamié 907
Mercury
ALBERTVILLE
Pnte. de la Grde. Journée 2462
le Planey
Pontcellamont
l'Ami
Pnte. de Presset 2759
le Roign 2999
Chât. de Mercury
Aidier
Fort du Mont
Refuge des Arolles
St-Guérin
Bge. de St-Guérin
Pierre Menta 2711
Gilly-s.-Isère
Tours-en-Savoie
Frontenex
Grignon
Isère
le Grd. Mont
Mt. Coin 2541
A40
E 25
D 1205
D 1203
D 902
D 907
D 12
D 909
D 1212
D 1508
D 925
N 90
TGV
THA

S. 33
Pte. Rousse 2578
Nambride
Lac du Vieux Emosson
Naturelle
Trient
Col de la Forclaz 1526
Gorges de Durnant
le Catogne 2598
Chamoille
Val d'Entremont
Bagnes
Bruson
Six Blanc 2445
Champex d'en Bas
Champex
Orsières
Commeire
Vallorcine
Col de Balme 2204
le Génépi 2884
Champex-Lac
Som-la-Proz
Mt. Rogneux 3084
Chandonne
le Buet 3099
le Couteray
Issert
Vichères
Liddes
D 1506
le Tour
le Tour
Glacier du Trient
Aig. du Tour 3540
Col des Montets 1461
Montroc
Glacier d'Argentière
Praz-de-Fort
Drance
Réserve Naturelle des Aiguilles Rouges
Glacier de Saleina
2966
Argentière
Aig. des Gds. Montets 3297
Aig. d'Argentière 3896
Grand Darrey 3514
Prayon
Val Ferret
Bourg-St-Pierre
2766
Aiguilles Rouges
Tête à l'Ane 2801
le Lavancher
Tour Noir 3837
Le Mourin
Pointe Noire de Pormenaz 2323
Les Praz de Chamonix
Aig. Verte 4122
Val Ferret - la Fouly
La Fouly
Lac des Toules
Gorges de la Diosaz
le Brévent 2524
Montenvers
Mont Dolent 3820
La Tsarve 2978
Ferret
Super Saint Bernard
Ref. de la Charpoua
CHAMONIX-Mont-Blanc
Mer de Glace
Ref. du Couvercle
Monts Telliers 2951
Aig. du Crépon 3522
Bourg St-Bernard
11 %
Tunnel du Gd. St-Bernard 5828 m
les Montquarts
N 205
E 25
Ref. d'Envers des Aiguilles
Ref. du Leschaux
Aig. de Leschaux 3759
Col du Grand Saint Bernard 2469
les Houches
Aig. du Midi 3842
Ref. du Requin
Grandes Jorasses 4208
Grand Golliat 3238
10 %
Glacier du Géant
Tunnel du Mont-Blanc 11 600 m
Aig. du Géant 4013
Dora die Ferret
Val Ferret
Ref. de Tête Rousse
Mt. Blanc du Tacul 4248
La Vachey
Gran Créton 3071
S. 44
Val del Gr. S. Bernard
Massif du Mont Blanc
Monte Bianco
Aig. de Bionnassey 4052
Mont Blanc 4807
T1
Grande Rochère 3326
St-Rhémy-en-Bosses
Entrèves
Monte Bianco
Aig. Noire de Peutérey 3773
Dômes de Miage 3425
Tré la Tête 3920
Aiguilles du Breuillat 3790
Peutérey
Courmayeur
Planaval
Courmayeur
Morgex
Morge
Comba di Vertosan
Val Veny
Aiguilles des Glaciers 3816
L. di Combal
Testa d'Arp 2750
Courmayeur
Pré-St-Didier
Liarey
la Salle
Pta. Oiulletta 2616
Tondu 3196
Alpe de la Lex Blanche
M. Bérrio Blanc 3252
Elévaz
Dora di Verney
Colle S. Carlo 1971
Morgex
Château-Cours
Pointe de Léchaud 3128
Vallone di Chavannes
la Balme
Becca Pouignenta 2827
18
Cerellaz
Derby
M. Ouille 3099
la Thuile
Thovex
Leverogne
22
Runaz
Rochefort
Arvier
Pont Serrand
L. di Pietra Rossa
les Grandes Aiguilles 2830
Mt. de Mirande 3066
V. del Breuil
La Thuile/La Rosière
Torre del Tighet 2976
Grde. Falaise de Séloge
L. Verney
9 %
M. Colmet 3024
Val Grisenche
Petite Falaise de Séloge
Colle del Piccolo S. Bernardo
Col du Petit St-Bernard 2188
Vallone di Bella Comba
T. Rutor
M. Paramont 3300
Planaval
Valgrisenche
Dora di Valgrisenche
Rhêmes-St-Georges
Crêt Bettex
Pnte. du Clapey 2620
D 1090
L. del Rutor
Bonneval
Fort de la Redoute
Grand Assaly 3174
Frassiney
Surface Praina 2613
D 1090
Station de la Rosière
Testa del Rutor 3486
Gerbelle
Becca di Tos 3302
Fort de la Platte
Fort du Truc
28
Becca du Lac 3396
Valgrisenche
Villard
la Rosière
Bec Rouge 2515
Bourg-St-Maurice
Séez
Montvalezan
L. Noir
FRANCE
ITALIA
Ghiacciaio del Rutor
Lago di Beauregard
Melignon
S. 53
Artalle
D 902

S. 34

Bagnes
Sarreyer
Champsec
Lourtier
Fionnay
Lac des Dix
Arolla
Satarma
3418
Dent Blanche
4357
Gl. de Ferpècle
Zmuttgl.
Alpes Valais
Mt. Pleureur
3704
Aiguille de la Tsa
3668
Mt. Rogneux
3084
Mt. Blanc de Cheilon
3870
Pigne d' Arolla
3798
Tête Blanche
3710
Dent d'Hérens
4171
Mt. Collon
3637
Petit Mt. Collon
3556
L'Evêque
3716
Mt. Brulé
3585
Petit Combin
3672
Gl. de Corbassière
Tournelon Blanc
3707
3716
Combin de Corbassière
La Ruinette
3875
Lac de Mauvoisin
la Singla
3714
les Jumeaux
3872
Breuil-Cervinia
Pte. d'Otemma
3403
Gl. d'Otemma
Bce. de la Vanette
3361
Grand Combin
4314
Prarayer
Château des Dames
3488
Punta di Fontanella
3384
Gde. Tête de By
3588
Mt. Avril
3347
Mt. Gelé
3518
Bec d' Epicoune
3529
L. di Place Moulin
Petit Vélan
3222
La Lechère
M. Redèssan
3253
Pta. Tsan
3320
Valtournenche
Bourg St-Bernard
Mt. Vélan
3731
M. Morion
3487
XI-V
Bca. de Luseney
3504
Valtournenche
Gd. St-Bernard
5828 m
Bionaz
Valpelline
M. Chénaille
3144
Mt. Berrio
3075
Chèntre
Bca. del Merlo
3234
Oyace
Buisson
Fiernaz
Buthier
Semon
M. Faroma
3073
Rhémy
St. Oyen
Etroubles
Doues
Valpelline
27
3
Bernardo
Tsaat à l'Etsena
2971
Becca di Viou
2856
Lignan
Civino
27
Castello
Croce di Fana
2212
Effraz
Condemine
Roisan
Gignod
Châtillon
Mt. Fallère
3090
P. Chaligne
2608
Cre
Variney
Valle d'Aosta
Blavy
Nus
24
Chambave
26
Excenex
Sorreley
R39
7
St-Christophe
Aosta
Villefranche
Nus
Margnier
Pontey
Signayes
Fénis
Barche
11
Aeroporto di Aosta
Autoporto
Aosta Est
8
St-Marcel
AOSTA
Pollein
Rumiod
Sarre
8
5
13
Pont Suaz
V. Clavalité
M. Père Laurent
2625
M. Barbe
2482
Fossaz
St-Pierre
Villeneuve
Jovençan
Les Fleurs
L. Inferiore
M. Corquet
2529
M. Avic
3006
Aosta Ovest
Aymavilles
Champessolin
Monte Emilius
3559
L. Lungo
Parco Na
del Mon
Arvier
Introd
Poya
Pila
L. Superiore
Pont d'Aël
Grand Eyvia
Valle di Cogne
Pila/Valle d'Aosta
P. d. Valletta
3090
M. Grauson
3240
Gran Lago
M. Glacier
3186
Tâche
Molère
Vieyes
P. Valetta
2793
Épinel
Crétaz
Penne Blanche
3253
P. Tersiva
3513
Molina
Champlong
Rovenaud
Gr. Nomenon
3488
Ghiacciaio la Grìvola
Cogne
Lillaz
P. Bioula
3414
la Grìvola
3969
Valnontey
P. Nera
3063
M. Rosa d. Banchi
3164
Dégioz
Valsavarenche
Valsavarenche
Rif Sella
2584
S. Besso

S. 43

S. 54

S. 35
Zermatt
St. Mauritius
Schwarzsee
Findelgletscher
Zermatt
Stockhorn 3532
Gornergrat 3090
Gornergletscher
Roffelhörner 3478
Corno Rosso 3230
Monte Moro 2984
2995
Macugnaga
S. Carlo
549
Ceppo Morelli
Vanzone
Cima di Jazzi 3803
Fillarhorn 3676
Pecetto
Macugnaga
Staffa
Borca
Pestarena
Belvedere
Valle Anzasca
Pizzo Bianco 3215
Pizzo Tignaga 2653
Breithorn 4164
Testa Grigia 3480
Kl. Matterhorn 3883
4092
Zwillinge 4228
Liskamm 4527
Dufourspitze 4634
4554
Signalkuppe P. Gnifetti
Monte Rosa
4215 Piramide Vincent
Pta. Gróber 3497
3128
Palone del Badile 2675
Carcóforo
Cma. Colmetta 2458
Parco Naturale Alta Valsésia
Corno di Fáller 2894
Corno Piglimò
Cima Lampone 2077
Rima
Ferrate
Gran Sometta 3166
Rocca di Verra 3129
M. Rosso 3021
3260
Pta. Indren
M. Tagliaferro 2964
Alagna
S. Giuseppe
Priami
Rimasco
Gd. Tournalin 3379
St-Jacques
M. Bettaforca 2972
Tschaval
Pta. Straling 3115
Alagna Valsésia
2741 Cima Carnera
Cima Saionchè 2344
Frachey
Monterosa
Orsiò
Riva-Valdóbbia
Isolello
Valsésia
299
Móllia
Boccório
Testa Grígia 3315
Gressoney-la-Trinité
Champoluc
Val d'Ayas
Cno. Bianco 3320
Val Vogna
Campertogno
Cma. d. Balma 1930
Quare
Corno Valdóbbia 2733
Corna Rossa 2552
Val Sermenza
Antagnod
Chemonal
Dresal
Rassa
Cornù
M. Zerbiòn 2719
Extrepieraz
Gressoney-St-Jean
Valle di Gressoney
Corno Rosso 2979
T. Gronda
T. Evançon
Vollon
Brusson
Méttien
Becco di Cossarello 2619
T. Sorba
T. Dolca
St-Vincent
Salirod
Tschossil
Pta. Tre Véscovi 2501
Alpe Lavaggi
Ravet
Arcésaz
M. Taf 2523
Pont-Trenta
Cima di Bo 2556
Cima dell'Asnas 2040
T. Lys
Tolléġnaz
M. Nery 3076
Gaby
C. d. Mologna Picc. 2205
Montjovet
Toffoz
Orbeillaz
Quincod
Santuàrio di Vàuro
C. d. Vécchia 2187
Piedicavallo
Calcinone
Berriaz
Tilly
Chataignère
Becca Torchè 3016
Praz
C. d. Pescatore
Rosazza
Valmosca
Issime
1382
Viering
Ploul
Víllaz
Riccourt
M. Cresto 2546
Campíglia
Oriomosso
Bocchetta di Sessera
San Grato
San Páolo Cervo
Rialmosso
Verrès
Verrès
M. Crabùn 2710
Pariassa
M. Tovo 2230
Niana
M. Camino 2391
Casale
Fleuran
Arnad
Fontainemore
Pillaz
Santuàrio di Oropa
Issogne
M. Mars 2600
Oropa
Tavigliano
28,5
Lillianes
Eschalod-Inf.
Machaby
Marine
M. Mucrone 2335
la Vécchia
Miagliano
5
Perloz
144
Sallerest
Bard
Tour-d'Héréraz
M. Bechit 2320
la Trappa
Tollegno
Pontboset
Hône
Donnas
26
Pont St-Martin
T. Elvo
Cángio
Pralungo
M. Digny 2145
Pont St-Martin
Carema
Sordévolo
Vallée d'Aoste
Colma di Mombarone 2371
BIELLA
Rubiola
R. Fer
5
7
Bossola
Graglia
Occhieppo Inferiore
Quincinetto
Cesnola
Colla di Netro
Ponderano
Quincinetto
Settimo
Camburzano
M. Debat 2622
Cma. Bonze 2516
S. 55
Montestrutto
Netro
Monticello
Donato
Nomáglio
Tavagnasco

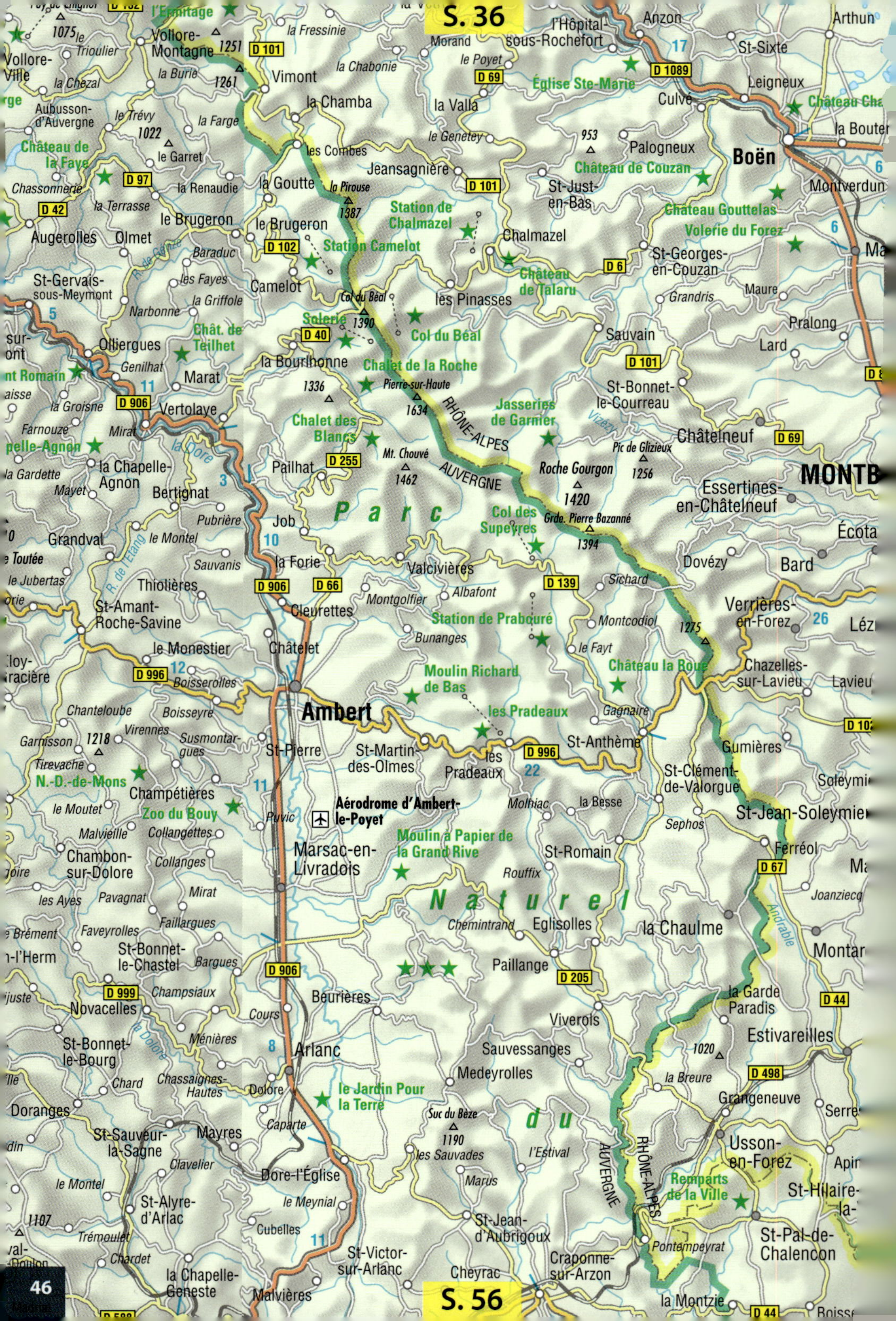
S. 36
l'Ermitage
Vollore-Montagne
Vollore-Ville
1075
le Trioulier
la Fressinie
D 101
1251
1261
Vimont
la Chabonie
Morand
le Poyet
D 69
l'Hôpital-sous-Rochefort
Anzon
Arthun
St-Sixte
D 1089
Église Ste-Marie
Leigneux
Culvé
Château Cha
la Bouter
la Burie
la Chezal
Aubusson-d'Auvergne
le Trévy
la Farge
la Chamba
la Valla
le Genetey
953
Palogneux
Boën
1022
le Garret
Château de la Faye
les Combes
Jeansagnière
Château de Couzan
Montverdun
Chassonnerie
D 97
la Renaudie
la Goutte
la Pirouse
1387
D 101
St-Just-en-Bas
Château Gouttelas
D 42
la Terrasse
le Brugeron
Station de Chalmazel
Volerie du Forez
Augerolles
Olmet
le Brugeron
D 102
Station Camelot
Chalmazel
St-Georges-en-Couzan
Baraduc
Château de Talaru
D 6
Maure
St-Gervais-sous-Meymont
les Fayes
Camelot
la Griffole
Col du Béal
les Pinasses
Grandris
Narbonne
Solerie
1390
Pralong
Olliergues
Chât. de Teilhet
D 40
Col du Béal
Sauvain
Lard
Genilhat
la Bourlhonne
Chalet de la Roche
D 101
Marat
Pierre-sur-Haute
St-Bonnet-le-Courreau
la Groisne
D 906
Vertolaye
1336
1634
RHÔNE-ALPES
Jasseries de Garnier
Farnouze
Mirat
Chalet des Blancs
Vizézy
Châtelneuf
D 69
la Chapelle-Agnon
la Dore
Pic de Glizieux
la Gardette
Pailhat
D 255
Mt. Chouvé
Roche Gourgon
1256
MONTB
Mayet
Bertignat
1462
AUVERGNE
1420
Essertines-en-Châtelneuf
Pubrière
Job
Parc
Col des Supeyres
Grde. Pierre Bazanné
Grandval
le Montel
1394
Écota
Toutée
R. de l'Étang
Sauvanis
la Forie
Dovézy
Bard
le Jubertas
Thiolières
D 906
D 66
Valcivières
D 139
Sichard
Montgolfier
Albafont
Verrières-en-Forez
St-Amant-Roche-Savine
Cleurettes
Station de Prabouré
Montcodiol
1275
26
Lézi
Bunanges
Châtelet
le Fayt
le Monestier
Chazelles-sur-Lavieu
Moulin Richard de Bas
Château la Roue
Lavieu
D 996
12
Boisserolles
Chanteloube
Boisseyre
Ambert
les Pradeaux
Gagnaire
D 102
Garnisson
1218
Virennes
Susmontargues
St-Pierre
St-Martin-des-Olmes
les Pradeaux
D 996
St-Anthème
Gumières
Tirevache
N.-D.-de-Mons
22
St-Clément-de-Valorgue
Soleymie
Champétières
11
Aérodrome d'Ambert-le-Poyet
Molhiac
la Besse
le Moutet
Zoo du Bouy
Puvic
Sephos
St-Jean-Soleymieu
Malvieille
Collangettes
Moulin à Papier de la Grand Rive
Ferréol
Chambon-sur-Dolore
Collanges
Marsac-en-Livradois
St-Romain
D 67
Rouffix
Mirat
Joanzieco
les Ayes
Pavagnat
Naturel
Andrable
Brément
Faveyrolles
Faillargues
Chemintrand
Eglisolles
la Chaulme
St-Bonnet-le-Chastel
Bargues
Montar
l'Herm
D 906
Paillange
D 205
D 999
Champsiaux
la Garde Paradis
Novacelles
Beurières
D 44
Cours
Viverols
la Dolore
St-Bonnet-le-Bourg
Ménières
8
Arlanc
Sauvessanges
1020
Estivareilles
Chard
Chassaignes-Hautes
Medeyrolles
la Breure
D 498
Doranges
Dolore
le Jardin Pour la Terre
Grangeneuve
Serre
du
Suc du Bèze
Caparte
1190
St-Sauveur-la-Sagne
Mayres
Usson-en-Forez
Clavelier
les Sauvades
l'Estival
AUVERGNE
RHÔNE-ALPES
Dore-l'Église
Marus
Remparts de la Ville
le Montel
St-Hilaire-la-
St-Alyre-d'Arlac
le Meynial
St-Jean-d'Aubrigoux
1107
Trémoulet
Cubelles
11
Pontempeyrat
St-Pal-de-Chalencon
Chardet
St-Victor-sur-Arlanc
Craponne-sur-Arzon
la Chapelle-Geneste
Cheyrac
Malvières
S. 56
la Montzie
D 44
Boisse

S. 37

Feurs
Cleppé
Salvizinet
Chapelle la Valette
Château de Loise
Chambost-Longessaigne
St-Clément-les-Places
Brullioles
Château de Chamousset
St-Laurent-de-Chamousset
le Maison-Blanche
Villedieu
Château de la Bastie-d'Urfé
Poncins
Aérodr. de Feurs-Chambéon
Salt-en-Donzy
Essertines-en-Donzy
Bouchala
Haute-Rivoire
les Halles
Souzy
Ste-Foy-l'Argentière
St-Genis-l'Argentière
St-Barthélémy-Lestra
St-Martin-Lestra
Valeille
Grataloup
Chambéon
Mazoyer
Magneux-le-Gabion
Estaing
Virigneux
Meys
l'Argentière
Aveize
Mornand-en-Forez
la Plaine du Forez
Magneux-Haute-Rive
St-Laurent-la-Conche
St-Cyr-les-Vignes
Neyrieux
Grézieu-le-Marché
Château de Saconay
Chalain-d'Uzore
Marclopt
Bellegarde-en-Forez
Maringes
Viricelles
Château de Vaugirard
Chalain-le-Comtal
Montrond-les-Bains/Montbrison
Montrond-les-Bains
St-André-le-Puy
Musée du Chapeau
Chazelles-sur-Lyon
Loisirs de Hurongues
Pomeys
Chavannes
St-Symphorien-sur-Coise
Boisset-lès-Montrond
Cuzieu
Château de Teillière
St-Galmier
St-Médard-en-Forez
Savigneux
St-Denis-sur-Coise
Coise
Châtelus
Église de Notre-Dame
Grézieux-le-Fromental
Unias
Rivas
Chevrières
les Granges
le Chambon
Marcenod
Savigneux
Théâtre Gallo-Romain
Moingt
l'Hôpital-le-Grand
Précieux
Craintilleux
Chambœuf
St-Laurent
Aveizieux
la Gimond
Croissière
l'Hôpital
Grammond
Azieux
Vauchette
Veauche
Volvon
St-Bonnet-les-Oules
Château de Malval
St-Christo-en-Jarez
Fontanès
St-Romain-le-Puy
Sanzieux
la Rive
Andrézieux-Bouthéon
Aérodrome de St-Étienne-Bouthéon
Pierre la Bauche 872
Col de la Gachet
St-Georges-Haute-Ville
Sury-le-Comtal
St-Cyprien
Bouthéon
Andrézieux/Veauche
Villars
St-Héand
Valfleury
Margerie-Chantagret
Boisset-St-Priest
Bonson
Andrézieux-Bouthéon
la Fouillouse
Doppelte Grand Quartier
Pont du Diable
St-Just-St-Rambert
Château de Grangent
l'Étrat
Sorbiers
Chenereilles
Grézieux
St-Priest-en-Jarez
la Talaudière
Musée de Villars
Blvd. Thiers
Sorbiers
St-Jean-Bonnefonds
Etrat
le Chasseur
St-E.-La Terrasse
Nus
Dolm. de Roche-Cubertelle
Chapelle N.-D. de Grâce
Château d'Essalois
St-Genest-Lerpt
St-Étienne-Centre
Terrenoire
St-Victor-sur-Loire
Grand Église
Périgneux
Chambles
Roche-la-Molière
Musée d'Art Moderne
Lac de Grangent
ST-ÉTIENNE
Caloire
Rochetaillée
la Tourette
Gland
le Pertuiset
Musée de Firminy
Gouffre d'Enfer
Aboën
Gourgois
St-Nizier-de-Fornas
St-Paul-en-Cornillon
Unieux
la Ricamarie
Planfoy
le Chambon-Feugerolles
Tarentaise
Semène
Fraisses
Firminy
Martinange
Château de Feugerolles
le Bicêtre
Pleiney
Malmont
Rozier-Côtes-d'Aurec
Château Aurec-sur-Loire
Aurec-sur-Loire
Château des Bruneaux
St-Romain-les-Atheux
St-Genest-Malifaux
la Combe
773
Bruailles
St-Ferréol-d'Auroure
Pont-Salomon
la Roche
Fontfrède
Station de la Versanne
St-Just-Malmont
Thézenac
la Chapelle-d'Aurec
St-Didier-
Jonzieux
les Communes
Mt. Chaussitre

S. 48

S. 57

S. 38

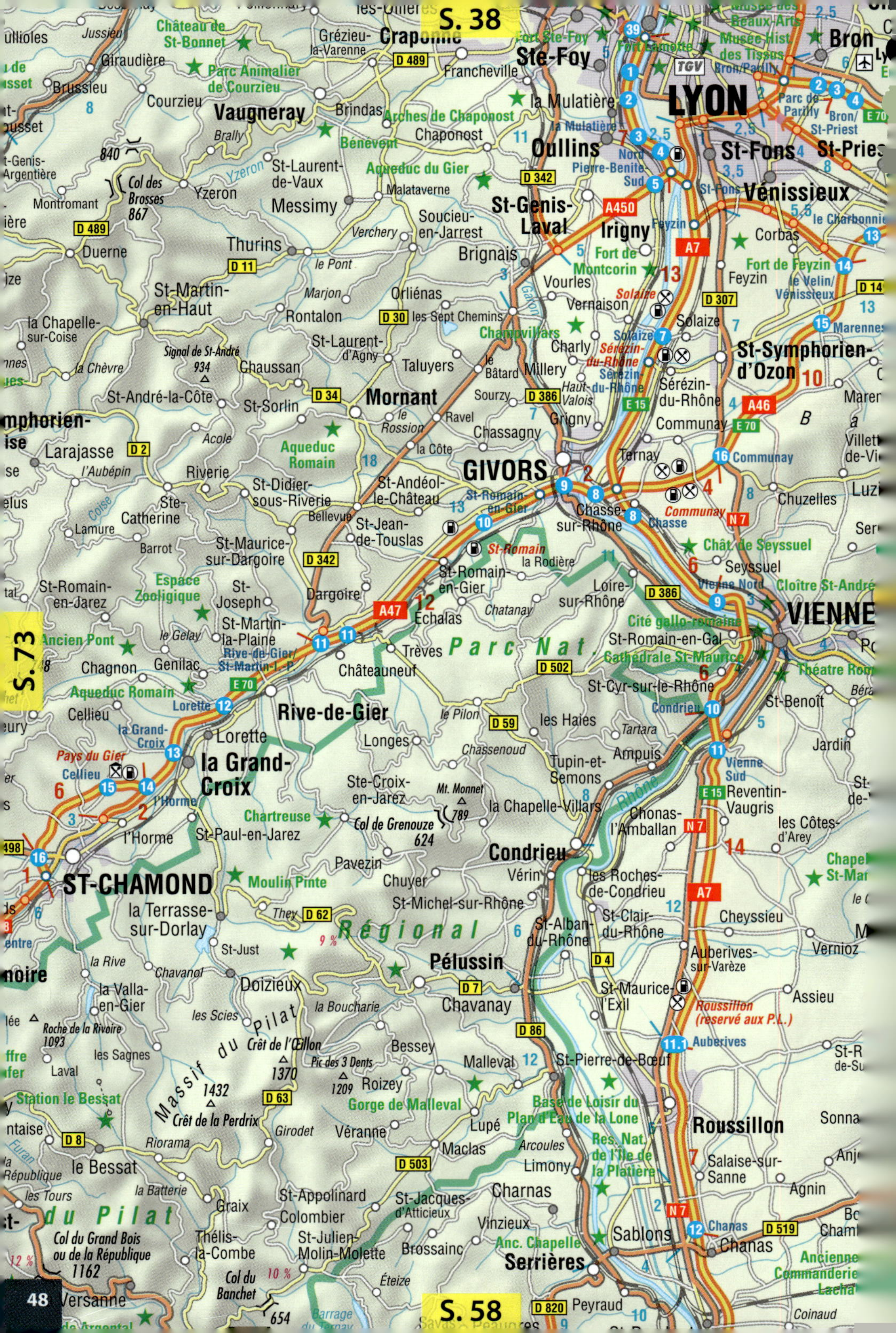

Château de St-Bonnet
Parc Animalier de Courzieu
Jussieu
Giraudière
Brussieu
Courzieu
Vaugneray
Brindas
Grézieu-la-Varenne
Craponne
Francheville
Ste-Foy
Fort Ste-Foy
Fort Lamotte
Musée des Beaux-Arts
Musée Hist. des Tissus
Bron
Bron/Parilly
Parc de Parilly
Bron/St-Priest
LYON
la Mulatière
Arches de Chaponost
Chaponost
Bénévent
Aqueduc du Gier
Oullins
Pierre-Bénite Nord
Pierre-Bénite Sud
St-Fons
St-Priest
Vénissieux
Col des Brosses 867
Yzeron
St-Laurent-de-Vaux
Messimy
Malataverne
Soucieu-en-Jarrest
St-Genis-Laval
Irigny
Montromant
Duerne
Thurins
Verchery
Brignais
Fort de Montcorin
Feyzin
Corbas
Fort de Feyzin
le Charbonnier
le Velin/Vénissieux
St-Martin-en-Haut
le Pont
Marjon
Orliénas
Vourles
Vernaison
Solaize
la Chapelle-sur-Coise
Rontalon
les Sept Chemins
Champvillars
Charly
Sérézin-du-Rhône
Marennes
St-Laurent-d'Agny
Taluyers
le Bâtard
Millery
St-Symphorien-d'Ozon
la Chèvre
Signal de St-André 934
Chaussan
Haut-du-Rhône
Valois
St-André-la-Côte
St-Sorlin
Mornant
le Rossion
Sourzy
Ravel
Grigny
Communay
Chassagny
Ternay
Larajasse
l'Aubépin
Acole
Aqueduc Romain
la Côte
GIVORS
Chuzelles
Riverie
St-Didier-sous-Riverie
St-Andéol-le-Château
St-Romain-en-Gier
Chasse-sur-Rhône
Chasse
Lamure
Ste-Catherine
Bellevue
St-Jean-de-Touslas
Château de Seyssuel
Seyssuel
Barrot
St-Maurice-sur-Dargoire
St-Romain
la Rodière
Vienne Nord
Cloître St-André
St-Romain-en-Jarez
Espace Zoologique
St-Joseph
Dargoire
Loire-sur-Rhône
VIENNE
Chatanay
Échalas
St-Martin-la-Plaine
le Gelay
Ancien Pont
Trèves
Parc Nat
Cité gallo-romaine
St-Romain-en-Gal
Cathédrale St-Maurice
Théâtre Romain
Chagnon
Genilac
Rive-de-Gier/St-Martin-L.-P.
Châteauneuf
St-Cyr-sur-le-Rhône
Aqueduc Romain
Lorette
Cellieu
Rive-de-Gier
le Pilon
les Haies
Condrieu
St-Benoît
la Grand-Croix
Longes
Tartara
Ampuis
Jardin
Pays du Gier
Chassenoud
Tupin-et-Semons
Vienne Sud
l'Horme
Ste-Croix-en-Jarez
Mt. Monnet 789
Reventin-Vaugris
Chartreuse
Col de Grenouze 624
la Chapelle-Villars
Chonas-l'Amballan
St-Paul-en-Jarez
les Côtes-d'Arey
Pavezin
Condrieu
Chapelle St-Ma
ST-CHAMOND
Moulin Pinte
Chuyer
Vérin
les Roches-de-Condrieu
la Terrasse-sur-Dorlay
St-Michel-sur-Rhône
Cheyssieu
They
St-Alban-du-Rhône
St-Clair-du-Rhône
Régional
St-Just
Auberives-sur-Varèze
Vernioz
la Rive
Chavanol
Doizieux
Pélussin
la Valla-en-Gier
Chavanay
St-Maurice-l'Exil
Assieu
les Scies
la Boucharie
Roussillon (reservé aux P.L.)
Roche de la Rivoire 1093
Pilat
Massif du
Crêt de l'Œillon 1370
Bessey
Auberives
les Sagnes
Pic des 3 Dents 1209
Malleval
St-Pierre-de-Bœuf
Laval
Roizey
Station le Bessat
1432
Crêt de la Perdrix
Gorge de Malleval
Base de Loisir du Plan d'Eau de la Lone
Roussillon
Sonnay
Girodet
Véranne
Lupé
Riorama
Maclas
Arcoules
Res. Nat. de l'Île de la Platière
Salaise-sur-Sanne
le Bessat
Limony
la République
la Batterie
St-Appolinard
St-Jacques-d'Atticieux
Charnas
Agnin
les Tours
Graix
Colombier
du Pilat
Vinzieux
Sablons
Chanas
Col du Grand Bois ou de la République 1162
Thélis-la-Combe
St-Julien-Molin-Molette
Brossainc
Anc. Chapelle
Serrières
Ancienne Commanderie
Col du Banchet
Éteize
Versanne
Barrage du Ternay
Peyraud
Coinaud
654

S. 73

S. 58

S. 39
S. 50
S. 59
Crémieu
Carisieu
Courtenay
Soleymieu
Tirieu
Dizimieu
Chassin
Couvaloup
Trept
Sablonnières
Base de Loisirs des Trois Lacs
Sermérieu
Salagnon
Crucilleu
Chât. du Mont Plaisant
Moras
Chozeau
Crizieu
Gorges de la Fusa
Villemoirieu
Chât. Brenassia
Jameyzieu
Chavagneux-Montbertrand
Saugnieu
Aéroport de Lyon-Saint-Exupéry
Fort de Génas
Génas
Azieu
Moifond
la Plaine
Revolère
Miplaine
Manissieu
St-Bonnet-de-Mure
St-Laurent-de-Mure
des Meurières
St-Piest
Colombier
Satolas-et-Bonce
Château de Bonce
Bas-de-Bonce
Grenay
Chamagnieu
le Chaffard
Panossas
Gonas
Veyssilieu
St-Hilaire-de-Brens
Longenière
Rondeau
Chamont
Trieux
Messenas
Frontonas
la Verpillière
l'Isle d'Abeau Villefontaine
l'Isle-d'Abeau
l'Isle d'Abeau/ Chesnes
St-Marcel-Bel-Accueil
Flosaille
le Clair
les Molles
St-Chef
St-Savin
Laval
Demptézieu
Chapèze
St-Pierre-de-Chandieu
Château de Chandieu
Rajat
Heyrieux
St-Quentin-Fallavier
Vaulx-Milieu
Villefontaine
Château de Montbally
l'Isle-d'Abeau
BOURGOIN-JALLIEU
Ruy
Montceau
Châtonnay
Coiranne
Cessieu
Valencin
le Fayet
Chapelle St-Just
Parc Animalier
Bonnefamille
Roche
Four
St-Alban-de-Roche
St-Just-Chaleyssin
Lafayette
Diémoz
Combe-Rousse
Maubec
Bourgoin-Jallieu
Nivolas-Vermelle
Sévenne
le Péage
Oytier-St-Oblas
le Bois-de-Roche
Aillat
Chèzeneuve
Meyrié
Sérézin-de-la-Tour
St-Victor-de-Cessieu
Jean-Baptiste
Subtuer
Septème
St-Georges-d'Espéranche
l'Ambalon
le Baroz
Crachier
St-Agnin-sur-Bion
les Eparres
Succieu
la Combe
Torchefelon
Terres Froides
Charantonnay
Artas
Meyrieu-les-Etangs
Culin
Tramolé
Châteauvilain
Badinières
Estrablin
Beauvoir-de-Marc
Colombier
St-Jean-de-Bournay
Base de Loisirs du Moulin
Eclose
Haut-Biol
Royas
Moidieu-Détourbe
Ste-Anne-sur-Gervonde
Pellet
Belmont
Chaumont
la Détourbe
Mépin
Gervonde
Châtonnay
St-Christophe
Flachères
la Rosière
la Bâtie
St-Didier-de-Bizonnes
Eyzin-Pinet
Villeneuve-de-Marc
le Châtelard
Meyssiès
Lieudieu
Champier
Eydoche
Plaine du Liers
Gère
Pont-Rouge
Forêt des Blaches
Cour-et-Buis
Buis
St-Julien-de-l'Herms
Semons
le Canel
Nantoin
Dantonnière
Longechenal
Chez Bourne
Forêt de Bonnevaux
Arzay
les Argouds
Commelle
Mottier
Rés. Nat. du Grand Lemps
Montseveroux
Bossieu
La Côte-St-André
St-Hilaire-de-la-Côte
la Frette
Pommier-de-Beaurepaire
Ornacieux
Gillonnay
Sanne
Bois de Taravas
Primarette
Moissieu-sur-Dolon
Faramans
Penol
Dolon
Pisieu
Revel-Tourdan
Sardieu
Grenoble-St-Geoirs
Château de Bresson
Tourdan
Plateau de Chambaran
Pajay
Brézins
Pact
St-Barthélemy
la Mange
le Grand-Chemin
le Bessey
St-Étienne-de-St-Geoirs
Beaurepaire
la Baume
le Content
Marcilloles
Nivollon
St-Siméon-de-Bressieux
Lapeyrouse-Mornay
Oron
Châtenay
St-Pierre-de-Bressieux
Beaufort
Thodure
Viriville
Brion
Manthes
Marcollin
le Bouillat
Lentiol
les Bajeaux
Marnans
Rossière
la Saône
Parc Naturel de Chambaran
Col du Cognet
Lens-Lestang
St-Didier
Champ de tir de Chambaran
Galaure
Moras-
TGV
A43
A432
N 346
D 1006
D 306
D 147
D 29
D 24
D 75
D 517
D 65
D 518
D 522
D 36
D 552
D 502
D 1085
D 538
D 519
D 73
D 71
D 119
D 154
D 1

S. 40

Morestel
Brangues
St-Benoît
Peyrieu
St-Victor-de-Morestel
Arandon
Passins
Sermérieu
Vézeronce-Curtin
St-Sorlin-de-Morestel
Vasselin
Vignieu
Montcarra
Dolomieu
Corbelin
Aoste
St-Genix-sur-Guiers
Champagneux
Novalaise
Aiguebelette-le-Lac
LA TOUR-DU-PIN
LE PONT-de-Beauvoisin
Romagnieu
les Abrets
la Bâtie-Montgascon
St-André-le-Gaz
Faverges-de-la-Tour
Cessieu
Ste-Blandine
St-Didier-de-la-Tour
la Bridoire
Lépin-le-Lac
Montagnieu
la Bâtie-Divisin
Pressins
Valencogne
Chassignieu
Chélieu
Doissin
Panissage
Virieu
Montferrat
Paladru
Lac de Paladru
St-Geoire-en-Valdaine
la Roche
les Échelles
Entre-deux-Guiers
Bizonnes
Châbons
Burcin
le Pin
Charavines
Chirens
Massieu
St-Laurent-du-Pont
St-Étienne-de-Crossey
le Grand-Lemps
Colombe
Apprieu
la Murette
VOIRON
Coublevie
Rives
St-Cassien
St-Blaise-du-Buis
Renage
Moirans
la Buisse
Voreppe
St-Étienne-de-St-Geoirs
Tullins
Izeaux
Vourey
St-Quentin-sur-Isère
Veurey-Voroize
Noyarey
le Chevallon
Parc Naturel Régional de Chartreuse
Château de Montfleury
Château de Longpra
Château de Clermont
Château de Vaulserre
Abbaye de la Chartreuse de la Sylve-Bénite
N.-D. de Milin
N.-D. de Parménie
Grotte de la Bonne Femme
Parc Aquatique Walibi
A43
A48
A49

S. 49

S. 60

S. 41

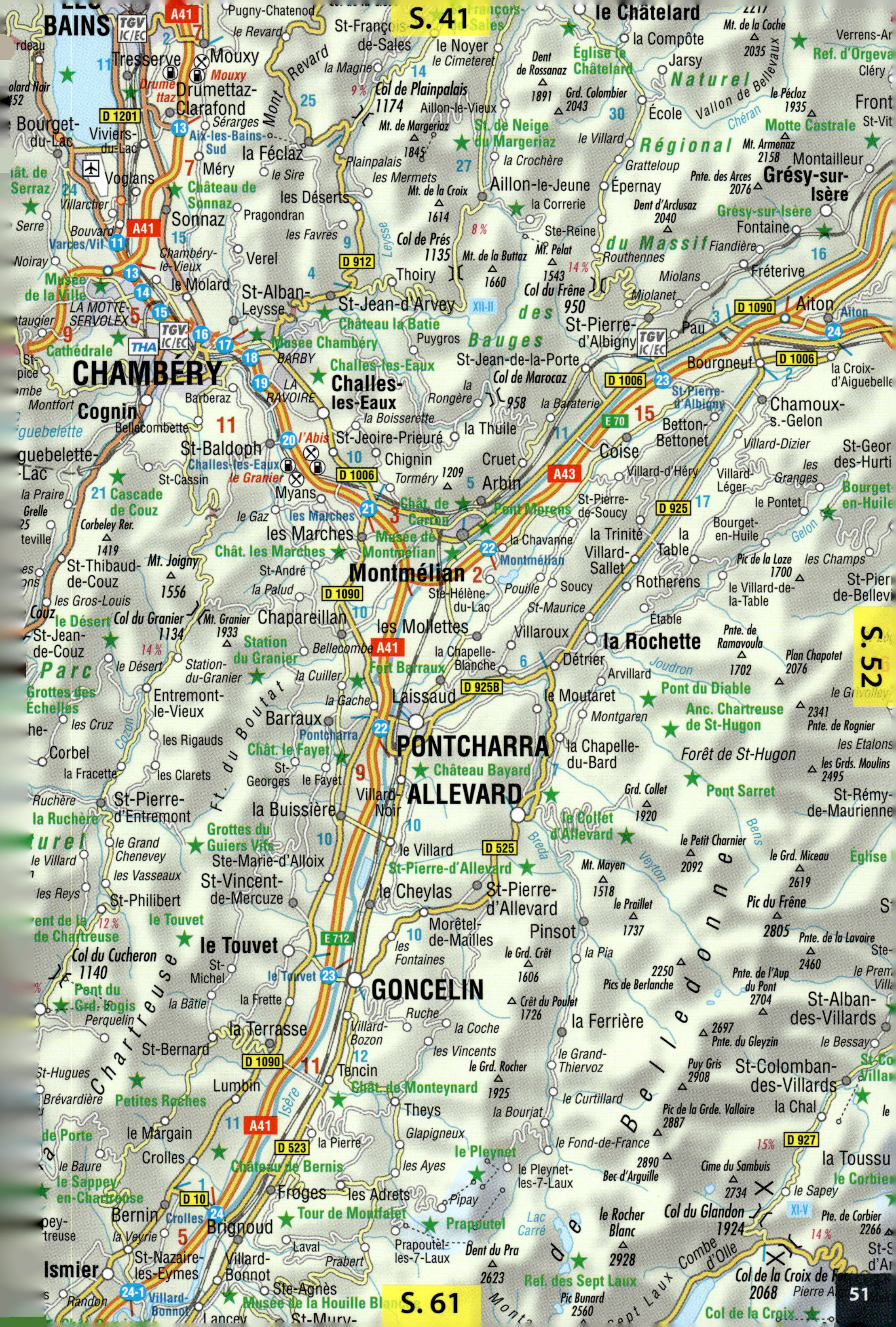

BAINS
Tresserve
Mouxy
Drumettaz-Clarafond
Bourget-du-Lac
Viviers-du-Lac
Voglans
Aix-les-Bains-Sud
Méry
Château de Sonnaz
Sonnaz
la Féclaz
Plainpalais
les Déserts
Pragondran
Verel
Chambéry-le-Vieux
le Molard
St-Alban-Leysse
St-Jean-d'Arvey
Thoiry
Château la Batie
Musée Chambéry
Challes-les-Eaux
Puygros
CHAMBÉRY
Cathédrale
Musée de la Ville
LA MOTTE-SERVOLEX
Cognin
Barberaz
LA RAVOIRE
Bellecombette
St-Baldoph
St-Cassin
Myans
St-Jeoire-Prieuré
Chignin
Arbin
Cruet
la Thuile
St-Jean-de-la-Porte
Col de Marocaz
Col de Plainpalais 1174
Col de Prés 1135
Pugny-Chatenod
St-François-de-Sales
le Noyer
Aillon-le-Vieux
Aillon-le-Jeune
St. de Neige du Margeriaz
le Châtelard
la Compôte
Jarsy
École
Église le Châtelard
Parc Naturel Régional du Massif des Bauges
Gratteloup
Épernay
Ste-Reine
Routhennes
Miolans
Col du Frêne 950
St-Pierre-d'Albigny
Fréterive
Fontaine
Grésy-sur-Isère
Aiton
Bourgneuf
Chamoux-s.-Gelon
Betton-Bettonet
Coise
Villard-d'Héry
Villard-Léger
Bourget-en-Huile
la Table
la Trinité
Villard-Sallet
Rotherens
Montmélian
Musée de Montmélian
Châ. de Carron
les Marches
Chât. les Marches
Cascade de Couz
St-Thibaud-de-Couz
Mt. Joigny 1556
Col du Granier 1134
Chapareillan
Station du Granier
les Mollettes
la Chapelle-Blanche
Villaroux
la Rochette
Détrier
Arvillard
Pont du Diable
Anc. Chartreuse de St-Hugon
Forêt de St-Hugon
Pont Sarret
Laissaud
le Moutaret
Fort Barraux
Barraux
PONTCHARRA
Château Bayard
ALLEVARD
le Collet d'Allevard
la Chapelle-du-Bard
Entremont-le-Vieux
St-Pierre-d'Entremont
la Buissière
Villard-Noir
Grottes du Guiers Vifs
Ste-Marie-d'Alloix
St-Vincent-de-Mercuze
le Cheylas
St-Pierre-d'Allevard
Pinsot
le Touvet
GONCELIN
la Terrasse
Lumbin
Tencin
Chât. de Monteynard
Theys
la Ferrière
St-Alban-des-Villards
St-Colomban-des-Villards
Crolles
Château de Bernis
Froges
Bernin
Brignoud
Tour de Montfalet
Prapoutel
le Pleynet
Ismier
St-Nazaire-les-Eymes
Villard-Bonnot
Chartreuse
Belledonne
Col du Glandon 1924
Col de la Croix de Fer 2068
Ref. des Sept Laux
Musée de la Houille Blanche

S. 52

S. 61

S. 42

Gilly-s.-Isère
Verrens-Arvey
Frontenex
Grignon
Tours-en-Savoie
Chât. Chantemerle
St-Didier
la Bâthie
Monthion
Ste-Hélène-sur-Isère
Esserts-Blay
Arbine
Langon
Église de Cevins
Cevins
St-Paul-sur-Isère
Rognaix
Feissons-s.-Isère
Bonvillard
Fort de Montperché
Bonvillaret
Grand Arc 2482
Randens
Aiguebelle
Montsapey
la Lèchère
N.-D. de Briançon
Bonneval
Pussy
Villard-Benoît
Coumbelouviere
Doucy
la Roche
Musée de Argentine
Argentine
St-Georges-des-Hurtières
Bourget-en-Huile
St-Alban-des-Hurtières
Épierre
St-Pierre-de-Belleville
Valmorel
Station de Valmorel
les Avanchers
les Avanchers-Valmorel
Col de la Madeleine 1998
Longchamp 1650
St-François-Longchamp
la Chapelle
Montgellafrey
St-Rémy-de-Maurienne
les Chavannes-en-Maurienne
Montaimont
St-Martin-s.-la-Chambre
Église la Chambre
la Chambre
Col du Chaussy
St-Etienne-de-Cuines
Ste-Marie-de-Cuines
Pontamafrey
le Châtel
Station de le Châtel
Hermillon
N.-D. du Châtel
St-Alban-des-Villards
St-Colomban-des-Villards
ST-JEAN-de-Maurienne
St-Jean-de-Maurienne
Église et Cloître
St-Julien-Mont-Denis
la Toussuire
Toussuire
Fontcouverte-la-Toussuire
Albiez-le-Jeune
le Corbier
St-Sorlin-d'Arves
St-Jean-d'Arves
Albiez-le-Vieux
Chap. N.-D. de Grâce
Montricher-Albanne
St-Michel-de-Maurienne
Valmeinier
Arolles
Aime
Station de Grand Naves
Tessens
Villette
Centron
Longefoy
Montalbert
la Plagne
Notre-Dame-du-Pré
Aigueblanche
Villargerel
St-Marcel
Musée Moûtiers
Pombliere
Ref. du Mt. Jovet
MOÛTIERS
Salins-les-Thermes
Montagny
Bozel
Brides-les-Bains
la Perrière
les Allues
Courchevel 1550
COURCHEVEL 1850
Courchevel 1850
Méribel
St-Jean-de-Belleville
St-Martin-de-Belleville
Méribel-Mottaret
St-Marcel
les Menuires
Val-Thorens
Station de Val-Thorens
Refuge le Lou
Massif
Aiguille de Péclet 3562
Chapelle N.-D. des Neiges
Rés. Natur. du Plan de Tuéda
Orelle
Fourneaux
le Freney
Champagny-en-Vanoise
TGV
A43
A430
N 90
D 1006
D 1090
D 117
D 926

S. 51

S. 62

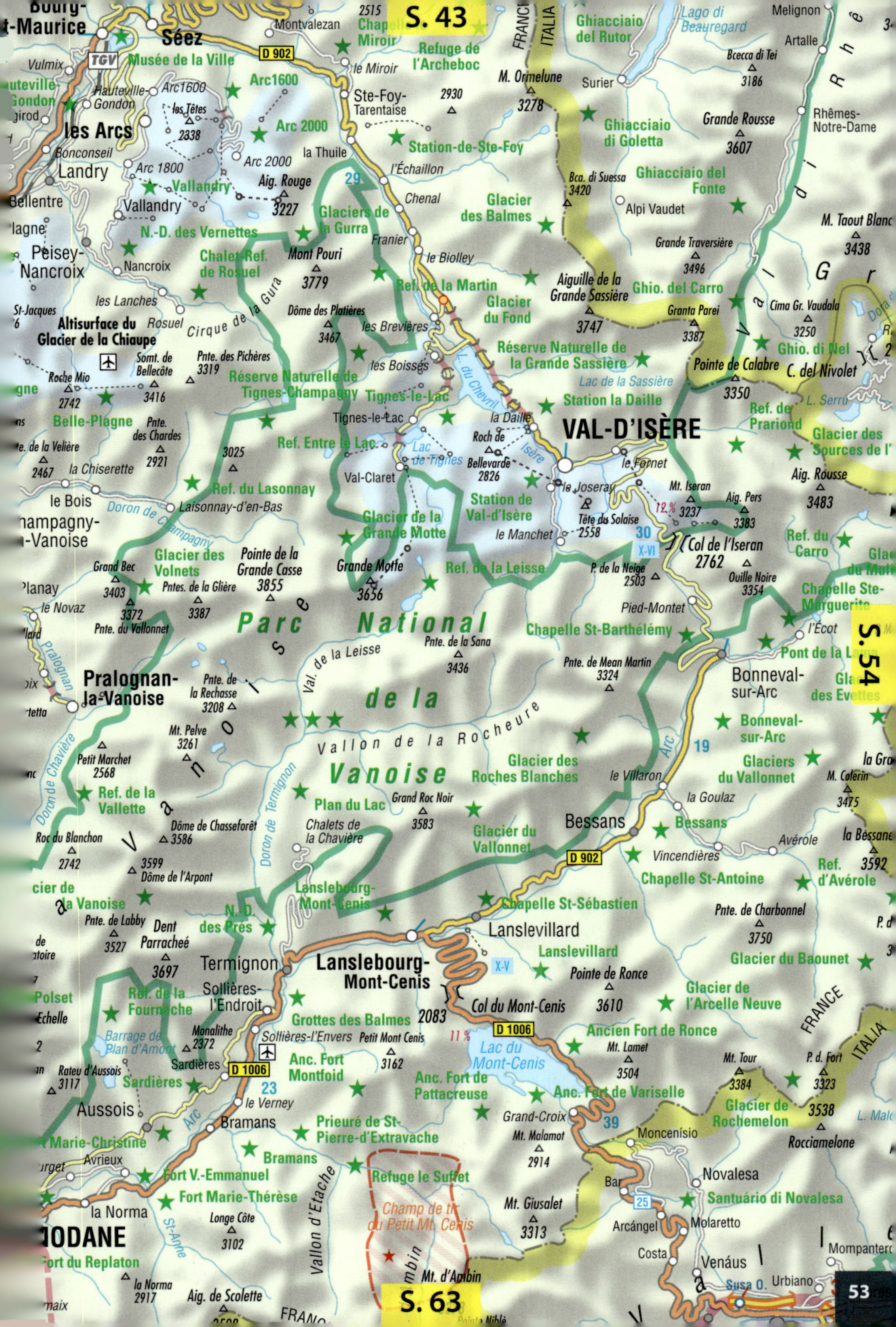
Bourg-St-Maurice
Séez
Montvalezan
Musée de la Ville
D 902
Chapelles
Miroir
Refuge de l'Archeboc
le Miroir
Ste-Foy-Tarentaise
Arc1600
Arc 2000
les Arcs
Hauteville-Gondon
Bonconseil
Landry
Arc 1800
Vallandry
la Thuile
Aig. Rouge
3227
Station-de-Ste-Foy
l'Échaillon
Chenal
Glaciers de la Gurra
Glacier des Balmes
Franier
le Biolley
N.-D. des Vernettes
Peisey-Nancroix
Nancroix
Chalet-Ref. de Rosuel
Mont Pourri
3779
Ref. de la Martin
Glacier du Fond
les Lanches
Rosuel
Cirque de la Gura
Dôme des Platières
3467
les Brevières
Altisurface du Glacier de la Chiaupe
Somt. de Bellecôte
3416
Pnte. des Pichères
3319
Roche Mio
2742
Réserve Naturelle de Tignes-Champagny
les Boisses
Tignes-le-Lac
Réserve Naturelle de la Grande Sassière
L. du Chevril
Belle-Plagne
Pnte. des Chardes
2921
Ref. Entre le Lac
la Daille
Station la Daille
VAL-D'ISÈRE
Lac de Tignes
Roch de Bellevarde
2826
le Fornet
la Chiserette
Ref. du Lasonnay
Val-Claret
le Joseray
Tête du Solaise
2558
Mt. Iseran
3237
le Bois
Champagny-en-Vanoise
Laisonnay-d'en-Bas
Doron de Champagny
Glacier de la Grande Motte
Station de Val-d'Isère
le Manchet
Col de l'Iseran
2762
Glacier des Volnets
Pointe de la Grande Casse
3855
Grande Motte
3656
Ref. de la Leisse
P. de la Neige
2503
Grand Bec
3403
Pntes. de la Glière
3387
Planay
le Novaz
3372
Pnte. du Vallonnet
Parc National de la Vanoise
Pied-Montet
Chapelle St-Barthélémy
Val. de la Leisse
Pnte. de la Sana
3436
Pnte. de Mean Martin
3324
Bonneval-sur-Arc
Pralognan-la-Vanoise
Pnte. de la Rechasse
3208
Mt. Pelve
3261
Petit Marchet
2568
Vallon de la Rocheure
Glacier des Roches Blanches
le Villaron
Ref. de la Vallette
Doron de Chavière
Doron de Termignon
Plan du Lac
Grand Roc Noir
3583
la Goulaz
Dôme de Chasseforêt
3586
Chalets de la Chavière
Glacier du Vallonnet
Bessans
Roc du Blanchon
2742
3599
Dôme de l'Arpont
D 902
Vincendières
Chapelle St-Antoine
Lanslebourg-Mont-Cenis
Chapelle St-Sébastien
Pnte. de Labby
3527
Dent Parrachée
3697
N.-D. des Prés
Lanslevillard
Pointe de Ronce
3610
Termignon
Sollières-l'Endroit
Col du Mont-Cenis
2083
Grottes des Balmes
Sollières-l'Envers
Petit Mont Cenis
3162
D 1006
Lac du Mont-Cenis
Ancien Fort de Ronce
Mt. Lamet
3504
Ref. de la Fournache
Monolithe 2372
Barrage de Plan d'Amont
Sardières
Rateu d'Aussois
3117
Anc. Fort Montfoid
Anc. Fort de Pattacreuse
Anc. Fort de Variselle
Aussois
le Verney
Bramans
Prieuré de St-Pierre-d'Extravache
Grand-Croix
Mt. Malamot
2914
Moncenisio
Fort Marie-Christine
Avrieux
Fort V.-Emmanuel
Fort Marie-Thérèse
Refuge le Suffet
Champ de tir du Petit Mt. Cenis
Novalesa
Santuário di Novalesa
la Norma
Longe Côte
3102
Mt. Giusalet
3313
Arcángel
Molaretto
MODANE
Fort du Replaton
Vallon d'Etache
Mt. d'Ambin
Venáus
Susa
Urbiano
Mompantero
la Norma
2917
Aig. de Scolette
Ghiacciaio del Rutor
Lago di Beauregard
Melignon
Artalle
Bceccà di Tei
3186
M. Ormelune
3278
Surier
Grande Rousse
3607
Rhêmes-Notre-Dame
Ghiacciaio di Goletta
Bca. di Suessa
3420
Ghiacciaio del Fonte
Alpi Vaudet
M. Taout Blanc
3438
Grande Traversière
3496
Aiguille de la Grande Sassière
3747
Ghio. del Carro
Granta Parei
3387
Cima Gr. Vaudala
3250
Ghio. di Nel
Pointe de Calabre
3350
C. del Nivolet
Lac de la Sassière
Ref. de Prariond
Glacier des Sources de l'Isère
Aig. Rousse
3483
Aig. Pers
3383
Ref. du Carro
Ouille Noire
3354
Chapelle Ste-Marguerite
l'Écot
Pont de la Lame
Glacier des Evettes
Bonneval-sur-Arc
Glaciers du Vallonnet
M. Colerin
3475
la Bessanèse
3592
Avérole
Ref. d'Avérole
Pnte. de Charbonnel
3750
Glacier du Baounet
Glacier de l'Arcelle Neuve
Mt. Tour
3384
P. d. Fort
3323
Glacier de Rochemelon
3538
Rocciamelone
FRANCE
ITALIA

S. 43
S. 54
S. 63

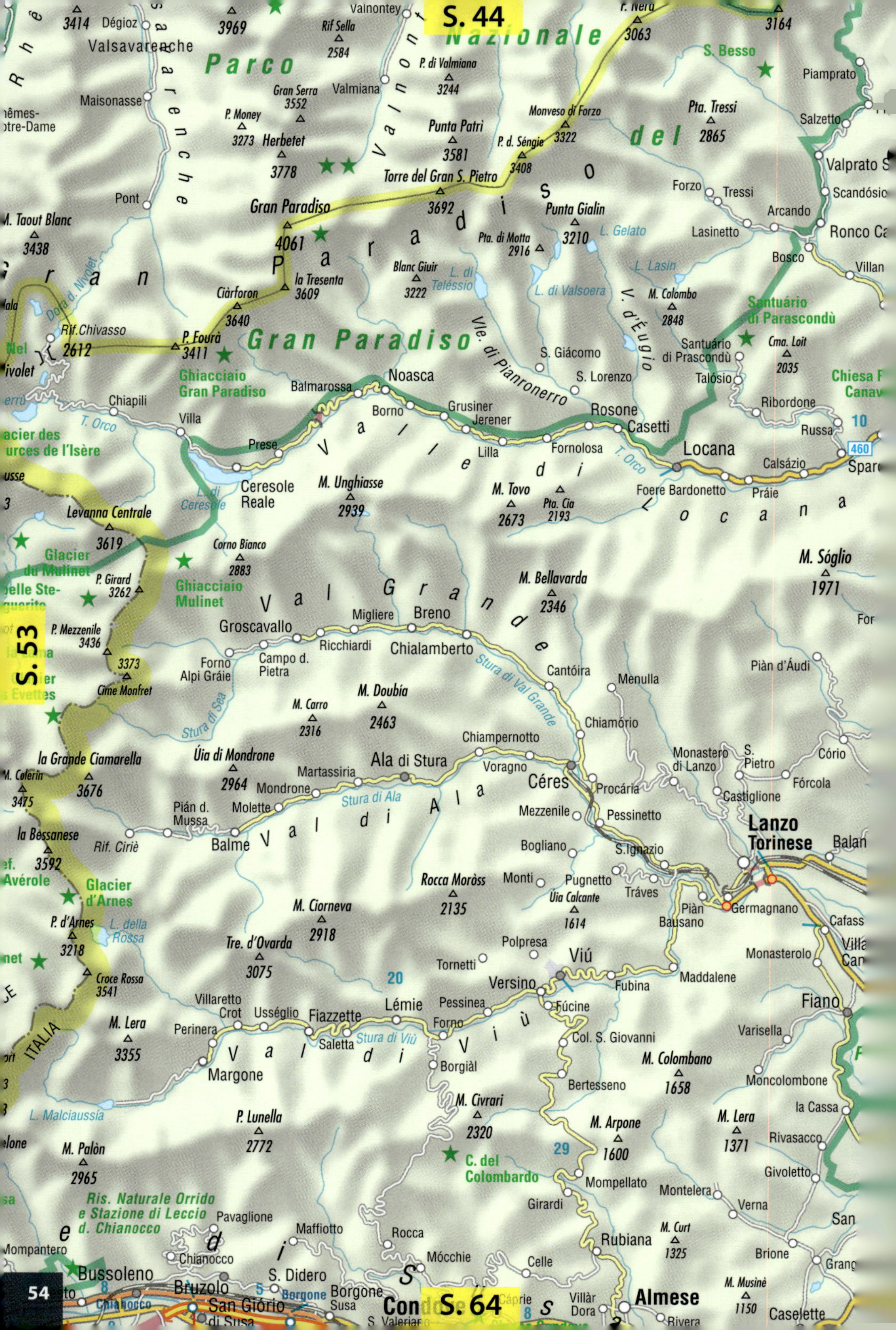

Parco Nazionale del Gran Paradiso
Valsavarenche
Dégioz
Maisonasse
Pont
Valnontey
Valmiana
Rif Sella 2584
Gran Serra 3552
P. Money 3273
Herbetet 3778
P. di Valmiana 3244
Punta Patri 3581
Torre del Gran S. Pietro 3692
Gran Paradiso 4061
la Tresenta 3609
Ciàrforon 3640
P. Fourà 3411
Rif. Chivasso 2612
M. Taout Blanc 3438
Monveso di Forzo 3322
P. d. Séngie 3408
Punta Gialin 3210
Pta. di Motta 2916
Blanc Giuir 3222
L. di Telèssio
L. Gelato
L. Lasin
L. di Valsoera
V. d'Éugio
Vle. di Pianronerro
S. Besso
Piamprato
Pta. Tressi 2865
Salzetto
Valprato
Scandósio
Forzo
Tressi
Arcando
Lasinetto
Ronco
Bosco
Villan
Santuário di Parascondù
M. Colombo 2848
Cma. Loit 2035
Talósio
Ribordone
Russa
Calsázio
Locana
Casetti
Rosone
S. Giácomo
S. Lorenzo
Noasca
Balmarossa
Borno
Grusiner
Jerener
Lilla
Fornolosa
Foere Bardonetto
Práie
Valle di Locana
T. Orco
Chiapili
Villa
Prese
Ceresole Reale
L. di Ceresole
Ghiacciaio Gran Paradiso
Glacier des Sources de l'Isère
M. Unghiasse 2939
M. Tovo 2673
Pta. Cia 2193
M. Sóglio 1971
Levanna Centrale 3619
Corno Bianco 2883
Glacier du Mulinet
Ghiacciaio Mulinet
P. Girard 3262
P. Mezzenile 3436
3373
Cime Monfret
M. Bellavarda 2346
Val Grande
Groscavallo
Forno Alpi Gráie
Campo d. Pietra
Ricchiardi
Migliere
Breno
Chialamberto
Stura di Val Grande
Cantóira
Menulla
Piàn d'Áudi
Chiamório
Stura di Sea
M. Carro 2316
M. Doubía 2463
Chiampernotto
Monastero di Lanzo
S. Pietro
Cório
Fórcola
Castiglione
la Grande Ciamarella 3676
M. Colerin 3475
Úia di Mondrone 2964
Martassiria
Mondrone
Molette
Ala di Stura
Stura di Ala
Voragno
Céres
Procária
Mezzenile
Pessinetto
Val di Ala
Piàn d. Mussa
Balme
Rif. Ciriè
la Bessanese 3592
Bogliano
S.Ignazio
Lanzo Torinese
Balan
Glacier d'Arnes
Rocca Moròss 2135
Monti
Pugnetto
Tráves
Úia Calcante 1614
Piàn Bausano
Germagnano
Cafass
M. Ciorneva 2918
P. d'Arnes 3218
L. della Rossa
Tre. d'Ovarda 3075
Polpresa
Tornetti
Viù
Fubina
Maddalene
Monasterolo
Croce Rossa 3541
Villaretto
Crot
Usséglio
Fiazzette
Lémie
Pessinea
Versino
Fúcine
Forno
Saletta
Stura di Viù
Val di Viù
Borgiàl
Col. S. Giovanni
Fiano
Varisella
Perinera
Margone
M. Lera 3355
M. Colombano 1658
Bertesseno
Moncolombone
la Cassa
L. Malciaussia
M. Civrari 2320
M. Arpone 1600
M. Lera 1371
Rivasacco
ITALIA
P. Lunella 2772
C. del Colombardo
Mompellato
Givoletto
M. Palòn 2965
Montelera
Verna
Ris. Naturale Orrido e Stazione di Leccio d. Chianocco
Pavaglione
Girardi
Maffiotto
Rocca
Rubiana
M. Curt 1325
Brione
Mompantero
Chianocco
Mócchie
Celle
Bussoleno
S. Didero
Bruzolo
Borgone
Borgone Susa
San Giório di Susa
S. Valeriano
Cáprie
Villàr Dora
Almese
Rivera
M. Musinè 1150
Caselette

S. 44

S. 53

S. 64

S. 45
M. Marzo 2756
M. Debat 2622
Cma. Bonze 2516
Quincinetto
Montestrutto
Tavagnasco
Nomáglio
Donato
Netro
Camburzano
Monticello
Mongrando
Valchiusella
Succinto
Chiara
M. Gregório 1953
Quassolo
Andrate
Bienca
T. Viona
Sala Biellese
Ruta
Borriana
L. Liamau
M. Giavino 2766
Traversella
Báio Dora
Borgofranco d'Ivrea
Torrazzo
Zubiena
Ris. Nat. la Bessa
Drusacco
Trausella
Vico Can.
Montalto Dora
Chiaverano
Broglina
Piletta
Meugliano
Léssolo
Cattedrale Santa Maria
IVREA
Magnano
T. Savenca
Punta Verzèl 2406
Fiorano
Bollengo
Piverone
Ruéglio
Alice Sup.
Salerano Canav.
Tre. Balfredo
Palazzo Canav.
Gáuna
Pecco
Samone
Póbbia
Punta di Quinseina 2344
Issíglio
Vistrório
Ivrea
S. Bernardo
Albiano d'Ivrea
Piane
Azéglio
Castelnuovo
Pavone Canav.
Moretti
Albiano
Vidracco
Parella
Colleretto
T. Chiusella
Tina
Séttimo Rottaro
Pont Canavese
Cintano
Villa
Colleretto
Scarmagno
Cascine
Caravino
Baldissero Canav.
S. Giovanni
Perosa Can.
Cerone
Cossano Canav.
Navetta
Borgiallo
Fília
Torre Canav.
S. Martino
Romano
Realízio
Vestigne
Salto
Silva
Scarmagno
Strambino
Cuorgne
Spineto
Báiro
Vialfrè
Crotte
Castellamonte
Agliè
S. Maria
S. Gralo
Bessolo
F. Dora Báltea
Borgomasino
Mercenasco
Carrone
Valperga
Cucéglio
Cúffia
Villate
Salassa
Ozegna
San Giórgio Canavese
Cándia Canavese
L. di Cándia
Vische
Prascorsano
Montalenghe
Moncrivello
Pertúsio
S. Ponso
Rivarolo Canavese
Óglianico
Cicónio
Ório Canavese
Barone Canavese
Villareggia
Bottini
Rivara
Busano
Fávria
Lusigliè
San Giórgio Canavese
Levone
Pasquaro
San Giusto Canavese
Caluso
Mazzè
T. Malone
Feletto
Corteréggio
Arè
Tonengo
Perrero
Argentera
Rodallo
Mastri
Barbania
Front
Bosconero
Foglizzo
Vallo
Váuda Canavese
Ceretti
Grange di Front
Rondissone
Riserva
Rivarossa
Boschetto
Rondissone
Madonna Perrero
Naturale
Lombardore
Chivasso Est
Casabianca
Nole
Ciriè
San Francesco al Campo
Vauda
Montanaro
Montegiove di Sotto
Betlemme
Torrazza Piemonte
San Benigno Canavese
Chivasso
Posta
Verolengo
S. Maurizio Canav.
Coriasco
Banni
Chivasso-Ovest
Castelrosso
VOLPIANO
Volpiano
CHIVASSO
Rossignoli
F. Po
Malanghero
Brandizzo
Brandizzo
S. Giacomo
Caselle
Leini
Leinì
Cimena
Castagneto Po
Lauriano
ss460 Rivarolo
Moriondo
T. Stura di Lanzo
Caselle Torinese
S. Raffaele
Mándria
Séttimo
Séttimo Tor.
Mezzi
Piana di S. Raffaele
Piazzo
Bórgaro Torinese
Séttimo Falchera
Parco Fluv. del Po
Casalborgone
Bórgaro
Caselle Torinese
SETTIMO TORINESE
Airali
Venaría Reale
Gássino Torinese
Rivalba
Gonengo
Venaría-Stadio
Borgaro
Castiglione Torinese
Berzano di San Pietro
BASSA DI STURA
Bardassano
Cinzano
Savonera
San Máuro Torinese
Sciolze
LE VALLETTE
Regina Margherita
TORINO
S. 65
Córdova
Vernone
Abbazia di Vezzolano
FolyMaps Touring Atlas Italien Nord

S. 46

Livradois-Forez
Madriat
Cistrières
Connangles
Intranges
Berbezit
Montclard
Clersanges
1205
Collat
Chabestrat
la Bastide
Pubellier
La Chapelle-Bertin
Josat
Ste-Marguerite
Mazeyrat-Aurouze
la Brequeuille
Jax
Chavagniac-Lafayette
la Besseyre
Tritignac
Chamalières
Lachaud
Mt. Briancon
1038
Vissac
Bavat
Chât. de St-Romain
Montplot
St-Arcons-d'Allier
Église de Ste-Marie
St-Julien-des-Chazes
Gorges de l'Allier
Cubelles
le Mont
la Ribeyre
1077
la Rodde
Rognac
Château d'Ombret
Freycenet
1146
la Chapelle-Geneste
Montrecoux
Arfeuilles
Combomas
Lamotte
Bonnefond
St-Pal-de-Senouire
Serres
Frontès
La Chapelle-Bertin
Sassac
Varennes-St-Honorat
Chastenuel
1130
Ste-Eugénie-de-Villeneuve
Curmilhac
Bussac
Siaugues-St-Romain
Farges
Silcuzin
1209
Lespitalet
Limagne
Vergonzac
la Durande
1299
Combret
Vergues
le Vernet
St-Bérain
Granges
Pouzols
les Fonds
Chât. Conac
Champels
Conac
Chap. Pratclaux
Monistrol-d'Allier
Roziers
la Borie
Pouzas
Donazac
Champagnac
St-Préjet-d'Allier
le Mont
Croisances
la Mouteyre
Malvières
la Chaise-Dieu
Sembadel-Gare
Sembadel
Malaguet
Monlet
Allègre
Chapelle des Pénitents
Menteyres
Maméas
Fespecle
Vernassal
Fix-St-Geneys
Vazeilles-Limandre
Loudes
St-Jean-de-Nay
Chaspuzac
le Thiolent
Montpignon
1230
la Visseyre
1279
St-Privat-d'Allier
St-Didier-d'Allier
St-Jean-Lachalm
Mt. Chant
1077
Alleyras
Genestouse
sur-Arlanc
Bonneval
Jullianges
Beaune-sur-Arzon
Félines
Chomelix
Estables
Pigeyres
la Monge
Bellevue-la-Montagne
Peugnet
Uffour
Céaux-d'Allègre
St-Geneys-près-St-Paulien
St-Paulien
Château de la Rochelambert
Borne
Aérodr. du Puy-Loudes
St-Vidal
St-Rémy
Vergezac
Bains
Chapelle St-Roch
Dolmen de Séneujols
St-Christophe-sur Dolaison
Séneujols
le Devès
1421
Station de Cayres
Lac du Bouchet
Ouides
Bouchet-St-Nicolas
la Montzie
St-Julien
Maison Seule
Vacherolles
St-Georges-Lagricol
Montpeyroux
St-Pierre-du-Champ
Nolhac
Cheyssac
Crémérol
Vermoyal
Eyravazet
939
les Terrasses
Labroc
Brigols
Chalignac
Chassaleuil
St-Vincent
Vialette
Blanzac
Chanceaux
Polignac
LE PUY-EN-VELAY
Cordes
Solignac-sur-Loire
Bizac
le Brignon
Cayres
les Ceyssoux
Bessarioux
l'Herm
Costaros
Bargettes
Arlempdes
Boisset
Pont de Bonnery
Château-P
Pont du
Chalencon
Orsignac
Solignac-sous-Roche
St-Maurice-de-Roche
Forêt de Miaune
Roche-en-Régnier
Leyssac
Vorey
Chamalières-sur-Loire
Varenne
Mézères
les Hayards
Beaulieu
Lavoûte-sur-Loire
Malrevers
Chaspinhac
Pont de la Chartreuse
Brives-Charensac
Latour
Volhac
Coubon
Bouzols
Chadron
Agizoux
Onzillon
Cascade de la Beaume
Fleurac
St-Martin-de-Fugères
Goudet
Château de Beaufort
Loire
Allier
D 588
D 498
D 906
D 13
D 1
D 9
D 44
D 24
D 21
D 103
D 27
N 102
D 590
D 589
D 25
D 40
D 33
N 88
D 15
D 535

S. 66

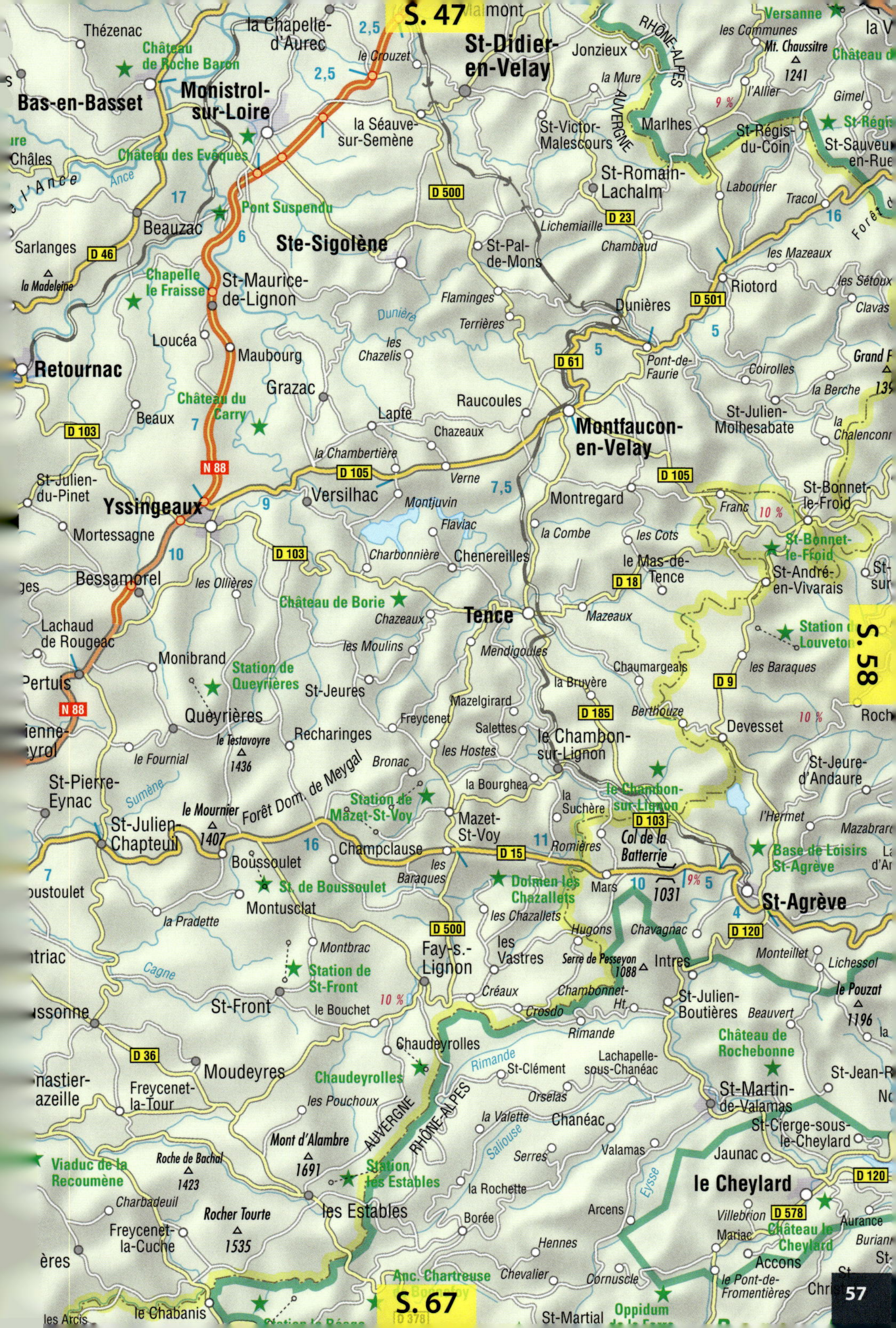
S. 47
S. 58
S. 67
Thézenac
Château de Roche Baron
la Chapelle-d'Aurec
Valmont
St-Didier-en-Velay
Jonzieux
RHÔNE-ALPES
AUVERGNE
Versanne
les Communes
Mt. Chaussitre
1241
Château de
la V
Bas-en-Basset
Monistrol-sur-Loire
le Crouzet
la Mure
l'Allier
Gimel
Châles
l'Ance
Ance
Château des Evêques
la Séauve-sur-Semène
St-Victor-Malescours
Marlhes
St-Régis-du-Coin
St-Régis
St-Sauveur-en-Rue
St-Romain-Lachalm
Labourier
Tracol
Forêt
Beauzac
Pont Suspendu
D 500
D 23
Lichemiaille
Sarlanges
D 46
la Madeleine
Ste-Sigolène
St-Pal-de-Mons
Chambaud
les Mazeaux
les Sétoux
Chapelle le Fraisse
St-Maurice-de-Lignon
Flamings
Dunière
Terrières
Dunières
D 501
Riotord
Clavas
Loucéa
Maubourg
les Chazelis
Pont-de-Faurie
Coirolles
Grand F
Retournac
Grazac
D 61
la Berche
Château du Carry
Beaux
Lapte
Raucoules
Montfaucon-en-Velay
St-Julien-Molhesabate
la Chalencon
D 103
Chazeaux
la Chambertière
N 88
D 105
Verne
Versilhac
Montjuvin
Montregard
D 105
St-Bonnet-le-Froid
St-Julien-du-Pinet
Yssingeaux
Flaviac
Franc
St-Bonnet-le-Froid
Mortessagne
D 103
Charbonnière
Chenereilles
la Combe
les Cots
St-André-en-Vivarais
Bessamorel
les Ollières
le Mas-de-Tence
D 18
Château de Borie
Chazeaux
Tence
Mazeaux
Station de Louveton
Lachaud de Rougeac
les Moulins
Mendigoules
Monibrand
Station de Queyrières
Chaumargeals
les Baraques
Pertuis
St-Jeures
la Bruyère
D 9
N 88
Mazelgirard
D 185
Berthouze
Queyrières
Freycenet
Salettes
le Chambon-sur-Lignon
Devesset
le Testavoyre
1436
Recharinges
le Fournial
Forêt Dom. de Meygal
les Hostes
Bronac
St-Jeure-d'Andaure
St-Pierre-Eynac
Sumène
le Mournier
1407
Station de Mazet-St-Voy
la Bourghea
le Chambon-sur-Lignon
la Suchère
Mazet-St-Voy
D 103
l'Hermet
Mazabrard
St-Julien-Chapteuil
Col de la Batterie
Boussoulet
Champclause
D 15
Romières
Base de Loisirs St-Agrève
les Baraques
1031
St de Boussoulet
Dolmen les Chazallets
Mars
St-Agrève
Montusclat
les Chazallets
la Pradette
D 500
Hugons
Chavagnac
D 120
Montbrac
Fay-s.-Lignon
les Vastres
Serre de Pesseyon
1088
Intres
Monteillet
Lichessol
Cagne
Station de St-Front
St-Front
le Bouchet
Créaux
Chambonnet-Ht.
St-Julien-Boutières
le Pouzat
1196
Crosdo
Beauvert
Rimande
D 36
Chaudeyrolles
Château de Rochebonne
Lachapelle-sous-Chanéac
Moudeyres
Chaudeyrolles
Rimande
St-Clément
St-Jean-R
Freycenet-la-Tour
les Pouchoux
Orselas
St-Martin-de-Valamas
la Valette
Chanéac
St-Cierge-sous-le-Cheylard
Mont d'Alambre
1691
Saliouse
Serres
Valamas
Jaunac
Viaduc de la Recoumène
Roche de Bachat
1423
Station les Estables
la Rochette
le Cheylard
D 120
Charbadeuil
Eysse
Rocher Tourte
1535
les Estables
Borée
Arcens
Villebrion
D 578
Château le Cheylard
Aurance
Freycenet-la-Cuche
Mariac
Hennes
Accons
le Pont-de-Fromentières
Anc. Chartreuse
Chevalier
Cornuscle
le Chabanis
les Arcis
St-Martial
Oppidum
D 378

S. 48

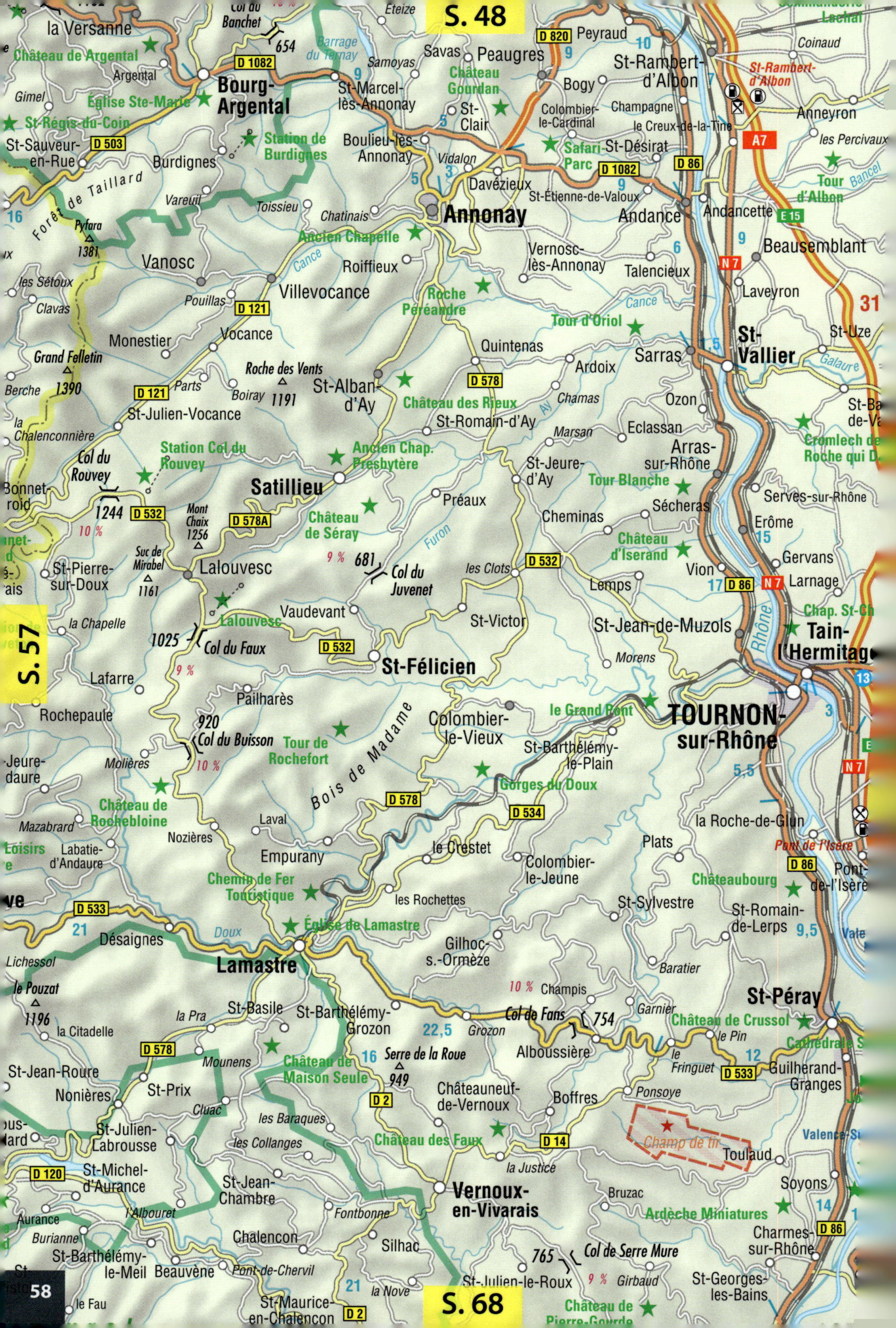
la Versanne
Château de Argental
Argental
Gimel
Église Ste-Marie
St-Régis-du-Coin
St-Sauveur-en-Rue
D 503
Burdignes
Bourg-Argental
D 1082
Col du Banchet
654
Barrage du Ternay
Station de Burdignes
Samoyas
St-Marcel-lès-Annonay
Eteize
Savas
Peaugres
Château Gourdan
St-Clair
Boulieu-lès-Annonay
Vidalon
Davézieux
Annonay
D 820
Peyraud
St-Rambert-d'Albon
Bogy
Colombier-le-Cardinal
Champagne
le Creux-de-la-Tine
Safari Parc
St-Désirat
D 1082
D 86
St-Étienne-de-Valoux
Andance
Andancette
Coinaud
Anneyron
les Percivaux
A7
Tour d'Albon
E 15
Beausemblant
Forêt de Taillard
Pyfara
1381
Vareuil
Toissieu
Chatinais
Ancien Chapelle
Vanosc
Cance
Roiffieux
Villevocance
Pouillas
les Sétoux
Clavas
D 121
Vernosc-lès-Annonay
Talencieux
N 7
Laveyron
31
Roche Péréandre
Tour d'Oriol
Monestier
Vocance
Grand Felletin
1390
Berche
Roche des Vents
1191
Boiray
Parts
D 121
St-Julien-Vocance
la Chalenconnière
St-Alban-d'Ay
Quintenas
D 578
Château des Rieux
Ardoix
Chamas
Sarras
St-Vallier
St-Uze
Galaure
Ozon
St-Romain-d'Ay
Marsan
Eclassan
Arras-sur-Rhône
Cromlech de Roche qui D.
Col du Rouvey
Station Col du Rouvey
Ancien Chap. Presbytère
Satillieu
Bonnet-roid
1244
D 532
Mont Chaix
1256
D 578A
Château de Séray
Préaux
St-Jeure-d'Ay
Tour Blanche
Cheminas
Sécheras
Serves-sur-Rhône
Erôme
Château d'Iserand
Gervans
Suc de Mirabel
1161
St-Pierre-sur-Doux
Lalouvesc
681
Col du Juvenet
Furon
les Clots
D 532
Lemps
Vion
D 86
N 7
Larnage
la Chapelle
Vaudevant
St-Victor
St-Jean-de-Muzols
Rhône
Chap. St-Ch
Tain-l'Hermitage
1025
Col du Faux
Lalouvesc
D 532
St-Félicien
Morens
Lafarre
Pailharès
Rochepaule
920
Col du Buisson
Tour de Rochefort
Bois de Madame
Colombier-le-Vieux
le Grand Pont
St-Barthélemy-le-Plain
TOURNON-sur-Rhône
Molières
Gorges du Doux
D 578
D 534
N 7
Château de Rochebloine
Mazabrard
Loisirs
Labatie-d'Andaure
Laval
Nozières
Empurany
le Crestet
Colombier-le-Jeune
Plats
la Roche-de-Glun
Pont de l'Isère
D 86
Pont-de-l'Isère
Chemin de Fer Touristique
les Rochettes
Châteaubourg
St-Sylvestre
St-Romain-de-Lerps
D 533
Désaignes
Doux
Église de Lamastre
Gilhoc-s.-Ormèze
Lichessol
Lamastre
Baratier
le Pouzat
1196
la Citadelle
la Pra
St-Basile
St-Barthélémy-Grozon
Champis
Col de Fans
754
Garnier
St-Péray
Château de Crussol
le Pin
Cathédrale
Grozon
Serre de la Roue
949
Alboussière
le Fringuet
D 533
Guilherand-Granges
D 578
Mounens
Château de Maison Seule
St-Jean-Roure
Nonières
St-Prix
Cluac
D 2
Châteauneuf-de-Vernoux
Boffres
Ponsoye
Champ de tir
St-Julien-Labrousse
les Baraques
les Collanges
Château des Faux
D 14
Toulaud
Valence-Sud
D 120
St-Michel-d'Aurance
St-Jean-Chambre
la Justice
Vernoux-en-Vivarais
Bruzac
Soyons
Aurance
l'Albouret
Fontbonne
Ardèche Miniatures
Charmes-sur-Rhône
D 86
Burianne
St-Barthélemy-le-Meil
Chalencon
Silhac
765
Col de Serre Mure
Beauvène
Pont-de-Chervil
St-Julien-le-Roux
Girbaud
St-Georges-les-Bains
le Fau
St-Maurice-en-Chalencon
D 2
la Nove
Château de Pierre-Gourde

S. 57

S. 68

S. 49

Lens-Lestang
St-Didier
le Grand Serre
St-Clair-sur-Galaure
Parc Naturel de Chambaran
Col du Cognet 525
Moras-en-Valloire
Forêt de Mantaille
Roybon
Montfalcon
Chasselay
Galaure
Hauterives
Le Palais Idéal du Facteur Cheval
Chambaran
Forêt domaniale de Chambaran
Varacieux
Abbaye de la Trappe-de-Chambaran
Mantaille
Tersanne
Montrigaud
Murinais
Limone
Verne
Herbasse
St-Martin-d'Août
St-Christophe
Miribel
St-Bonnet-de-Valclérieux
Dionay
St-Appolinard
Bessins
Château de Quincivet
Chevrières
Mureils
St-Avit
Montchenu
St-Laurent-d'Onay
St-Antoine-l'Abbaye
Anc. Abbaye
La Forêt aux Champignons et Insectes Géants
St-Marcellin
Ratières
Bathernay
Crépol
Chalon
Forêt de Thivolet
Chatte
St-Andéol
le Cabaret Neuf
le Chalon
Montmiral
les Verrières
Margès
St-Michel-sur-Savasse
Tour de Montmiral
Montagne
St-Bonnet-de-Chavagne
Charmes-sur-l'Herbasse
Arthémonay
Lac de Campos
Reculais
Geyssans
l'Arthaudière
la Sône
Base de Loisirs de Marandan
Bren
Parnans
les Sablières
St-Romans
Marsaz
St-Donat-sur-l'Herbasse
Châtillon
Châtillon-St-Jean
St-Lattier
St-Hilaire-du-Rosier
St-André-en-Royans
Chavannes
Peyrins
Génissieux
Triors
Eymeux
Porte de la Drôme
Royans-Vercors
St-Just-de-Claix
Veaunes
St-Bardoux
Musée Mours-St-Eusèbe
Grotte de Thaïs
la Baume-d'Hostun
Clérieux
Mours-St-Eusèbe
ROMANS-sur-Isère
St-Paul-lès-Romans
St-Nazaire-en-Royans
la Motte-Fanjas
St-Thomas-en-Royans
Chanos-Curson
les Balmes
Tour Jacquemart
A49
E 713
St-Maurice
St-Martin
Anc. Couvent
Pizançon
Bourg-de-Péage
Jaillans
St-Jean-en-Royans
Col Gaudissart 840
Isère
les Baumes
Romans-sur-Isère
Papelissier
Oriol-en-Royans
Bourg-de-Péage/Chabeuil
Châteauneuf-s.-Isère
Chatuzange-le-Goubet
St-Mamans
Beauregard-Baret
1295 Montagne de Musan
Montagne de l'Echarasson
TGV
les Faures
Chartreuse
Fouilleuse
les Soubredioux
Rochefort-Samson
Bouvante
St-Marcel-lès-Valence
Alixan
Marches
Col de la Portette 1175
Bèsayes
Barbières
Thodure
Fauconnières
St-Didier
St-Vincent-la-Commanderie
Lac de Bouvante
Montélier
Charpey
le Grand Echaillon
Bouvante-le-Haut
Serre de Montué 1706
VALENCE
Chap. St-Pierre
Château de Monteynard
Pierre Chauve 1308
Léoncel
Peyrus
les Faucons
1313
Font-d'Urle
Musée des Beaux-Arts
les Bérards
Église Rom. de Léoncel
Col de la Bataille
Vassieux-en-Vercors
Malissard
Châteaudouble
1581 Roc de Toulau
Chabeuil
Chaillard
la Vacherie
Combovin
Altisurface du Col de Bacchus
les Boutons
Ancien Pont
Montvendre
Col de Bacchus 980
Tête de la Dame 1506
Remparts Temple Romain
Barcelonne
Côte Blanche 1136
les Arbods
St-Julien-en-Quint
Beaumont-lès-Valence
Bec Pointu 1342
Montéléger
la Paillette
Gorges d'Ombièze
Ansage
Cascade de la Druise
Église Ste-Marie
la Baume-Cornillane
la Blache
les Morins

S. 60

S. 69

S. 50
S. 59
S. 70
Quincieu
Cras
Vatilieu
le Puits
Voroize
Noyarey
Fontanil-Cornillon
St-Égrève
la Frette
Fort du St-Eynard
Corenc
Chantesse
Poliénas
la Rivière
Bec de l'Orient
1568
la Buffe
1623
la Sure
1643
Dent du Loup
1418
la Bussératte
St-Martin-le-Vinoux
Meylan
la Bastille
N.-D. de-l'Osier
Chât. de Montravel
Vinay
l'Albenc
le Lignet
N.-D. d'Armieux
Mt. Belle
1006
Aventure Parc
l'Achard
Chât. de Sassenage
Sassenage
Fontaine
St-Martin-d'Hères
Beaulieu
St-Gervais
Grotte de la Ture
la Molière
1655
Beauregard
le Fort Rabot
Seyssinet
Cathédrale
Têche
le Rivier
Rovon
Engins
les Jaux
St-Nizier-du-Moucherotte
Grenoble
Gorges St-Gervais
Autrans
St-Vérand
Cognin-les-Gorges
Seyssins
Rondeau
Eybens
Échirolles
Bresson
Forêt de Guiney
St-Nizier-du-Moucherotte
Fort de Montavie
Gorges du Nan
Col de Romeyère
Forêt des Clapiers
1074
le Moucherotte
1901
le Pont-de-Claix
Comboire
Malhivers
Malleval
Iseron
les Griats
Jaume
Lans-en-Vercors
Claix
St-Marcellin
Méaudre
la Sierre
le Peuil
le Pont-de-Claix
le Pont-Rouge
Malleval
Station de le Faz
les Reppelins
St-Pierre-de-Chérennes
Château Delphinal
Bouilly
Varces
Jouvin
St-Romans
Rencurel
Gorges du Méaudret
les Françons
les Allières
Grde. Roche St-Michel
St-Ange
St-Paul-de-Varces
Fontagnieux
Chap. des Templiers
Serre Cocu
1007
Presles
St. de Presles
Gros Martel
1556
la Côte
Pic St-Michel
1966
la Combe
Grottes de Choranche
Gorges de la Bourne
les Jarrands
Villard-de-Lans
Roc Cornafion
2049
Vif
Tour
Choranche
Grotte de la Goule Blanche
les Clots
la Rivoire
le Connex
1360
Pont-en-Royans
St-Julien-en-Vercors
Ste-Eulalie-en-Royans
Grotte de Bournillon
Parc Naturel
Corrençon-en-Vercors
les Pouteils
Rocher de l'Eperrimont
1441
la Grange
St-Georges-de-Commiers
la Cure
St-Martin-en-Vercors
Herbouilly
Pas de l'Œille
1960
les Saillants
le Gua
Notre-Dame-de-Commiers
St-Laurent-en-Royans
Grds. Goulets
la Sambue
1575
la Côte 2000
la Grande Moucherolle
2284
St-Barthélémy
les Perrins
la Peyrouse
1710
Col Gaudissart
840
Combe Laval
les Baraques-en-Vercors
Auberge de Roybon
Col de l'Arzelier
1154
Cognelle
Pâquier
St-Martin-de-la-Cluze
Notre-Dame-de-Vaulx
Roche des Arnauds
1408
Puy de Bois en Vercors
1524
la Chapelle-en-Vercors
Rocher du Playnet
1994
Miribel-Lanchâtre
le Vernay
les Blais
Col de la Machine
1011
Château Bernard
Avignonet
la Motte d'Aveillans
Chabotte
St-Andéol
Sinard
Mur des Fusillés
St-Guillaume
Lente
la Cime-du-Mas
les Trucs
St-Andéol
la Pale
1734
Grisail
Monestier-de-Clermont
Grotte de la Draye Blanche
Serre Plume
1573
St-Agnan-en-Vercors
Mgne. du Grand-Larve
1489
Sommet de Malaval
2097
les Fraisses
St-Paul-lès-Monestiers
Col du Fau
899
Treffort
Marcieu
le Sénépi
1769
Grotte du Brudour
les Deux
Roche Rousse
2105
Lac de Monteynard-Avignonet
Vassieux-en-Vercors
Col de la Chau
1337
la Britière
Forêt du Vercors
la Ville
Gresse-en-Vercors
le Fau
Pont de Brion
Mayres-Savel
Font-d'Urle
Régional des
Station de Gresse-en-Vercors
Roissard
Villarnet
Puy de la Gagère
1651
Col de St-Alexis
1222
Grotte de la Luire
le Grand Veymont
2341
St-Michel-les-Portes
St-Michel
Rousset
Champ de tir du Vercors
Trésanne
St-Martin-de-Clelles
Lavars
Villard Julien
Centre Préhistorique
But de Nève
1656
Mt. Aiguille
2086
Tête de la Graille
1885
Bois de la Fayolle
Clelles
Cornillon-en-Trièves
But St-Genix
1643
Col de Rousset
1254
Tête du Faisan
1734
Richardière
Forêt de Clelles
Chichilianne
Percy
Sommet du Platary
le Monestier-du-Percy
Col de Rousset
Hauts-Plateaux du Vercors

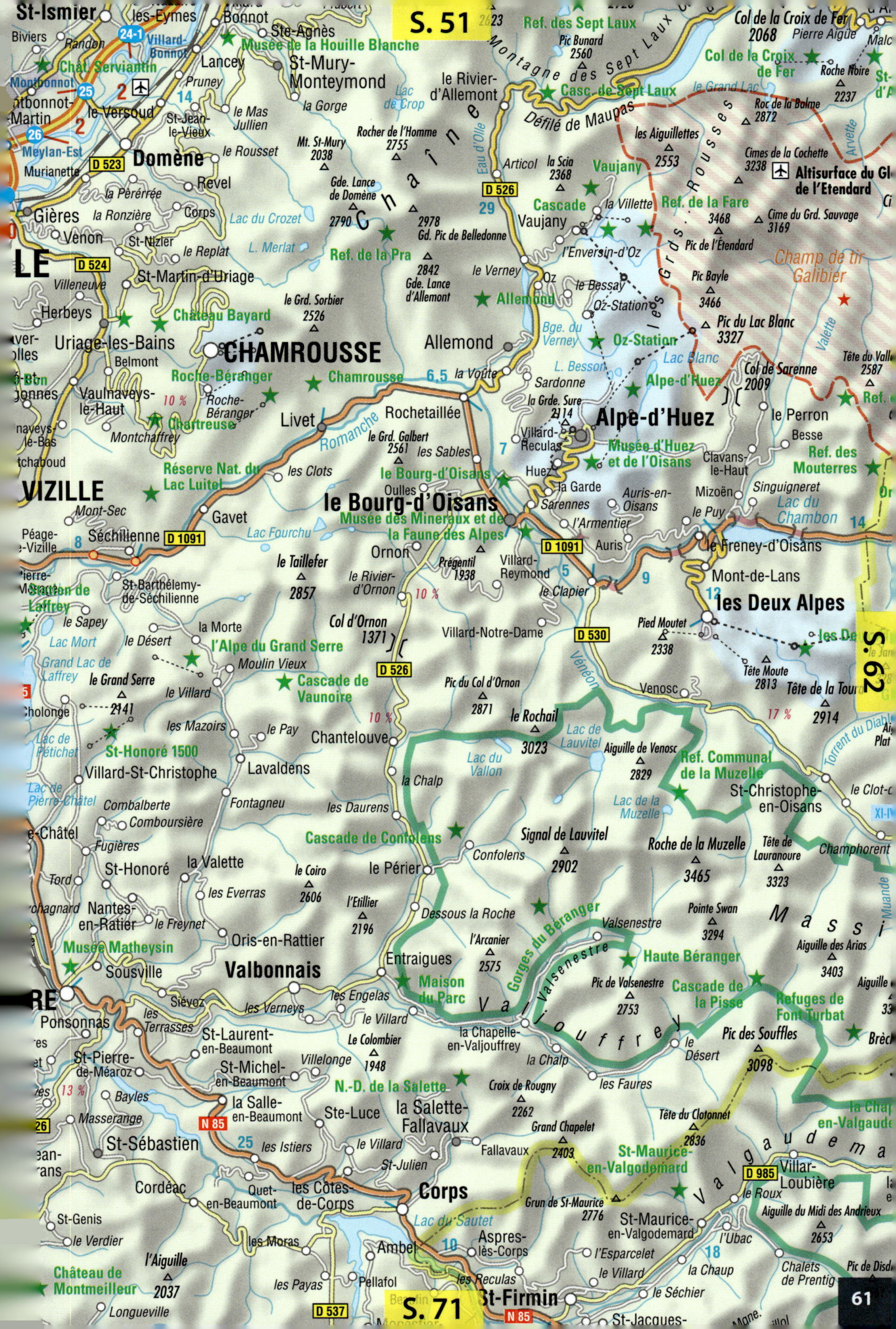
S. 51
S. 62
S. 71
St-Ismier
Biviers
Montbonnot
Meylan-Est
Murianette
Gières
Venon
Domène
Revel
Bonnot
Ste-Agnès
Musée de la Houille Blanche
Lancey
St-Mury-Monteymond
la Gorge
St-Jean-le-Vieux
le Mas Jullien
le Rousset
Mt. St-Mury 2038
Rocher de l'Homme 2755
le Rivier-d'Allemont
Lac de Crop
Chaîne de Belledonne
Gde. Lance de Domène 2790
2978 Gd. Pic de Belledonne
Ref. de la Pra
2842 Gde. Lance d'Allemont
Lac du Crozet
L. Merlat
le Replat
St-Nizier
Corps
la Pérérrée
la Ronzière
St-Martin-d'Uriage
Villeneuve
Herbeys
Château Bayard
Uriage-les-Bains
Belmont
CHAMROUSSE
Chamrousse
Roche-Béranger
Vaulnaveys-le-Haut
Chartreuse
Montchaffrey
le Grd. Sorbier 2526
Livet
Rochetaillée
Romanche
Allemond
Allemond
la Voûte
Réserve Nat. du Lac Luitel
les Clots
le Grd. Galbert 2561
les Sables
le Bourg-d'Oisans
le Bourg-d'Oisans
Oulles
Musée des Minéraux et de la Faune des Alpes
Gavet
Séchilienne
Lac Fourchu
VIZILLE
Mont-Sec
Péage-de-Vizille
D 1091
D 523
D 524
D 526
D 530
D 985
D 537
N 85
Ref. des Sept Laux
Pic Bunard 2560
Montagne des Sept Laux
Casc. de Sept Laux
Défilé de Maupas
Eau d'Olle
Articol
la Scia 2368
Vaujany
Vaujany
Cascade
la Villette
l'Enversin-d'Oz
le Verney
Oz
le Bessay
Oz-Station
Oz-Station
Bge. du Verney
L. Besson
Sardonne
la Grde. Sure 2114
Alpe-d'Huez
Alpe-d'Huez
Villard-Reculas
Huez
Musée d'Huez et de l'Oisans
la Garde
Sarennes
Auris-en-Oisans
l'Armentier
Auris
le Puy
Col de la Croix de Fer 2068
Pierre Aigue
Col de la Croix de Fer
Roche Noire 2237
le Grand Lac
Roc de la Balme 2872
les Aiguillettes 2553
Cimes de la Cochette 3238
Altisurface du Gl de l'Etendard
Ref. de la Fare
les Grds. Rousses
3468
Cime du Grd. Sauvage 3169
Pic de l'Etendard
Champ de tir Galibier
Pic Bayle 3466
Pic du Lac Blanc 3327
Lac Blanc
Col de Sarenne 2009
Valette
Tête du Valle 2587
le Perron
Besse
Clavans-le-Haut
Ref. des Mouterres
Mizoën
Singuigneret
Lac du Chambon
le Freney-d'Oisans
Mont-de-Lans
les Deux Alpes
Pied Moutet 2338
Tête Moute 2813
Tête de la Toura 2914
Venosc
Vénéon
le Taillefer 2857
le Rivier-d'Ornon
Ornon
Prégentil 1938
Villard-Reymond
le Clapier
Col d'Ornon 1371
Villard-Notre-Dame
Pic du Col d'Ornon 2871
le Rochail 3023
Lac de Lauvitel
Aiguille de Venosc 2829
Ref. Communal de la Muzelle
St-Christophe-en-Oisans
Torrent du Diable
le Clot
Lac de la Muzelle
Roche de la Muzelle 3465
Tête de Lauranoure 3323
Champhorent
Pointe Swan 3294
Massif
Aiguille des Arias 3403
St-Barthélemy-de-Séchilienne
Station de Laffrey
le Sapey
Lac Mort
le Désert
la Morte
l'Alpe du Grand Serre
Moulin Vieux
Grand Lac de Laffrey
le Grand Serre 2141
le Villard
Cascade de Vaunoire
Cholonge
les Mazoirs
le Pay
Chantelouve
Lac du Vallon
Lac de Pétichet
St-Honoré 1500
Villard-St-Christophe
Lavaldens
la Chalp
Lac de Pierre-Châtel
Combalberte
Comboursière
Fontagneu
les Daurens
Signal de Lauvitel 2902
Fugières
Cascade de Confolens
Confolens
St-Honoré
la Valette
le Coiro 2606
le Périer
les Everras
l'Etillier 2196
Dessous la Roche
Nantes-en-Ratier
le Freynet
Oris-en-Rattier
Valsenestre
Gorges du Béranger
l'Arcanier 2575
Haute Béranger
Musée Matheysin
Sousville
Valbonnais
Entraigues
Maison du Parc
Pic de Valsenestre 2753
Cascade de la Pisse
Refuges de Font Turbat
Siévoz
les Verneys
les Engelas
Valjouffrey
le Villard
la Chapelle-en-Valjouffrey
le Désert
Pic des Souffles 3098
Ponsonnas
les Terrasses
St-Laurent-en-Beaumont
le Colombier 1948
la Chalp
St-Pierre-de-Méaroz
St-Michel-en-Beaumont
Villelonge
N.-D. de la Salette
Croix de Rougny 2262
les Faures
Bayles
la Salle-en-Beaumont
Ste-Luce
la Salette-Fallavaux
Tête du Clotonnet 2836
Masserange
Grand Chapelet 2403
Fallavaux
St-Sébastien
les Istiers
le Villard
St-Julien
St-Maurice-en-Valgodemard
Valgaudemar
Villar-Loubière
le Roux
Cordéac
Quet-en-Beaumont
les Côtes-de-Corps
Corps
Grun de St-Maurice 2776
St-Maurice-en-Valgodemard
Aiguille du Midi des Andrieux 2653
St-Genis
le Verdier
Lac du Sautet
Ambel
Aspres-lès-Corps
l'Ubac
l'Esparcelet
la Chaup
les Moras
Chalets de Prentig
l'Aiguille 2037
le Villard
Château de Montmeilleur
les Payas
Pellafol
les Reculas
St-Firmin
le Séchier
Longueville
St-Jacques-
10 %
13 %
17 %

S. 52
S. 61
S. 72
St-Jean-de-Arves
le-Vieux
Albiez-le-Vieux
Chap. N.-D. de Grâce
Albanne
Malcrozet
le Mollard
Pnte. d'Emy 2799
Albannette
Télégraphe 1570
St-Michel-de-M.
Valmeinier
Valmeinier
Valmeinier 1800
le Gros Crey 2594
Pnte. de la Sandonière 2829
Fourneaux
A43
le Freney
Pnte. des Sarrasins 2868
Valfréjus
les Chambons
St-Sorlin-d'Arves
Entraigues
les Rieux
le Villard
le Col
Valloire
la Grde. Chible 2932
les Choseaux
Crey du Quart 2535
Lac de Bissorte
Station de Valfréjus
Pnte. du Châtel 2201
Valloire
Chapelle St-Pierre
Mt. Falcon 2624
Gros Grenier 2912
les Verneys
Plateau de Péré 2524
Roche Noire 3067
Roche de la Pelle 2993
Champ de tir de Mt. Thabor
Face du Glacier
Cimes des Torches 2958
les Aiguilles d'Arves
la Sétaz des Prés 2548
la Rivine
D 902
Mt. Touvet 2692
N.-D. des Neiges
Mt. Thabor 3181
RHÔNE-ALPES
Aig. de l'Épaisseur 3231
Bonnenuit
Ref. des Aiguilles d'Arves
la Sétaz Vieille 2903
Roche Château 2902
Roche du Chardonnet 2952
le Grd. Séru 2889
Roche Bernaude 3225
Pic du Mas de la Grave 3021
Pics Buffe d'en Haut 2930
Glacier Lombard
Pnte. d'Argentière 3237
la Grande Charmette
Aiguille Noire 2867
PROVENCE-ALPES-CÔTE D'AZUR
Lac Vert
Aig. du Goléon 3427
Roche Olvéra 2662
Roche de la Grde. Tempête 3002
Tête du Vallon 2587
Lac des Cerces
Ref. des Drayères
Lac Blanc
Ref. de Rif Tort
Cime du Rachas 2614
Sal. de la Grave 2274
Pic des Trois Évêchés 3118
Grd. Galibier 3229
Pic de la Moulinière 3073
Chalets de Laval
Chap. Ste-Marie
Crête des Gardioles
Pont du Maurian
les Hières
2646
Col du Galibier
Crête du Queyrellin
Chalets de Fontcouverte
le Chazelet
Villar-d'Arêne
Grand Lac
Chalets de Lacha
Oratoire du Chazelet
Névache
la Grave
D 1091
les Fréaux
le Pied du Col
2058 Col du Lautaret
l'Aig. du Lauzet 2726
Vallée de la Guisane
Chalets du Verney
Station de la Grave
Jardin Alpin
Pics de Combeynot 3145 3155
Romanche
Rés. Nat. de Combeynot
Tête Noire 2917
Névache
Villar-d'Arêne
le Casset
Musée d'Art et Traditions Populaire
le Rateau 3809
Pic de la Grave 3669
la Meije 3983
Pic Gaspard 3883
Pic du Lac de Combeynot 3089
Chap. St-Martin
le Monêtier-les-Bains
Col de Granon 2404
Ref. de l'Alpe de Villard-d'Arêne
Guisane
le Freyssinet
le Serre-Barbin
Glacier de la Selle
les Guibertes
D 1091
Villeneuve
la Grande Ruine 3765
Pic de Neige Cordier 3613
Pic des Agneaux 3663
le Bez
la Salle-les-Alpes
le Soreiller 3564
Ref. Ad. Planchard
Chap. St-Jean-Baptiste
Aiguille du Plat de la Selle 3597
Tête du Rouget 3417
Pte. de la Grande Sagne 3660
Pnte. des Arcas 3478
Fréjus
Chantemerle
le Clot-d'en-Haut
Glacier Blanc
Lac de l'Eychauda
Serre-Chevalier
les Etages
la Bérarde
Barre des Écrins 4102
Serre-Chevalier 2483
Briançon
Rés. Nat. Haute Vallée du Vénéon
Réserve Nat. du Torrent de St-Pierre
BRIANÇON
Cime de l'Encoula 3533
Vénéon
Cime du Paillon 2793
Chambran
Tête des Fétoules 3459
Mt. Pelvoux 3945
Chap. St-
Ref. Temple Ecrins
l'Ailefroide 3953
Ailefroide
les Combes
Puy-St-André
Tête des Lauzières 2928
Ratière
Massif des Écrins
Pte. du Vallon des Étages 3564
Pics du Says 3421
les Claux
Station St-Antoine
St-Antoine
le Fangeas
Aiguille de l'Olan 3371
Parc
Pte. Guyard 3460
le Sarret
Chapelle St-Hippolyte
Ref. de la Pilatte
la Blanche 2954
Puy Aillaud
Tête d'Amont 2815
les Rouies 3589
Vallouise
Brèche d'Olan 3564
les Bans 3669
le Villard
le Petit-Parcher
Bouchier
National
Béassac
Chap. St-Sébastien
les Vigneaux
Chalet du Gioberney
Casc. le Voile de la Mariée
Puy-St-Vincent
N 94
la Chapelle-Valgaudemar
Cascade du Casset
Pic de Bonvoisin 3480
les Prés
Rif-du-Sap
des
Pte. de l'Aiglière 3308
Station de Puy-St-Vincent
le Bourg
Rés. Natur. de la Haute Séveraisse
la Pendine 2749
Champ-Didier
l'Argentière-la-Bessée
la Chapelle-en-Valgaudemar
Pte. de Verdonne 3327
Ptes. de Neyzets 3247
Crête de la Pendine
Château St-Jean
Aiguille de Morges 2985
Fournel
Salce
les Lauzes
Sirac 3440
Écrins
Pic de Parières 3076
Ref. de Vallonpierre
Tête de Soulaure
Tête de Dourmillouse 3084
Pic de Disdier
Pré de la Chaumette
Fressinières
Durance
les Choucières Vertes 3058
Pointes de Rougnoux 3179
les Viollins
Biaysse
Pallon

FRANCE
ITALIA
Tunnel du Fréjus
Grd. Argentier 3034
Pnte. du Fréjus 2932
Cime du Grand Vallon 3125
Cime Gardoria 3137
Aig. de Scolette 3508
la Norma 2917
Charmaix
Rochemolles
Ghio. dell'Agnello
Pnte. Sommeiller 3350
Pointe Niblè 3341
3378
Vall. d'Amb
Pta. Valfredda 3051
Cima Vallonetto 3217
Pta. Melmise 2310
Rochemolles
Bardonècchia
Chiesa
M. Jafferau 2785
M. Vin Vert 2711
NECCHIA
F. Dora di Bardonècchia
Mélezet
Pian del Colle
Royeres
Savoulx
Signols
Beaulard
Circ. di Oulx
Beaulard
Oulx
Gad
Sauze d'Oulx
Sauze d'Oulx
Jouvenceaux
Salbertrand
M. Pramand 2162
Salbertrand
San Colombano
Deveys
Exilles
Morliere
Chiomonte
Chiomonte
Giaglione
SUSA
Susa O.
Urbiano
Olmo
Gravere
Madonna d. Losa
Fràis
Alpe d'Arguel
Il Colletto 1455
Menólzio
M. Pintás 2543
C. d. Finestre 2176
M. Ciantiplagna 2849
Testa dell' Assietta 2566
Balboutet
Usseaux
Pourrières
Fraisse
Laux
Fenestrelle
Dépôt
Souchères Basses
Pragelato
Pragelato
Souchères Hautes
Traverses
Valle del
Col de l'Echelle 1766
Sommet de Bonvoisin 2824
Madonna di Cotolivier
Sommet de Guiau 2587
Pte. de la Pécé 2733
Rocher des Grands Becs 3042
Desertes
Fenils
Solomiac
F. Dora Riparia
M. Triplex 2507
M. Fraitève 2701
Chezal
Borgata-Sestriere
Laval
Fort de l'Olive
Fort de Lenlon
Cesana Torinese
Mollières
Sestriere
Mt. Chaberton 3136
Cesana Torinese
San Sicario
Champlas du Col
Champlas-Séguin
Sauze di Cesana
Colle Sestriere
M. Banchetta 2823
T. Chisone
Bric Rosso 3026
Ghiacciaio Bric Rosso
T. Germanasca
Gros Passet
Balsíglia
Roberso
Bric Ghinivert 3037
Massello
Salza di Pinerolo
Montgenèvre
la Draye
Val-des-Prés
Montgenèvre
le Rosier
Clavière
Clavière
Bousson
Rollières
M. Sises 2658
Punta Rognosa 3280
Rodoretto
Col de Montgenèvre 1850
les Alberts
Vachette
Thures
Lauze
Rhuilles
Roc del Boucher 3285
Rocce Platasse 2782
Parco Regionale
Prali
Ghigo
le Chenaillet 2634
Croix de Toulouse
Fort de Gondran
Fort du Randouillet
Argentera
Ripa
Val Troncea
Ghigo
les Fraches
la Chau
le Bourget
Thuras
Thuras
Cervières
Terre-Rouge
Prafauchier
les Chalps
Bric Froid 3302
Pic Charbonnel 2871
Pic du Grand Glaiza 3286
Anc. Fort de la Lausette
Cervières
le Laus
Cime de la Charvie 2881
Cerveyrette
les Fonds
la Montette
Pic de Clausis 2927
Pré Roubaud
Chalets des Ayes
Refuge-Napoléon
Grand Peygu 2801
le Roux
Valpreveyre
Pic de Petit Rochebrune 3083
Grd. Pic de Rochebrune 3325
Villanova
Musée du Tour de France
Col d'Izoard 2361
le Lombard
2496
Serre de l'Aigle
Abriès
Jilly 2467
Crête de Jilly
Chalets de l'Orceyrette
Pic de l'Agrenier 2793
Station de Abriès
Brunissard
Station de la Chalp
Aiguilles
Maison Eiffel
Pra
Station de Arvieux
la Chalp
Station de Aiguilles
la Monta
Peynin
Parc Naturel
Tête du Peyron 2591
Pic du Béal Traversier 2910
Arvieux
les Meyriès
Ville-Vieille
Prats
Crête du Mourre Froid 2779
Pic du Fond de Peynin 2912
Petit Belvédère du Viso
Bouchouse
Château-Queyras
Fort Queyras
les Moulins
Molines-en-Queyras
Régional
Lac Egourgéou
Margerite
Dent du Ratier 2660
Villargaudin
Pierre-Grosse
le Grand Queyras
-Rame
Ref. de Furfande
Montbardon
Fontgillarde
Belvédè du Vi
2810
Haut-Mouriare

S. 53
S. 64
S. 73

S. 54

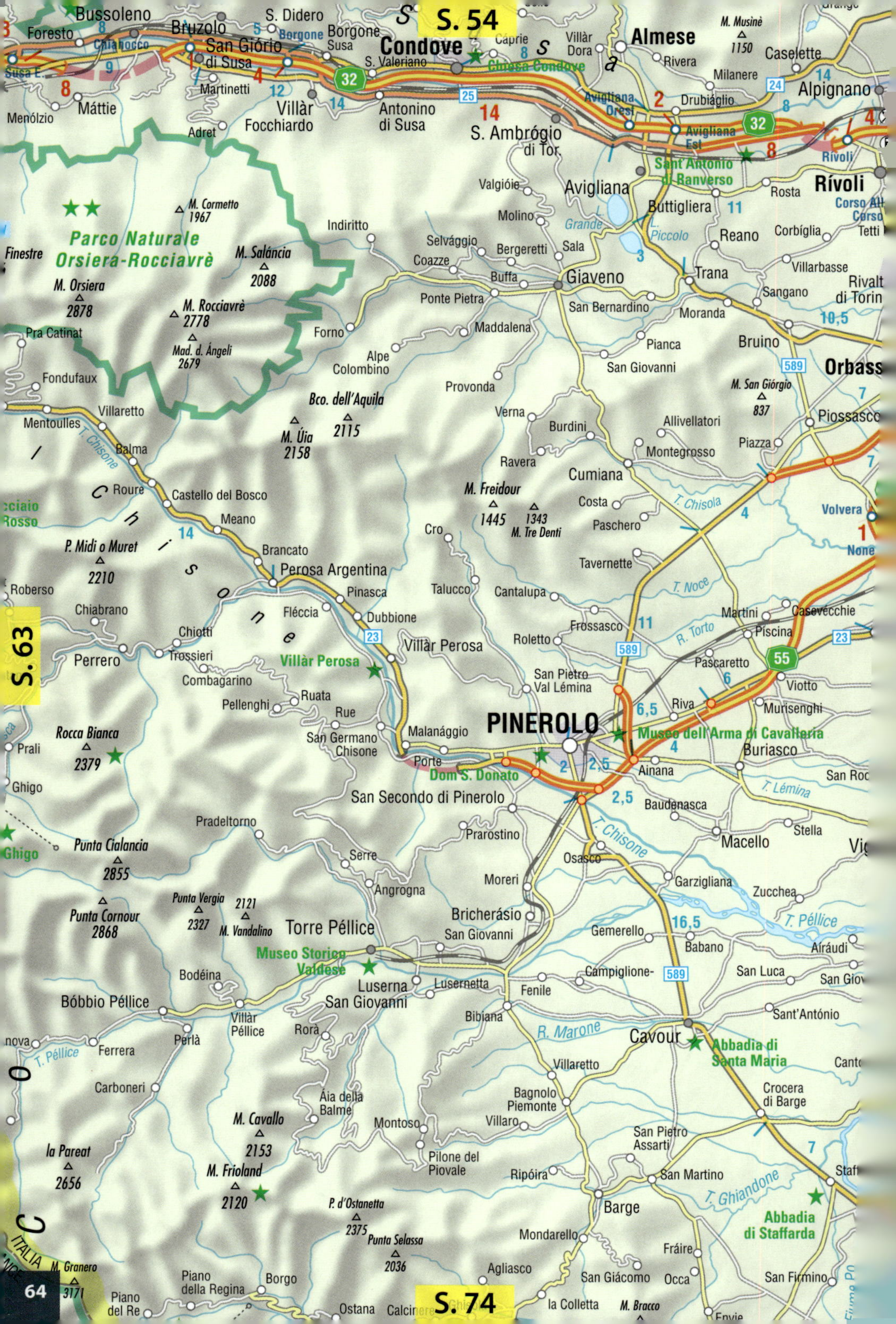

Bussoleno
Foresto
Bruzolo
S. Didero
Borgone
Borgone Susa
Condove
Cáprie
Villàr Dora
Almese
M. Musinè
1150
Caselette
Chianocco
San Giório di Susa
S. Valeriano
Chiesa Condove
Rivera
Milanere
Susa E.
Mattie
Martinetti
Villàr Focchiardo
Antonino di Susa
Avigliana Ovest
Drubiáglio
Alpignano
Menólzio
Adret
S. Ambrógio di Tor.
Avigliana Est
Sant'Antonio di Ranverso
Rívoli
Valgióie
Avigliana
Buttigliera
Rosta
Corso Allamano
M. Cormetto
1967
Parco Naturale Orsiera-Rocciavrè
Indiritto
Molino
Grande
L. Piccolo
Reano
Corbíglia
Tetti
Finestre
M. Saláncia
2088
Selvággio
Coazze
Bergeretti
Sala
Villarbasse
M. Orsiera
2878
Buffa
Giaveno
Trana
Sangano
Rivalta di Torino
M. Rocciavrè
2778
Ponte Pietra
San Bernardino
Moranda
Pra Catinat
Mad. d. Ángeli
2679
Forno
Maddalena
Bruino
Orbassano
Alpe Colombino
Pianca
San Giovanni
Fondufaux
Provonda
M. San Giórgio
837
Bco. dell'Aquila
2115
Villaretto
Mentoulles
Verna
Burdini
Allivellatori
Piossasco
M. Úia
2158
Montegrosso
Piazza
Balma
Ravera
T. Chisone
Cumiana
Roure
M. Freidour
1445
1343
M. Tre Denti
Costa
T. Chisola
Volvera
Castello del Bosco
Meano
Paschero
None
P. Midi o Muret
2210
Cro
Brancato
Tavernette
Perosa Argentina
Pinasca
Talucco
Cantalupa
T. Noce
Roberso
Chiabrano
Fléccia
Dubbione
Martini
Casevecchie
Piscina
Chiotti
Villàr Perosa
Roletto
Frossasco
R. Torto
Perrero
Trossieri
Villàr Perosa
Pascaretto
Combagarino
San Pietro Val Lémina
Viotto
Ruata
Pellenghi
Rue
Riva
Murisenghi
Rocca Bianca
2379
San Germano Chisone
Malanággio
PINEROLO
Museo dell'Arma di Cavalleria
Prali
Buriasco
Porte
Dom S. Donato
Ainana
Ghigo
San Secondo di Pinerolo
T. Lémina
Baudenasca
Pradeltorno
Prarostino
T. Chisone
Stella
Punta Cialancia
2855
Serre
Osasco
Macello
Moreri
Garzigliana
Zucchea
Punta Cornour
2868
Punta Vergia
2327
2121
M. Vandalino
Angrogna
Bricherásio
T. Péllice
Torre Péllice
San Giovanni
Gemerello
Babano
Aíráudi
Museo Storico Valdese
Campiglione-
San Luca
Bodéina
Luserna San Giovanni
Lusernetta
Fenile
Bóbbio Péllice
Villàr Péllice
Bibiana
Sant'António
Rorà
R. Marone
Cavour
Abbadia di Santa Maria
Perlà
T. Péllice
Ferrera
Villaretto
Carboneri
Áia della Balme
Bagnolo Piemonte
Crocera di Barge
M. Cavallo
2153
Montoso
Villaro
San Pietro Assarti
la Pareat
2656
M. Frioland
2120
Pilone del Piovale
Ripóira
San Martino
T. Ghiandone
P. d'Ostanetta
2375
Barge
Abbadia di Staffarda
Punta Selassa
2036
Mondarello
Fráire
ITALIA
M. Granero
3171
Piano della Regina
Borgo
Agliasco
San Giácomo
Occa
San Firmino
Piano del Re
Ostana
la Colletta
M. Bracco

S. 63

S. 74

S. 55

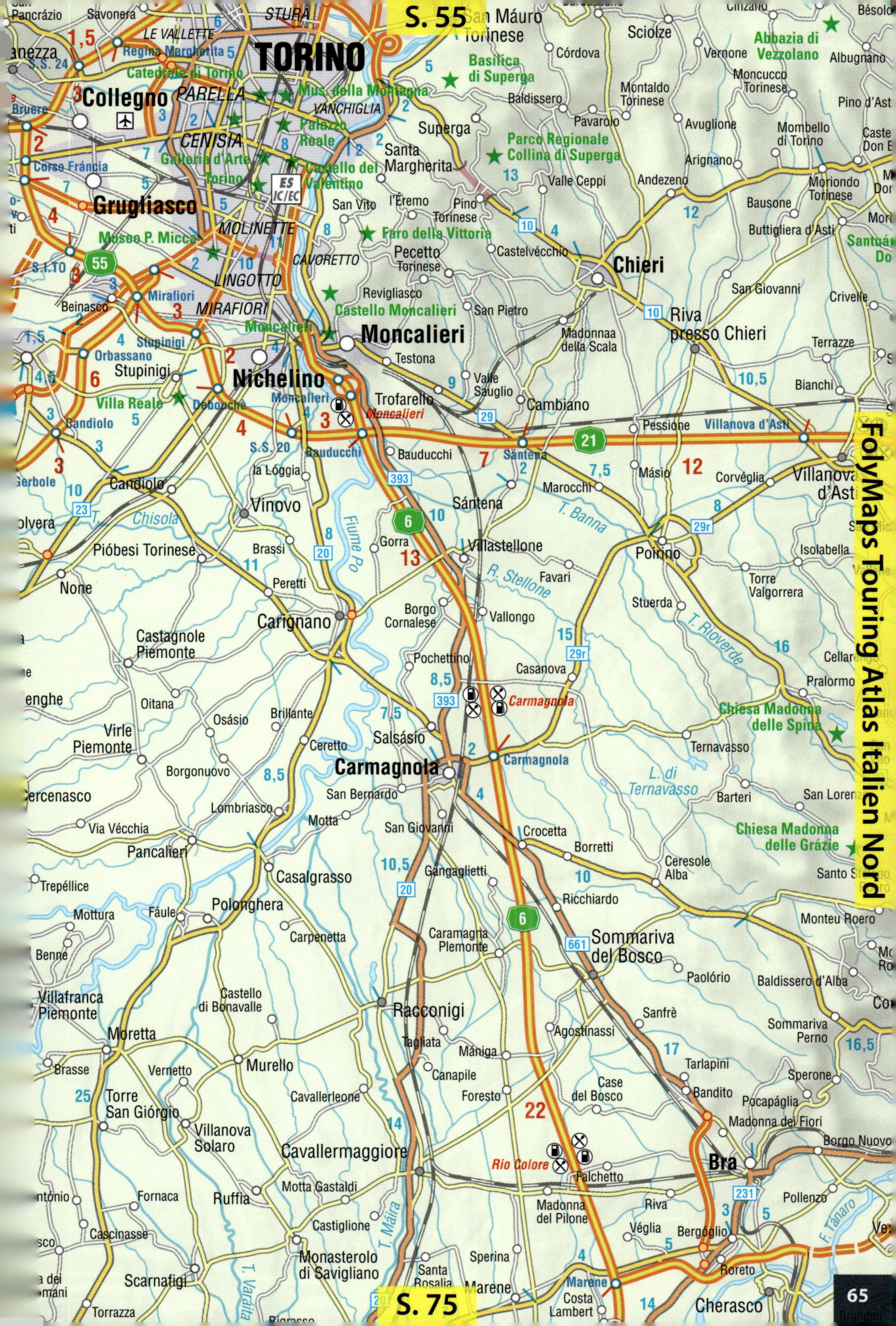

TORINO
Collegno
Grugliasco
Moncalieri
Nichelino
Chieri
Carmagnola
Racconigi
Bra
Cherasco
Vinovo
Carignano
Sommariva del Bosco
Cavallermaggiore
Savonera
Stura
Le Vallette
Regina Margherita
Catedrale di Torino
Parella
Vanchiglia
Cenisia
Galleria d'Arte Torino
Castello del Valentino
Palazzo Reale
Mus. della Montagna
Molinette
Lingotto
Mirafiori
Cavoretto
Museo P. Micca
Corso Francia
Beinasco
Stupinigi
Orbassano
Villa Reale
Debouche
Candiolo
Piobesi Torinese
None
Superga
Basilica di Superga
Parco Regionale Collina di Superga
Santa Margherita
San Mauro Torinese
Sciolze
Cordova
Baldissero
Pavarolo
Montaldo Torinese
Andezeno
Arignano
Vernone
Abbazia di Vezzolano
Albugnano
Moncucco Torinese
Avuglione
Mombello di Torino
Moriondo Torinese
Bausone
Buttigliera d'Asti
Pino d'Asti
San Vito
l'Eremo
Pino Torinese
Faro della Vittoria
Pecetto Torinese
Revigliasco
Castello Moncalieri
San Pietro
Castelvecchio
Valle Ceppi
Madonna della Scala
Riva presso Chieri
San Giovanni
Crivelle
Terrazze
Bianchi
Testona
Valle Sauglio
Trofarello
Cambiano
Santena
Pessione
Villanova d'Asti
Masio
Corveglia
Marocchi
Bauducchi
La Loggia
Chisola
Fiume Po
Gorra
Villastellone
R. Stellone
Favari
Poirino
Isolabella
Torre Valgorrera
Stuerda
T. Banna
T. Rioverde
Brassi
Peretti
Borgo Cornalese
Vallongo
Pochettino
Casanova
Castagnole Piemonte
Oitana
Osasio
Brillante
Virle Piemonte
Ceretto
Salsasio
Chiesa Madonna delle Spina
Ternavasso
L. di Ternavasso
Barteri
Pralormo
Cellarengo
Borgonuovo
San Bernardo
Lombriasco
Motta
San Giovanni
Crocetta
Borretti
Chiesa Madonna delle Grázie
Ceresole Alba
Vercenasco
Via Vecchia
Pancalieri
Casalgrasso
Gangaglietti
Ricchiardo
Treppellice
Mottura
Faule
Polonghera
Carpenetta
Caramagna Piemonte
Monteu Roero
Benne
Villafranca Piemonte
Castello di Bonavalle
Paolorio
Baldissero d'Alba
Sanfrè
Agostinassi
Tagliata
Maniga
Canapile
Foresto
Sommariva Perno
Tarlapini
Bandito
Sperone
Moretta
Brasse
Vernetto
Murello
Torre San Giorgio
Villanova Solaro
Cavallerleone
Case del Bosco
Pocapaglia
Madonna dei Fiori
Borgo Nuovo
Rio Colore
Falchetto
Fornaca
Ruffia
Motta Gastaldi
Madonna del Pilone
Riva
Veglia
Bergoglio
Pollenzo
F. Tanaro
Cascinasse
Castiglione
T. Maira
Monasterolo di Savigliano
Scarnafigi
Santa Rosalia
Sperina
Marene
Roreto
Costa Lambert
T. Varaita
Torrazza

S. 75

S. 56

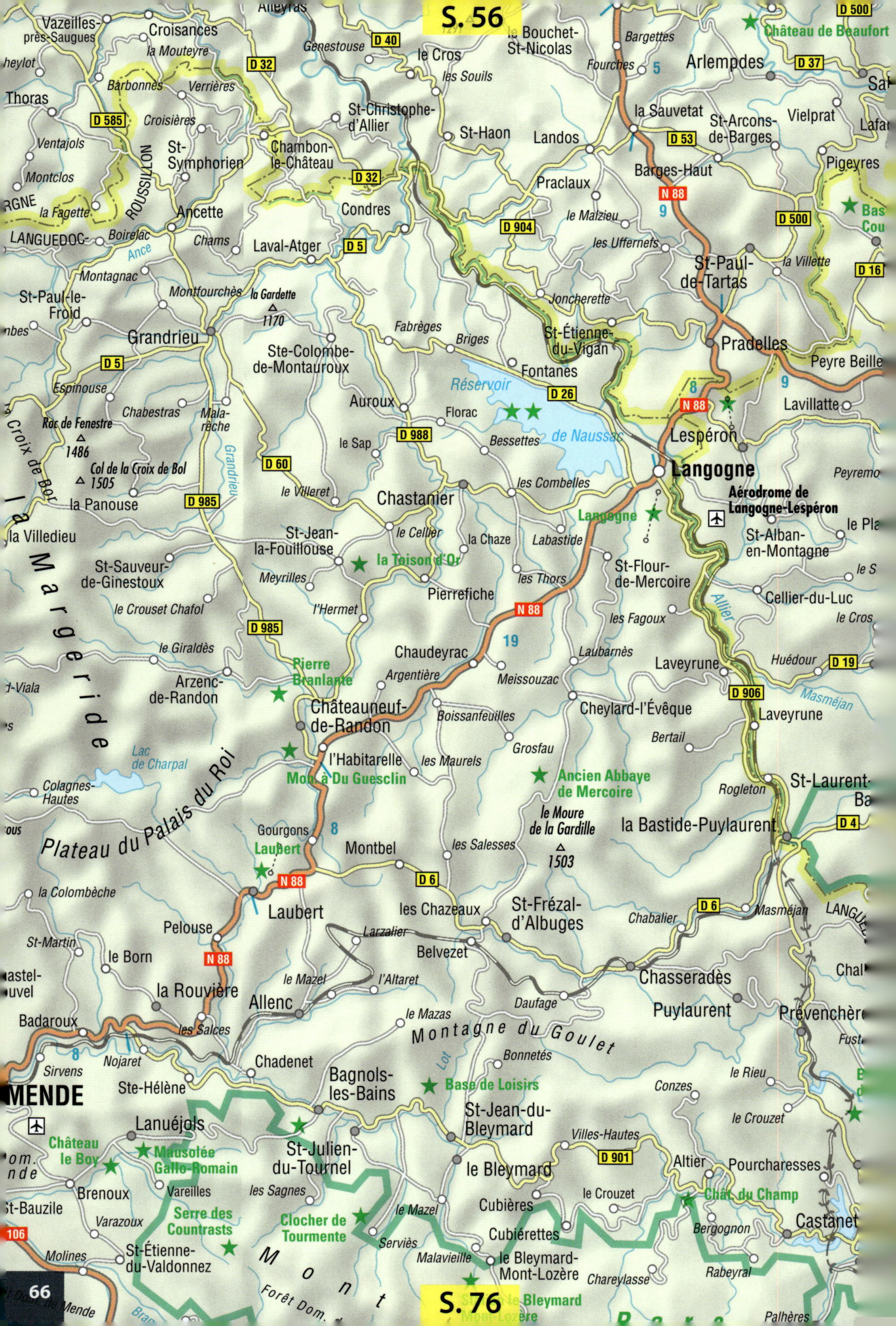
Vazeilles-près-Saugues
Croisances
la Mouteyre
Genestouse
D 40
le Cros
le Bouchet-St-Nicolas
Bargettes
Fourches
Arlempdes
D 500
D 37
Château de Beaufort
D 32
Barbonnès
Verrières
les Souils
Thoras
D 585
Croisières
St-Christophe-d'Allier
St-Haon
Landos
la Sauvetat
St-Arcons-de-Barges
Vielprat
D 53
Ventajols
St-Symphorien
Chambon-le-Château
ROUSSILLON
Montclos
D 32
Praclaux
Barges-Haut
Pigeyres
N 88
la Fagette
Ancette
Condres
le Malzieu
D 500
LANGUEDOC-
Boirelac
Chams
Laval-Atger
D 5
D 904
les Uffernets
St-Paul-de-Tartas
la Villette
D 16
Ance
Montagnac
Montfourchès
la Gardette
1170
Joncherette
St-Paul-le-Froid
Grandrieu
Fabrèges
Briges
St-Étienne-du-Vigan
Pradelles
Peyre Beille
D 5
Ste-Colombe-de-Montauroux
Fontanes
Réservoir
D 26
Espinouse
Auroux
Florac
de Naussac
N 88
Lavillatte
Chabestras
Mala-rèche
Roc de Fenestre
1486
le Sap
D 988
Bessettes
Lespéron
Croix de Bor
Grandrieu
D 60
Langogne
Col de la Croix de Bor
1505
le Villeret
Chastanier
les Combelles
Aérodrome de Langogne-Lespéron
la Panouse
D 985
Langogne
la Villedieu
St-Jean-la-Fouillouse
le Cellier
la Chaze
Labastide
St-Alban-en-Montagne
la Toison d'Or
St-Sauveur-de-Ginestoux
Meyrilles
les Thors
St-Flour-de-Mercoire
Cellier-du-Luc
la Margeride
le Crouset Chafol
l'Hermet
Pierrefiche
N 88
Allier
les Fagoux
D 985
19
le Giraldès
Chaudeyrac
Laubarnès
Laveyrune
Huédour
D 19
Pierre Branlante
Argentière
Meissouzac
Arzenc-de-Randon
Châteauneuf-de-Randon
Cheylard-l'Évêque
D 906
Laveyrune
Masméjan
Boissanfeuilles
Grosfau
Bertail
Lac de Charpal
l'Habitarelle
les Maurels
Ancien Abbaye de Mercoire
Colagnes-Hautes
Mont. à Du Guesclin
Rogleton
St-Laurent-
le Moure de la Gardille
1503
Plateau du Palais du Roi
Gourgons
8
la Bastide-Puylaurent
D 4
Laubert
Montbel
les Salesses
N 88
D 6
la Colombèche
Laubert
Pelouse
les Chazeaux
St-Frézal-d'Albuges
Chabalier
D 6
Masméjan
St-Martin
le Born
Larzalier
Belvezet
N 88
le Mazel
l'Altaret
Chasseradès
la Rouvière
Allenc
Daufage
Puylaurent
Prévenchère
Badaroux
le Mazas
les Salces
Montagne du Goulet
Sirvens
Nojaret
Chadenet
Lot
Bonnetés
le Rieu
MENDE
Ste-Hélène
Bagnols-les-Bains
Base de Loisirs
Conzes
le Crouzet
St-Jean-du-Bleymard
Lanuéjols
Château le Boy
Mausolée Gallo-Romain
St-Julien-du-Tournel
Villes-Hautes
D 901
le Bleymard
Altier
Pourcharesses
Brenoux
Vareilles
les Sagnes
le Crouzet
St-Bauzile
Serre des Countrasts
Clocher de Tournemente
le Mazel
Cubières
Chât. du Champ
Varazoux
Cubiérettes
Bergognon
Castanet
106
Serviès
St-Étienne-du-Valdonnez
Molines
Malavieille
le Bleymard-Mont-Lozère
Chareylasse
Rabeyral
Mont
Forêt Dom.
Palhères

S. 76

S. 57
S. 68
S. 77
Parc Naturel Régional des Monts d'Ardèche
AUBENAS
Largentière
Joyeuse
Vals-les-Bains
Thueyts
Montpezat-sous-Bauzon
Burzet
Ste-Eulalie
le Lac-d'Issarlès
St-Cirgues-en-Montagne
Mayres
Jaujac
Valgorge
le Tanargue
Ruoms
Aérodrome d'Aubenas-Vals-Lanas
Aérodrome de Ruoms
Col de la Croix de Bauzon 1306
Col des Quatre Vios
Suc de l'Areilladou
Château de Ventadour
Château de Pourcheyrolles
Château du Bruget
Château de Chadenac
Château des Montlaur
Château de Craux
Cascade du Ray Pic
Station de la Croix de Bauzon
Station de St-Cirgues-en-Montagne
Station le Béage
Base de Loisirs St-Martial
Oppidum de la Farre
Col de Meyrand
Gorges de la Borne
le Cirque des Gens
Chapelle-des-Pommiers
Dolmen
N 102
D 104
D 579
D 24
D 19
D 536
D 578
D 160
D 239
D 4
D 901
D 122
D 16
D 378

S. 58

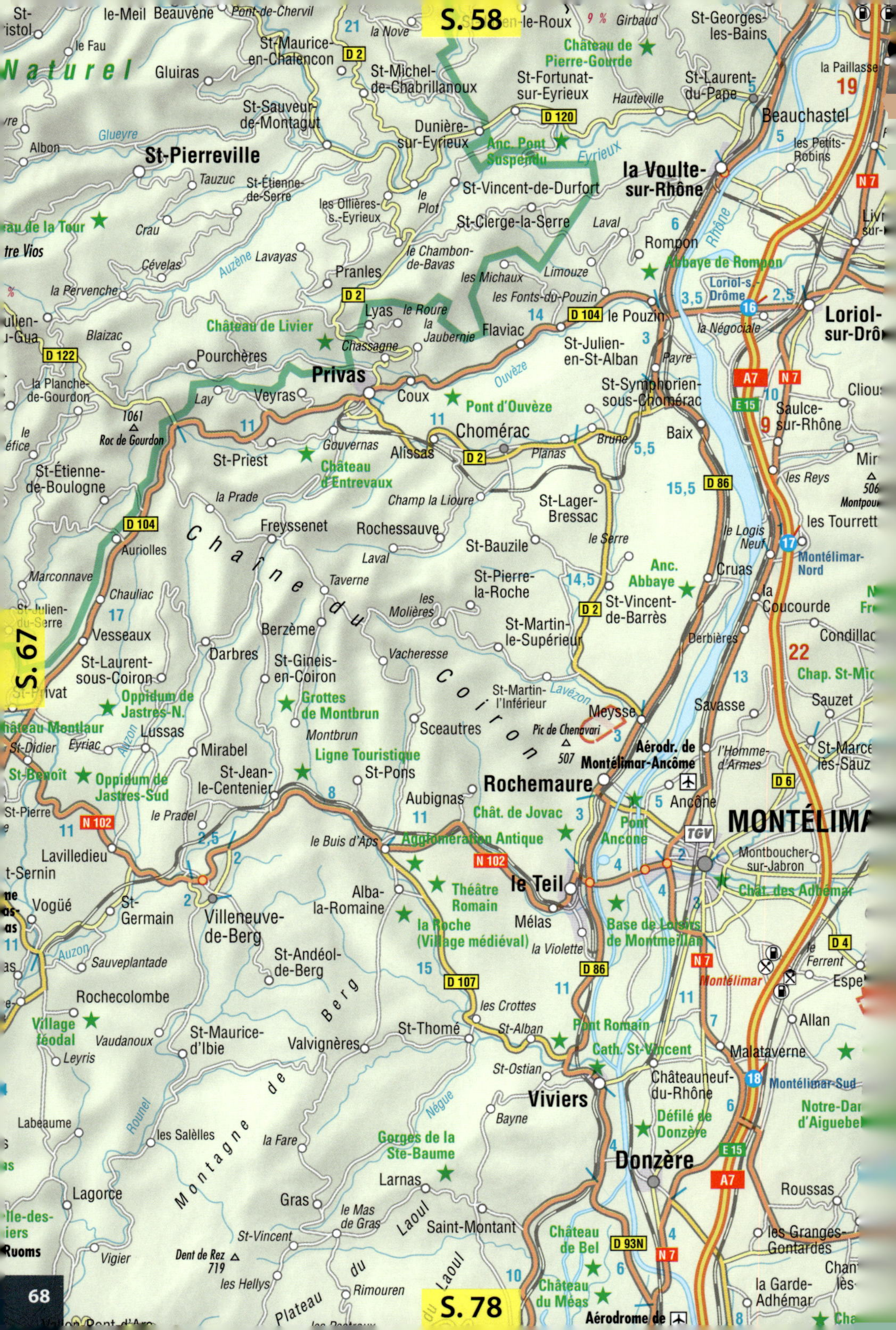
Naturel
St-Pierreville
Privas
la Voulte-sur-Rhône
Loriol-sur-Drôme
Beauchastel
St-Laurent-du-Pape
St-Georges-les-Bains
Château de Pierre-Gourde
St-Fortunat-sur-Eyrieux
Dunière-sur-Eyrieux
Anc. Pont Suspendu
St-Michel-de-Chabrillanoux
St-Maurice-en-Chalencon
St-Sauveur-de-Montagut
Gluiras
le-Meil
Beauvène
Pont-de-Chervil
le Fau
Albon
Glueyre
Tauzuc
St-Étienne-de-Serre
les Ollières-s.-Eyrieux
le Plot
St-Vincent-de-Durfort
St-Clerge-la-Serre
Laval
Rompon
Abbaye de Rompon
le Chambon-de-Bavas
les Michaux
Limouze
les Fonts-du-Pouzin
le Pouzin
Pranles
Lavayas
Cévelas
Crau
la Pervenche
Blaizac
Château de Livier
Lyas
le Roure
la Jaubernie
Flaviac
Chassagne
Pourchères
St-Julien-en-St-Alban
Payre
la Négociale
St-Symphorien-sous-Chomérac
Coux
Pont d'Ouvèze
Ouvèze
Veyras
Lay
la Planche-de-Gourdon
Roc de Gourdon
1061
St-Priest
Gouvernas
Château d'Entrevaux
Alissas
Chomérac
Planas
Brune
Baix
Saulce-sur-Rhône
Cliousclat
St-Étienne-de-Boulogne
la Prade
Champ la Liouze
St-Lager-Bressac
le Serre
Freyssenet
Rochessauve
St-Bauzile
les Reys
les Tourrettes
le Logis Neuf
Montélimar-Nord
Cruas
Auriolles
Chaîne du Coiron
Laval
Taverne
St-Pierre-la-Roche
Anc. Abbaye
St-Vincent-de-Barrès
la Coucourde
Marconnave
Chauliac
les Molières
St-Martin-le-Supérieur
Derbières
Condillac
St-Julien-du-Serre
Vesseaux
Berzème
Darbres
Vacheresse
St-Laurent-sous-Coiron
St-Gineis-en-Coiron
Chap. St-Michel
St-Privat
Oppidum de Jastres-N.
Grottes de Montbrun
Montbrun
St-Martin-l'Inférieur
Lavézon
Meysse
Savasse
Sauzet
Château Montlaur
Lussas
Eyriac
St-Didier
Mirabel
Sceautres
Pic de Chenavari
507
Aérodr. de Montélimar-Ancône
l'Homme-d'Armes
St-Marcel-lès-Sauzet
St-Benoît
Oppidum de Jastres-Sud
Ligne Touristique
St-Jean-le-Centenier
St-Pons
Rochemaure
Ancône
St-Pierre
le Pradel
Aubignas
Chât. de Jovac
Pont Ancone
MONTÉLIMAR
TGV
Lavilledieu
St-Sernin
le Buis d'Aps
Agglomération Antique
Montboucher-sur-Jabron
Vogüé
St-Germain
Villeneuve-de-Berg
Alba-la-Romaine
Théâtre Romain
le Teil
Chât. des Adhémar
Mélas
la Roche (Village médiéval)
la Violette
Base de Loisirs de Montmeillan
le Ferrent
Sauveplantade
St-Andéol-de-Berg
Montélimar
Espeluche
Rochecolombe
Village féodal
Vaudanoux
Leyris
St-Maurice-d'Ibie
Valvignères
St-Thomé
les Crottes
St-Alban
Pont Romain
Cath. St-Vincent
Allan
Malataverne
St-Ostian
Viviers
Châteauneuf-du-Rhône
Montélimar-Sud
Notre-Dame d'Aiguebelle
Bayne
Défilé de Donzère
Labeaume
les Salèlles
la Fare
Gorges de la Ste-Baume
Nègue
Donzère
Lagorce
Montagne de Berg
Gras
Larnas
Roussas
le Mas de Gras
Laoul
Saint-Montant
Château de Bel
les Granges-Gontardes
Ruoms
Vigier
St-Vincent
Dent de Rez
719
les Hellys
Plateau du Laoul
Rimouren
Château du Méas
la Garde-Adhémar
Chamaret
Aérodrome de
Auzon
Auzène
Rounel
Eyrieux
Rhône
Loriol-s.-Drôme
la Paillasse
les Petits-Robins
Hauteville
Girbaud
D 2
D 120
D 104
D 122
D 86
D 107
D 6
D 4
D 93N
N 7
N 102
A7
E 15

S. 67

S. 78

Montéléger
la Paillette
Gorges d'Omblèze
Ansage
1342
Église Ste-Marie
13,5
la Baume-Cornillane
Cascade de la Druise
la Blache
les Morins
1113
Montmeyran
Plan-de-Baix
Château du Montrond
Marignac-en-Diois
23
le Jardin des Oiseaux
Lozeron
les Taruelles
St-Andéol
D 111
Upie
Ourches
Merly
959
Eygluy
Taillefer
932
Ponet-et-St-Auban
les Massones
Gigors
Montoison
389
Mt. Miéry
la Rochette-sur-Crest
Beaufort-sur-Gervanne
Ste-Croix
Ambonil
les Michauds
D 93
9
Vaugelas
Pontaix
But de l'Aigle
1006
Allex
Gabriel
Vaunaveys-la-Rochette
les Jaux
Montclar-sur-Gervanne
Temple de Pontaix
Aquarium
Eurre
D 538
Gaudichart
1112
St-Bardoux
Drôme
CREST
les Blaches
Barsac
D 104
2
Aouste-sur-Sye
Serre des 3 Bornes
708
les Boissiers
Grane
Donjon de Crest
1
D 93
Mirabel
le Temple
la Plaine
Chabrillan
les Porteronds
22
les Roberts
15
10
D 164
Saillans
D 93
Aure
Grenette
Lambres
Divajeu
la Clastre
Roanne
Espenel
les Brandins
St-Benoît-en-Diois
la Roche-sur-Grane
Autichamp
D 538
St-Sauveur-en-Diois
Piégros
Marsanne
les Auberts
Chiffe
Roche Colombe
886
D
Mgne. de Faraud
1202
Prieuré et Village Féodal
Défilé du Pertuis
i
Bastet
les Lombards
Saou
le Veyou
1589
o
Roynac
la Chaudière
Marsanne
Soyans
Francillon-sur-Roubion
D 538
Temple
Font-de-Bine
le Grand Delmas
1544
Pradelle
Puy-St-Martin
Saudon
Cléon-d'Andran
Pont-de-Barret
la Grande Plaine
1516
Montagne de Couspeau
Rochefourchat
D 6
Pascalin
Château St-André
Manas
le Poët-Célard
Bourdeaux
les Tonils
St-Nazaire-le-Désert
Bonlieu-sur-Roubion
Roubion
Charols
Moïse Temple
D 9
Rochebaudin
Roubion
Crupies
St-Gervais-sur-Roubion
Salettes
Eyzahut
Serre Gros
971
les Figaniers
Chapelle St-Andéol
Châteauneuf-de-Mazenc
Gorge Jabron
Rochemuse
1215
la Bâtie-Rolland
Roanne
la Bégude-de-Mazenc
D 540
Chât. des Hospitaliers
le Poët-Laval
Jabron
les Marrous
Gougne
Dieulefit
le Roc
1106
Mgne. de Vesc
Bouvières
Vesc
Portes-en-Valdaine
Gumiane
Mgne. de Ruy
1082
Col la Sausse
791
Mgne. de Dieu Grâce
675
Mt. Rachas
898
Patas
le Merlu
1606
la Touche
Montjoux
la Paillette
Mgne. de Mielandre
1451
6 %
Montagne
Aleyrac
Tour d'Alencon
l'Estellon
Lez
Barbara
Bois de Taulignan
Mgne. de la Lance
1338
Valouse
Défilé des Trente Pas
les Chaudrons
D 24
Roche-St-Secret-Béconne
le Moulin
Montjoyer
Enceinte fortifiée
Villeperdrix
Salles-sous-Bois
Teyssières
16
Taulignan
St-Ferréol-Trente-Pas
le Monestier
D 4
D 9
Montbrison
Chapelle Ste-Anne
Sahune
St-Pons
Château de Grignan
St-Sauveur
le Pègue
D 538
Eyroles
Grignan
D 541
la Grande-Tuilière
Chap. des Pénitents Blancs
St-Pantaléon-les-Vignes
Novézan
Condorcet
Grotte de la Rochecourbière
D 94
Curnier
Chamaret
7
Venterol
10
10
Musée de Cartonnage
7
Aubres
les Pilles
Colonzelle
Grillon
Valréas
le Devès
Trou de Pontias

S. 59
S. 70
S. 79

S. 60

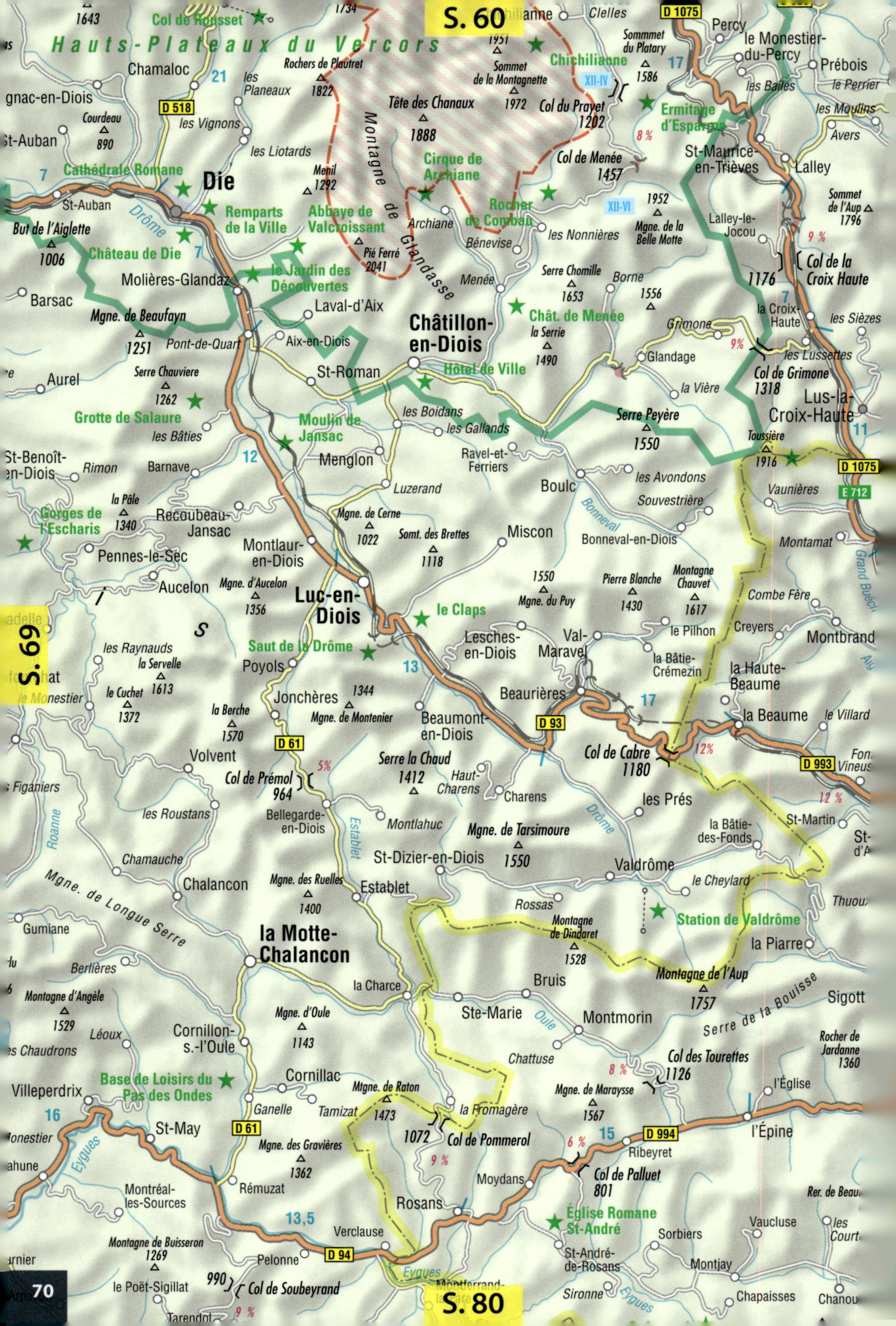
Hauts-Plateaux du Vercors
Col de Rousset
Chamaloc
Rochers de Plautret 1822
les Planeaux
Sommet de la Montagnette 1972
Sommmet du Platary 1586
Chichilianne
Clelles
Percy
le Monestier-du-Percy
Prébois
les Bailes
le Perrier
les Moulins
Avers
Tête des Chanaux 1888
Col du Prayet 1202
Ermitage d'Esparron
Col de Menée 1457
St-Maurice-en-Trièves
Lalley
Sommet de l'Aup 1796
Montagne de Glandasse
Cirque de Archiane
Archiane
Rocher de Combau
Bénevise
les Nonnières
Mgne. de la Belle Motte 1952
Lalley-le-Jocou
Col de la Croix Haute 1176
la Croix-Haute
les Sièzes
Courdeau 890
les Vignons
les Liotards
Menil 1292
Cathédrale Romane
Die
St-Auban
Drôme
Remparts de la Ville
Abbaye de Valcroissant
Pié Ferré 2041
But de l'Aiglette 1006
Château de Die
Molières-Glandaz
le Jardin des Découvertes
Menée
Serre Chomille 1653
Borne
Barsac
Laval-d'Aix
Châtillon-en-Diois
Chât. de Menée
la Serrie 1490
Grimone
Glandage
Col de Grimone 1318
les Lussettes
Mgne. de Beaufayn 1251
Pont-de-Quart
Aix-en-Diois
St-Roman
Hôtel de Ville
la Vière
Lus-la-Croix-Haute
Aurel
Serre Chauviere 1262
Grotte de Salaure
les Bâties
Moulin de Jansac
les Boidans
les Gallands
Serre Peyère 1550
Toussière 1916
St-Benoît-en-Diois
Rimon
Barnave
Menglon
Ravel-et-Ferriers
Boulc
les Avondons
Souvestrière
Vaunières
Luzerand
la Pâle 1340
Gorges de l'Escharis
Recoubeau-Jansac
Mgne. de Cerne 1022
Somt. des Brettes 1118
Miscon
Bonneval
Bonneval-en-Diois
Montamat
Pennes-le-Sec
Montlaur-en-Diois
Aucelon
Mgne. d'Aucelon 1356
Luc-en-Diois
le Claps
Mgne. du Puy 1550
Pierre Blanche 1430
Montagne Chauvet 1617
Combe Fère
Grand Buëch
les Raynauds
la Servelle 1613
Saut de la Drôme
Poyols
Lesches-en-Diois
Val-Maravel
le Pilhon
la Bâtie-Crémezin
Creyers
Montbrand
la Haute-Beaume
le Cuchet 1372
la Berche 1570
Jonchères
Mgne. de Montenier 1344
Beaumont-en-Diois
Beaurières
la Beaume
le Villard
Volvent
Col de Prémol 964
Serre la Chaud 1412
Haut-Charens
Charens
Col de Cabre 1180
Figaniers
les Roustans
Bellegarde-en-Diois
Estaublet
Montlahuc
Mgne. de Tarsimoure 1550
les Prés
la Bâtie-des-Fonds
St-Martin
Roanne
Chamauche
Chalancon
Mgne. des Ruelles 1400
Establet
St-Dizier-en-Diois
Valdrôme
le Cheylard
Mgne. de Longue Serre
Rossas
Station de Valdrôme
Montagne de Dindaret 1528
la Piarre
Gumiane
la Motte-Chalancon
la Charce
Bruis
Montagne de l'Aup 1757
Berlières
Montagne d'Angèle 1529
Léoux
Mgne. d'Oule 1143
Ste-Marie
Oule
Montmorin
Serre de la Bouisse
Sigott
Cornillon-s.-l'Oule
Chattuse
Col des Tourettes 1126
Rocher de Jardanne 1360
Base de Loisirs du Pas des Ondes
Cornillac
Mtgne. de Raton 1473
Mgne. de Maraysse 1567
l'Église
Villeperdrix
Ganelle
Tamizat
la Fromagère
St-May
Col de Pommerol 1072
Ribeyret
l'Épine
Eygues
Mgne. des Gravières 1362
Moydans
Col de Palluet 801
Montréal-les-Sources
Rémuzat
Rosans
Église Romane St-André
Vaucluse
Montagne de Buisseron 1269
Verclause
Sorbiers
St-André-de-Rosans
Pelonne
Montjay
le Poët-Sigillat
Col de Soubeyrand 990
Sironne
Chapaisses
Tarendol
D 518
D 1075
D 61
D 93
D 993
D 994
D 94
E 712

S. 69

S. 80

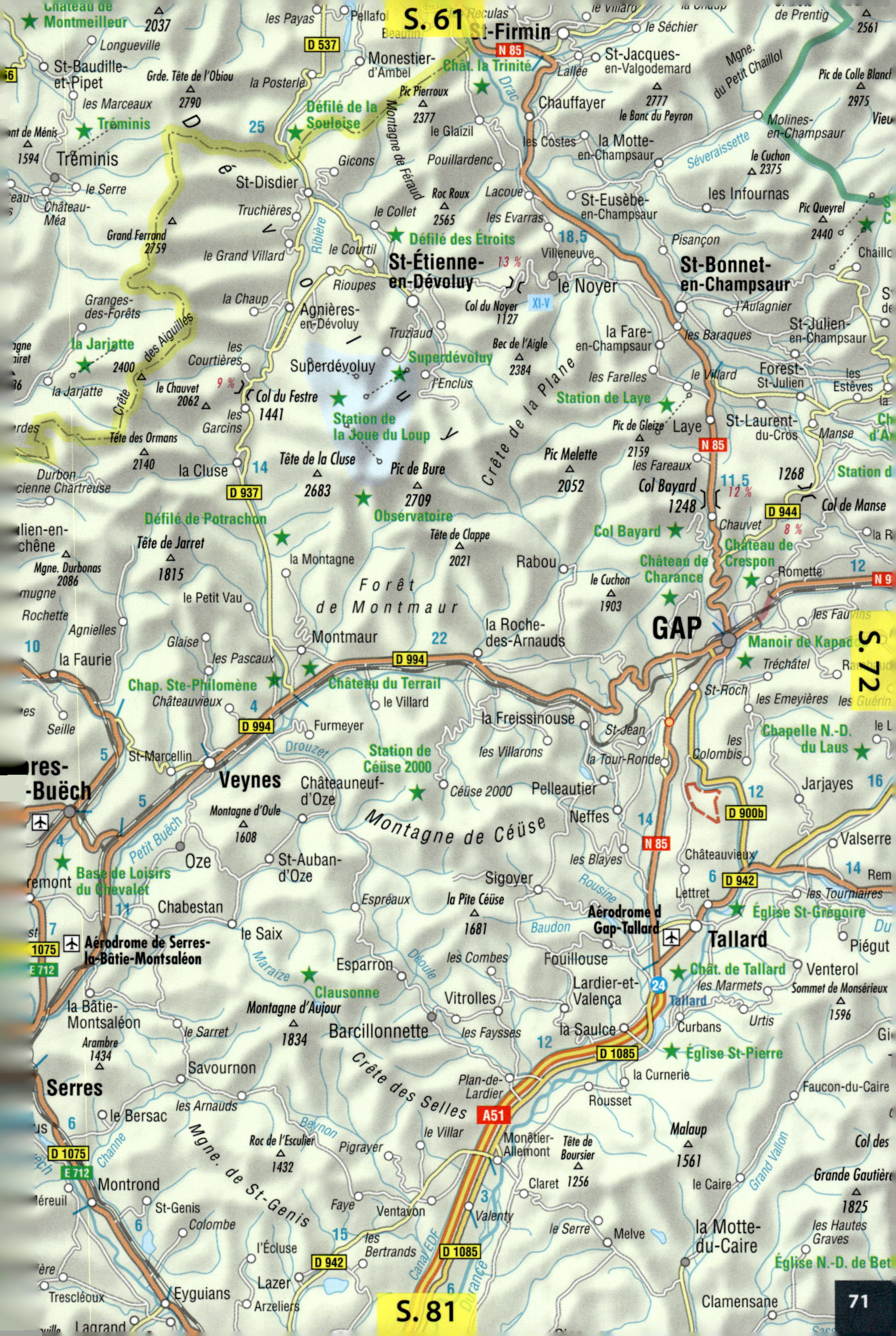

S. 61
S. 72
S. 81
Château de Montmeilleur
2037
les Payas
Pellafol
Beaufin
Reculas
St-Firmin
le Séchier
de Prentig
2561
Longueville
St-Baudille-et-Pipet
D 537
Monestier-d'Ambel
N 85
Chât. la Trinité
St-Jacques-en-Valgodemard
Lallée
Mgne. du Petit Chaillol
Pic de Colle Blanche
2975
Grde. Tête de l'Obiou
2790
la Posterle
Drac
Chauffayer
2777
le Banc du Peyron
les Marceaux
Pic Pierroux
2377
Molines-en-Champsaur
Mont de Ménis
Tréminis
Défilé de la Souloise
le Glaizil
les Costes
la Motte-en-Champsaur
1594
Tréminis
25
Montagne de Féraud
Pouillardenc
Séveraissette
le Cuchon
2375
Gicons
le Serre
St-Disdier
Roc Roux
2565
Lacoue
St-Eusèbe-en-Champsaur
les Infournas
Château-Méa
Truchières
le Collet
les Évarras
Pic Queyrel
2440
Ribière
Défilé des Étroits
18.5
Pisançon
Grand Ferrand
2759
le Courtil
St-Étienne-en-Dévoluy
13 %
Villeneuve
le Grand Villard
Rioupes
le Noyer
St-Bonnet-en-Champsaur
Granges-des-Forêts
la Chaup
Col du Noyer
1127
XI-V
l'Aulagnier
Agnières-en-Dévoluy
Truziaud
la Fare-en-Champsaur
St-Julien-en-Champsaur
Bec de l'Aigle
2384
les Baraques
la Jarjatte
2400
des Aiguilles
les Courtières
Superdévoluy
Superdévoluy
l'Enclus
Crête de la Plane
le Villard
Forest-St-Julien
les Estèves
la Jarjatte
Crête
le Chauvet
2062
9 %
Col du Festre
1441
les Farelles
Station de Laye
les Garcins
Station de la Joue du Loup
Pic de Gleize
2159
Laye
St-Laurent-du-Cros
Manse
Tête des Ormans
2140
Tête de la Cluse
2683
Pic de Bure
2709
Pic Melette
2052
N 85
les Fareaux
1268
Durbon
la Cluse
14
D 937
Observatoire
Col Bayard
1248
11.5
12 %
Col de Manse
D 944
Défilé de Potrachon
Chauvet
8 %
Tête de Jarret
1815
Tête de Clappe
2021
Col Bayard
Château de Crespon
Mgne. Durbonas
2086
la Montagne
Rabou
Château de Charance
Romette
12
le Cuchon
1903
Forêt de Montmaur
le Petit Vau
GAP
Rochette
Agnielles
la Roche-des-Arnauds
les Fauvins
Glaise
Montmaur
22
Manoir de Kapadnoss
10
la Faurie
les Pascaux
D 994
Tréchâtel
Chap. Ste-Philomène
Château du Terrail
St-Roch
Châteauvieux
le Villard
les Emeyères
Seille
4
D 994
Furmeyer
la Freissinouse
St-Jean
Drouzet
les Villarons
la Tour-Ronde
les Colombis
Chapelle N.-D. du Laus
5
St-Marcellin
Station de Céüse 2000
Serres-Buëch
Veynes
Châteauneuf-d'Oze
Céüse 2000
Pelleautier
Jarjayes
16
12
5
Montagne de Céüse
Neffes
14
D 900b
Montagne d'Oule
1608
Petit Buëch
N 85
Oze
St-Auban-d'Oze
les Blayes
Châteauvieux
Valserre
4
Sigoyer
6
D 942
14
Base de Loisirs du Chevalet
Rousine
Lettret
les Tourniaires
Chabestan
Espréaux
la Pite Céüse
1681
Aérodrome de Gap-Tallard
Église St-Grégoire
11
Baudon
Tallard
Piégut
le Saix
Aérodrome de Serres-la-Bâtie-Montsaléon
1075
Maraize
Esparron
Déoule
les Combes
Fouillouse
Chât. de Tallard
Venterol
E 712
Clausonne
Lardier-et-Valença
les Marmets
Sommet de Monsérieux
1596
la Bâtie-Montsaléon
Montagne d'Aujour
1834
Vitrolles
24
Tallard
Urtis
le Sarret
Barcillonnette
les Faysses
la Saulce
Curbans
Arambre
1434
12
D 1085
Église St-Pierre
Savournon
Crête des Selles
Plan-de-Lardier
la Curnerie
Serres
Faucon-du-Caire
les Arnauds
Rousset
le Bersac
A51
Malaup
1561
Col des
6
Beynon
le Villar
Channe
Roc de l'Escuiler
1432
Pigrayer
Monêtier-Allemont
Tête de Boursier
1256
Grande Gautière
1825
D 1075
Mgne. de St-Genis
Grand Vallon
E 712
le Caire
Montrond
Claret
3
Faye
Ventavon
Valenty
St-Genis
6
la Motte-du-Caire
les Hautes Graves
Colombe
le Serre
Melve
15
les Bertrands
Canal EDF
l'Écluse
D 942
D 1085
Durance
Église N.-D. de Bethléem
Lazer
Trescléoux
Eyguians
Clamensane
Arzeliers
Lagrand

S. 62

les Choucières Vertes
3058
2561
de Colle Blanche
2975
Vieux Chaillol
3163
les Clots
Aiguille de Cédera
2883
Vallée du Drac de Champoléon
les Gondouins
les Fermons
Champoléon
les Martins
Station de Chaillol 1600
Chaillol 1600
les Roranches
la Coche
St-Michel-de-Chaillol
St-Jean-St-Nicolas
les Estèves
la Plaine
St-Léger-les-Mélèzes
Château d'Ancelle
Ancelle
Station d'Ancelle
Moissière
le Collet
la Rochette
la Bâtie-Neuve
la Bâtie-Vieille
Montgardin
les Santons
Rambaud
les Guérins
le Laus
Avançon
St-Étienne-le-Laus
Valserres
Théus
Espinasses
Remollon
Durance
Rochebrune
Piégut
Bréziers
Gigors
Bellafaire
Turriers
Gierre
12 %
Col des Sagnes
1182
Astoin
de Gautière
1825
11 %
la Haute Combe
Sasse
D. de Bethléem
Bayons
le Forest Lacour
Pointes de Rougnoux
3179
3242
Rés. Naturelle du Cirque du Grand Lac des Estaris
Roc des Hommes
2775
Grand Pinier
3117
Station de Orcières-Merlette
Orcières-Merlette
les Estaris
Prapic
les Marches
Orcières
D 944
Serre-Eyrauds
Parc Animalier
Base de Loisirs
Drac
le Carabrut
2916
Grande Autane
2782
Champsaur
le Mourre Froid
2994
les Gourniers
les Parias
2314
Forêt du Sapet
Réallon
les Méans
Pic de Chabrières
2403
les Rousses
Naune Raze
Lac de St-Apollinaire
le Bourget
Station de Réallon
St-Apollinaire
Cherines
le Villard
le Borels
N 94
Prunières
Chorges
Station de Chorges
Chanteloube
le Fein
Gapian
D 942
D 3
Mt. Colombis
1733
Rousset
Lac de Serre-Ponçon
Pontis
Musée de la Vallée
la Montagne aux Marmottes
l'Adroit de Pontis
le Sauze-du-Lac
la Bréole
Fort Joubert ou St-Vincent
Barrage de Serre-Ponçon
Gréolier
D 900b
Costebelle
le Lauraret
les Chabrands
les Rollands
10 %
la Garde
l'Eygaye
Blanche
Col St-Jean
1333
St-Jean
Station St-Jean-Montclar
Montclar
D 900
Montagne de Seymuit
1578
Chaumenc
15 %
1185
Col de Garcinets
les Fillys
Villaudemard
les Dorats
St-Martin-lès-Sayne
Selonnet
Pompiéry
14 %
Citadelle
Bas-Chardavon
Haut-Chardavon
Seyne
Ancien Couvent
St-Pons
Station de Chabanon-Selonnet
Tête Grosse
2032
X-VI
Col du Fanget
1459
Col du Fanget
17 %
Station du Grand Puy
10%
Col de Maure
1346
Couloubrous
le Fau
les Viollins
Biaysse
Pallon
Cascades de Biaisse
Gouffre de Gourfouran
Dourmillouse
Champcella
Tête de Vautisse
3156
Tramouillon
Chanteloube
Base de Loisirs
les Lazards
Pic de Rochelaire
3108
Tête de Fouran
2460
Réotier
Fontaine Pétrifiante
Couleau
les Clots
Rabious
St-Étienne
N 94
St-Marcellin
Siguret
Maison du Parc
Tête de l'Hivernet
2824
Châteauroux-les-Alpes
la Reste
St-André-d'Embrun
Mt. Guillaume
2552
Caléyère
Puy-St-Eusèbe
Embrun
Cathédrale N.-D.-du-Réal
Puy-Sanières
le Coin-Bas
Ancien Tour Brune
Château de Picomtal
Baratier
St-Sauveur
Station de Crots
Crots
les Orres
Montmirail
Savines-le-Lac
les Salettes
St-Jean-des-Crots
les Orres
le Melezet
Forêt de Boscodon
Abbaye de Boscodon
Pic de Morgon
2327
Cirque de Morgon
2451
Tête de la Mazaliere
Font. de l'Ours
le Pouzenc
2898
Cascade de Costeplane
Tête de la Gipière
2443
le Villaret
Pont Romain
St-Vincent-les-Forts
le Lauzet-Ubaye
le Romeyère
le Seuil
le Villard
la Chanenche
Champanastais
le Martinet
Méolans-Revel
Pic de Severnes
2343
2430
Pic de Bernardez
St-Barthélémy
Petite Séolane
l'Aguillette
2610
Roche Close
2739
la Foux

S. 71

S. 82

S. 63
S. 74
S. 83
Guillestre
Mt-Dauphin
Eygliers
St-Crépin
Risoul
Station de Risoul
Ref. de Furfande
Combe du Queyras
Bois d'Eygliers
Prachaval
2454
Dent du Ratier
2660
Villargaudin
Montbardon
la Veyer
Bramousse
Chap. Ste-Marie-Madeleine
Sommet d'Assan
2609
D 902
Cristillan
la Clapière
Ceillac
Station de Ceillac
le Villard
Forêt de la Réortie
Molines-en-Queyras
Sommet Bucher
la Chalp
St-Véran
Vieux Village
Pierre-Grosse
Fontgillarde
Montagne de Beauregard
D 205
le Grand Queyras
3114
Belvédère du Viso
Lac Foréant
la Grande Auiguillette
3284
du Queyras
Col Agnel
C. dell'Agnello
2746
Pointe Jacquette
2817
N.-D. de Clausis
le Bois-Noir
Ref. de la Blanche
Tête des Toillies
3177
Chianale
Pontechianale
Lago di Castello
Pta. tre Chios
Pied-du-Mélezet
la Riaille
Casc. de la Pisse
Pointe de la Saume
3035
Péouvou
3232
Ubaye
Bric de Rubren
3340
Cima Battaglio
2401
Casteldelfi
Tête de Malacoste
3203
Chiesa
Chiazale
Pleyn
Mélezet
Chappelle-Ste-Anne
Ref. de Basse Rua
les Chalps
St-Marcellin
Crête de Razis
2577
Vars-Ste-Marie
Pic de la Font Sancte
3387
Combe-Brémond
Maurin
la Barge
Ref. Maljasset
la Mortice
3169
Station de Vars
Station de Ste-Marie
D 902
Pic St-André
2857
les Claux
38,5
Col de Vars
2111
la Blachière
Ref. de Chambeyron
St-Antoine
Aig. de Chambeyron
3411
Dents Maníglia
3171
Pelvo d'E
3064
M. Faraut
3046
M. Albrage
2999
M. Cherso
3026
R. Mollasco
Pont du Châtelet
Fouillouse
Serenne
les Pras
Melezen
la Chalp
M. Cervet
2984
ITALIA
FRANCE
Chiappera
Lausetto
Accégli
Saretto
Ponte Máira
Frere
Vallone Unerzio
St-Paul-sur-Ubaye
Tête de la Courbe
3088
Tête de Sautron
3159
Fort de St-Ours
la Redoute de Berwick
Grd. Parpaillon
2988
14%
Vachères
X-VI
Tornoux
Meyronnes
St-Ours
Fort de Mallemort
Certamussat
Ubayette
Larche
Chialvetta
Pratorotondo
Tête de Moïse
3104
Station de St-Anne-la-Condamine
le Grach
la Condamine-Châtelard
Forts de Roche la Croix
Maison Méane
Grand Bérard
3048
2929
Tête de Croués
Châtelard
Tête de Siguret
3032
D 900
Col de Larche
1991
12 %
Argentera
Batterie de Cuguret
Colle della Maddalena
Tête de Fer
2885
Cascade de Fer
Jausiers
Forêt du Riou-Bourdoux
Église de St-Pons
les Davids
Guégnier
l'Ubac
Abriès
Faucon-de-Barcelonnette
le Villard-de-Faucon
6,5
la Chalannette
T. Stura di Demonte
M. Oseròt
2780
St-Pons
Miraval
le Rochas
Tête de l'Enchastraye
2955
Bersézio
Barcelonnette
Musée de la Vallée
Cascade le Rochas
Tête de l'Empeloutier
2820
Rocher des Trois Évêques
2868
Ferrere
Pra-Loup
Pra-Soubeiran
Enchastrayes
le Pis
Mgne. de l'Alpe
2653
le Sauze
le Mourre Haut
2872
X-VI
XI-VI
Uvernet-Fours
Super-Sauze
Station le Sauze
Tête Dure
2694
Camp-des-Fourches
17 %
N.-D. de Très Haut
Col de la Bonette
2715
le Pra
Bousiéyas
Ref. de Vens
M. Vallonet
2942
le Chapeau de Gendarme
2685
le Chevalier
2886
les Longs
Cime de la Bonette
2862
Lac de Vens
13
Cascade de Vens
le Villard-d'Abas
St-Laurent
Bayasse
Tête de Glaudon
2630
Gorges du Bachelard
Ref. de Bayasse
St-Dalmas-le-Selvage
M. Ténibre
3031
d'Allos
2240
le Grd. Cheval de Bois
2839
le Cimet
3020
Parc
Mt. Gros Serre de la Braisse
2748
St-Étienne-de-Tinée
Jalorgues
la Foux-d'Allos
Ref. de la Cavolle
Couvent des

S. 64

M. Granero
3171
Piano del Re
Piano della Regina
Borgo
Ostana
Calcinere
Ghisola
Paesana
San Giácomo
Occa
San Firmino
Fiume Po
la Colletta
M. Bracco
1307
Envie
Ref. du Viso
Crissolo
Lago Fiorenza
Oncino
Ruera
Serre
Ruata
Rocchetta
Morena
Mombracco
Revello
Chiesa
Monte Viso
3841
Lago Gr. di Viso
Rio Bulè
San Lorenzo
Sanfrònt
Rifreddo
Chiesa Revello
Pta. tre Chiosis
3080
Piàn Munè
T. Croèsio
Pasturèl
Serro
Gambasca
Martiniana Po
Castellàr
Pagno
Piana
Pontechianale
Cima d. Lóbbie
3015
T. di Garitta Nuova
2385
Borgata Danna
Gilba Superiore
Brondello
Maddalena
Castello
Vilaretto
Bianchi
Masuéria
Isasca
Rabioux
Dragoniere
T. Gilba
Casteldelfino
Caldane
Villàr
Sampéyre
Rore
Frássino
Brossasco
Venasca
Chiesa
Posterle
14 %
Torrette
Melle
Sant'Anna
Pleyne
M. Morfreid
2495
San Maurízio
Valmala
Pelvo d'Elva
3064
Elva
XI-VI
M. Nebin
2510
M. Rasticàs
2401
M. Birrone
2131
Guisiani
Opaco
Valle Varáita
Serre
Chesta
Lemma
M. S. Bernardò
1625
Morra-San Giov
Morra-San Bernar
M. Chersogno
3026
Vne. di Elva
15 %
Cba. Dronero
Bersia
Chiabreri
De Costanzi
Stroppo
Bedale
Cogno
Sant'Anna
Parrócchia
Pramallè
Morra del Villàr
Valle Máira
San Michele
Paschero
T. Máira
Lóttulo
Roccabruna
Villar San Costanzo
Vallone
Macra
Celle di Macra
San Damiano
22
Tettorosso
Ponte Mármora
Prazzo
Combamala
Cartignano
Dronero
Pratavécc
Albaretto
Sóglio
Tetti
22
Maddalena
Mármora
Pagliéres
Santa Margherita
Vernetti
Bedale Intersile
Bedale Tibèrt
Sant'Anna
Vallone Unerzio
Canosio
Rocca d. Cernáuda
2284
Croce Praboccone
1422
San Giórgio
Caràg
Préit
Vallone de Préit
Vallone di Mármora
Pradléves
T. Grana
Cavaliggi
Valgrana
Grángia Rocciasone
M. Tibèrt
2647
Castelmagno
Monterosso Grana
Istíria
Villa San Pietro
San Matteo
M. Cassorso
2776
Campomolino
Frise
Saretto
Santuario di San Magno
Chiappi
Figliere
Sant'Anna
Sant'Anna
Rocca la Méia
2831
M. Virídio
2498
M. Bram
2357
R. d. Frise
Santa Lucia
Gorrè
M. Oseròt
2780
M. Giordano
2766
Col di Valcavera
2416
Beccas d.Mezzodì
1931
Rittana
Vallone dell'Arma
Chiotti
Airale
Bersézio
Mad. d'Enrouvel
Castel
Gaiol
Ponte-bernardo
M. Nebiùs
2600
San Giácomo
Trinità
San Maurízio
Caricatore
Valloriate
Serre
Colli
Cornaletto
18
Sambuco
Fédio
Pianetto
Pietraporzio
Villetta
Neraissa
10
Demonte
T. Neraissa
Aisone
Forani
9
21
Vinádio
Perdioni
F. Stura di Demonte
Festiona
Riserva Nat. di Juniperus Ph
M. Vàccia
2472
Vallone del Piz
Goletta
M. Ciapèl
1630
Cma. Cialáncia
1885
Madonna del Colletto
Pianche
Pratolungo
Besmorello
Vallone della Valletta
Vallone Ischiator
Corborant
Bagni di Vinádio
Bagni di Vinádio
Bagni di Vinádio
M. Bourel
2468
San Bernardo
San Lorenzo
Vallone di Sant'Anna
Vallone di R
Cima Górgia Cagna
2718
Sant'Anna di Valdieri
San Bernolfo
Callieri
M. le Steliere
2612
Corborant
3007
Parco
Sottano
Laghi d. Sella
13 %
P. Maladécia

S. 73
S. 84

S. 65

Saviglinao
Fossano
Cherasco
Cúneo
Mondovì
Borgo Dalmazzo
Roccavione
Boves
Madonna dei Boschi
Peveragno
Chiusa di Pésio
Villanova Mondovì
Costigliole Saluzzo
Villafalletto
Centallo
Busca
Marene
Costa Lambert
Cappellazzo
Montarossa
Menai
Grinzano
Cervere
Narzole
Salmour
Bene Vagienna
Santa Croce
Piozzo
Trinità
Ísola
Madonna dei Ronchi
Massimini
Magliano Alpi
Carrù
San Giuseppe
Gratteria
Breolungi
Rocca de'Baldi
Carassone
Piazza
Pogliola
Monastero
Morozzo
Crava
Ris. Nat. dell'Oasi di Cava Morozzo
Castelletto Stura
Montanera
Caselle di Sant'Albano
Consovero
Ceriolo
Sant'Albano Stura
Maddalene
San Sebastiano
Gerbo
Sant'António
Levaldigi
Genola
Suníglia
San Salvatore
Solere
Lagnasco
Gerbola
Falicetto
Pomerolo
Monsola
Vottignasco
Gérbola
Mellea
San Vittore
Piovani
Murazzo
Gerbi
San Biágio
Roata Chiusani
San Benigno
Tarantasca
San Rocco
San Bárnaba
San Giuseppe
San Chiaffredo
Castelletto Busca
Villata
San Pietro del Gallo
Borgetto
San Lorenzo
Ruà Bernardo
Madonna dell'Olmo
San Bernardo
Confreria
Museo Civico
Chiesa San Francesco
Spinetta
Canale
Cavallera
Torre dei Frati
Fulcheri
Trucchi
Margarita
Tetti Pésio
Riforano
Beinette
Combe
Ambrosi
Mussi
Pianfei
San Grato
Merlo
Madonna del Pasco
Fiamenga
Vasco
Bongiovanni
Branzola
Èula
Garavagna
Grotta d. Dossi
San Giácomo
Roccaforte Mondovì
Frabosa Sottana
Frabosa Soprana
Mondagnola
Monastero di Vasco
Bertolini Sottani
Bertolini Soprano
Alma
Deviglia
Dho
Miróglio
Serro
Annunziata
Nórea
Prea
Baracco
Rastello
M. Moro 1739
Baita di Stelle
Prato Nevoso
Corságlia
Grotta di Bossea
Bossea
Fontane
Colla del Prel 1615
Artesina
M. Mondolè 2382
Lurísia
Terme di Lurísia
Vigna
Valle Pésio
San Bartolomeo
Tetti Merlet
Certosa di Pésio
Madonna dell'Árdua
Sant'Anna
Cma. d. Pigna 1768
Parco Regionale
M. Besimáuda 2231
Bc. Costa Rossa 2404
P. Miráuda
Pradeboni
Madonna Borgato
Montefallónio
Castellár
San Giovenale
Rivóira
San Giácomo
San Máuro
Sant'Anna
San Magno
San Lorenzo
Santa Margherita
Mellana
Fontanelle
San Rocco Castagnaretta
Cervasca
San Michele
Vignolo
Robilante
Brígnola
San Bernardo
Tetto Chiappello
Snive
Roáschia
Vernante
Valle Vermenagna
Monte Sapè 1867
Scarnafigi
Torrazza
Rigrasso
Colombaro d. Rossi
Apparizione
Mondini
San Lorenzo
Tetti Chiaramelli
Tagliata
Mellani
Pódio
Roncáglia
Léquio Tanaro
San Nazário
Móglia d'Inverno
Sant'Antonino
San Giovanni
San Bartolo
Brandini
Dalmazzi
Pasquero
San Giovanni Govoni
Madonna di Frave
i Govoni
Ceretto
San Vitale
Via dei Ròmani

S. 85

S. 66
Mont-Lozère
Chareylasse
Rabeyral
Station le Bleymard Mont-Lozère
Forêt Dom. du Mont Lozère
Mont Lozère
Parc
Palhères
Forêt Dom. de Malmontet
Dom. de Mende
Bramon
la Fage
Bounzac 1411
Col de Montmirat 1042
les Faux
D 31
Montmirat
29
Nozières
la Brousse
Finiels
Chantegrive
le Mas de la Barque
Concoules
Cascade de Runes
Runes
Finialette
Champlong de Lozère
l'Hôpital
Malaval
les Bondons
Paros
Pont Vieux
Mont-Méjan
Manoir d'Issenges
Molines
Ispagnac
Fraissinet-de-Lozère
Maison des Monts de Lozère
Station le Mas de la Barque
Ruas
Belvédère des Bouzèdes
Quézac
Malbosc
Cascade de Lozerette
D 998
le Pont-de-Montvert
l'Hermet
Tarn
le Mas André
N 106
5
Nojaret
Vialas
D 998
Bédouès
Cocurès
Grizac
Couvent de la Présentation
Montbrun
Soleyrol
Luech
Florac
la Grand-Ville
Mijavols
St-Maurice-de-Ventalon
D 35
Château Charbonnières
Château de Florac
National
St-Andéol-de-Clerguemort
D 907
St-Frézal-de-Ventalon
Cros-Garnon
St-Julien-d'Arpaon
le Bougès
Currières
St-Privat-de-Vallongue
N 106
18
N.-D. de la Salette
Tardonnenche
Col de Jalcreste 833
12 %
16
la Fajole
St-Laurent-de-Trèves
Garge 1247
le Magistavol
St-André-de-Lancize
St-Hilaire-de-Lavit
St-Michel-de-Dèze
Ferrières
Cassagnas
Gardon d'Alès
Méjan
Empreintes de Pas de dinosaures
des Cévennes
Salgas
Flandre
le Viala
Lavit
le Collet-de-Dèze
Parc
Solpérière
Barre-des-Cévennes
le Plan
Mon. Romain
Château Calbertette
Villeneuve
Vebron
Trabassac-Haut
le Pendédis
le Masbonnet
D 13
St-Germain-de-Calberte
9 %
Galeizon
les Vanels
D 996
D 983
St-Martin-de-Lansuscle
Fraissinet-de-Fourques
Rousses
St-Flour-du-Pompidou
Molezon
St-Martin-de-Boubaux
Montcamp
le Pompidou
Pont-Ravagers
Ste-Croix-Vallée-Française
Perjuret
D 9
Massevaques
Bassurels
la Loubière
Gabriac
Notre-Dame de Valfrancesque
St-Étienne-Vallée-Française
D 18
Tarnon
Gardon de St-Jean
Moissac-Vallée-Française
Gardon de Mialet
Crouzet
Cabrillac
F. Dom. de Monquaires
D 907
St-André-de-Valborgne
St-Roman-de-Tousque
Col de l'Exit 705
D 260
les Oubrets
Villaret
11 %
Tourgueille
Pomaret
11 %
St-Jean-du-Gard
de l'Aigoual
St-Marcel
Saumane
Mt. Aigoual 1565
Prat Peyrot
les Plantiers
Peyroles
Prat-Peyrot
le Valdeyron
la Hierle
l'Estréchure
D 907
Pont St-Jean
St-Sauveur-Camprieu
D 986
Arborétum de l'Hort de Dieu
Forêt Dom. de la Vallée Borgne
Villeméjane
la Bessède
Col du Mercou
570
10 %
Chemin de Fer Touristique
la Pieyre
Corbière
Ste-Croix-de-Caderle
10 %
Valleraugue
Ardaillès
D 39
les Laupies
Montals
Hérault
Notre-Dame-de-la-Rouvière
Lasalle
la Valette
les Vignolles
St-Bonnet-de-Salendrinque
le Castellas
la Vieille
Cascades d'Orgon
Salagosse
St-André-de-Majencoules
St-Martial
Colognac
381
Col de Rédarès
D 48
Arphy
le Villaret
la Rouvière
Ref. de Puéchagut
Palhès
10 %
Mandagout
le Bousquet
Forêt Dom. de la Fage
D 39
St-Roman-de-Codières
Église de Cros
la Pélucarie
Aulas
Mars
Pont d'Hérault
Cros
le Cayla
7
Arre
Aumessas
le Vigan
S. 86
Sounalou
Cambo
St-Hippolyte-du-Fort
Molières-Cavaillac

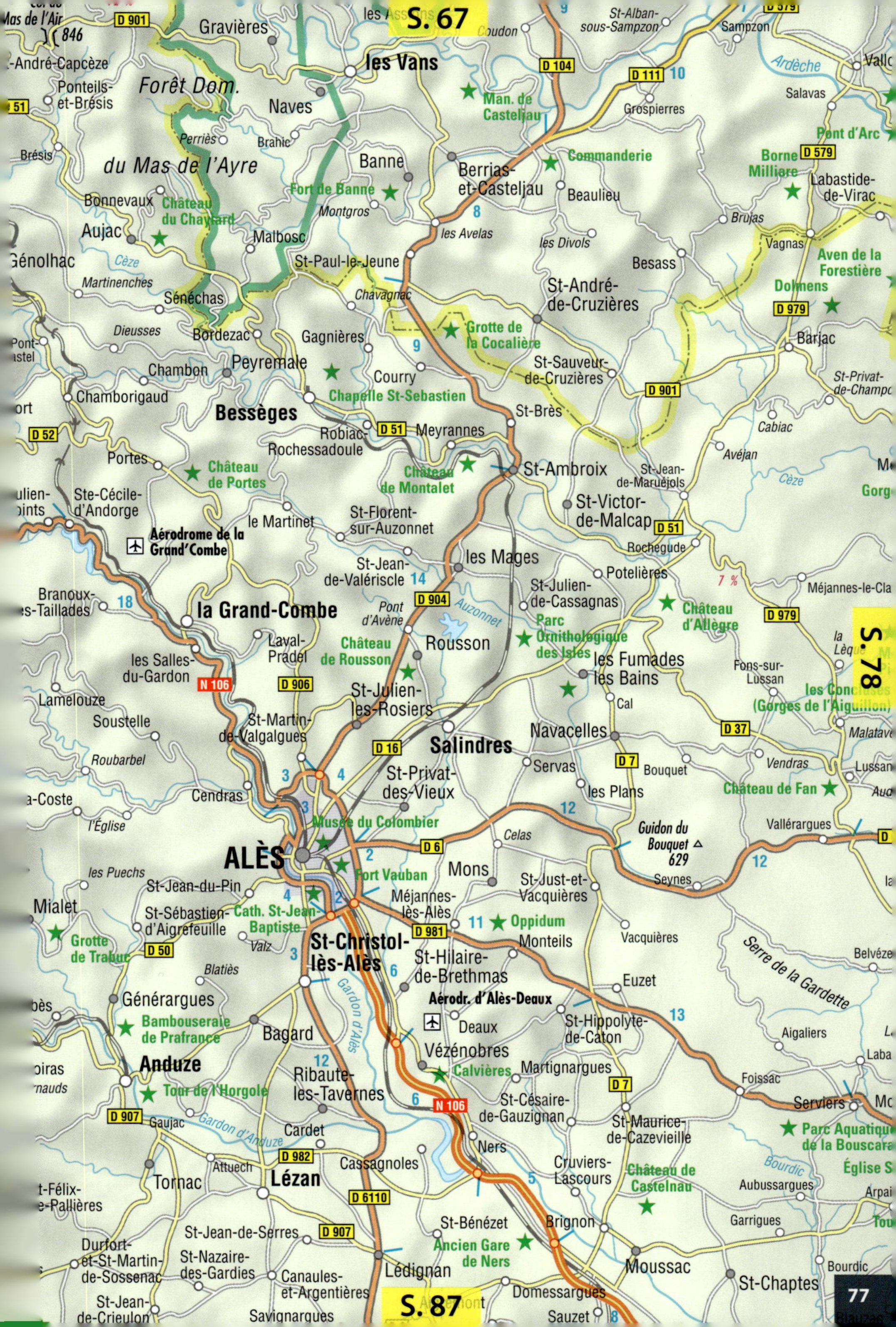
S. 67
S. 78
S. 87
Mas de l'Air
846
D 901
Gravières
les Vans
Coudon
St-Alban-sous-Sampzon
Sampzon
Ardèche
-André-Capcèze
Ponteils-et-Brésis
Forêt Dom. du Mas de l'Ayre
Naves
Man. de Casteljau
D 104
D 111
Grospierres
Salavas
Pont d'Arc
Perriès
Brahic
Brésis
Banne
Berrias-et-Casteljau
Commanderie
Beaulieu
Borne Milliaire
D 579
Labastide-de-Virac
Bonnevaux
Château du Chaylard
Fort de Banne
Montgros
Aujac
Malbosc
les Avelas
les Divols
Brujas
Vagnas
Génolhac
Cèze
St-Paul-le-Jeune
Besass
Aven de la Forestière
Dolmens
Martinenches
Sénéchas
Chavagnac
St-André-de-Cruzières
D 979
Dieusses
Bordezac
Gagnières
Grotte de la Cocalière
Barjac
Chambon
Peyremale
Courry
St-Sauveur-de-Cruzières
St-Privat-de-Champc
Chamborigaud
Chapelle St-Sebastien
D 901
Bessèges
Robiac-Rochessadoule
D 51
Meyrannes
St-Brès
Cabiac
D 52
Avéjan
Portes
Château de Portes
Château de Montalet
St-Ambroix
St-Jean-de-Maruéjols
Ste-Cécile-d'Andorge
St-Victor-de-Malcap
Aérodrome de la Grand'Combe
le Martinet
St-Florent-sur-Auzonnet
Rochegude
St-Jean-de-Valériscle
les Mages
Potelières
Branoux-les-Taillades
D 904
Pont d'Avène
Auzonnet
St-Julien-de-Cassagnas
Méjannes-le-Cla
la Grand-Combe
Château d'Allègre
D 979
Parc Ornithologique des Isles
Laval-Pradel
Château de Rousson
Rousson
les Fumades les Bains
Fons-sur-Lussan
les Salles-du-Gardon
N 106
D 906
St-Julien-les-Rosiers
Cal
Les Concluses (Gorges de l'Aiguillon)
Lamelouze
Soustelle
St-Martin-de-Valgalgues
Navacelles
D 37
Malatave
Salindres
D 16
Roubarbel
St-Privat-des-Vieux
Servas
D 7
Bouquet
Vendras
Lussan
Cendras
les Plans
Château de Fan
-Coste
Musée du Colombier
l'Église
Celas
Guidon du Bouquet
629
Vallérargues
ALÈS
D 6
Mons
Seynes
les Puechs
Fort Vauban
St-Just-et-Vacquières
St-Jean-du-Pin
Méjannes-lès-Alès
Mialet
St-Sébastien-d'Aigrefeuille
Cath. St-Jean-Baptiste
Oppidum
Vacquières
Grotte de Trabuc
D 50
Valz
D 981
Monteils
Serre de la Gardette
Belvéze
St-Christol-lès-Alès
St-Hilaire-de-Brethmas
Blatiès
Euzet
Générargues
Gardon d'Alès
Aérodr. d'Alès-Deaux
Bambouseraie de Prafrance
Bagard
Deaux
St-Hippolyte-de-Caton
Aigaliers
Vézénobres
Anduze
Calvières
Martignargues
Laba
Ribaute-les-Tavernes
Foissac
Tour de l'Horgole
D 7
Serviers
N 106
D 907
Gaujac
Gardon d'Anduze
St-Césaire-de-Gauzignan
St-Maurice-de-Cazevieille
Parc Aquatique de la Bouscara
Cardet
Ners
D 982
Attuech
Cruviers-Lascours
Bourdic
Église S
Tornac
Lézan
Cassagnoles
Château de Castelnau
Aubussargues
-Félix-Pallières
D 6110
Arpai
St-Bénézet
Brignon
Garrigues
St-Jean-de-Serres
D 907
Ancien Gare de Ners
Durfort-et-St-Martin-de-Sossenac
St-Nazaire-des-Gardies
Moussac
Bourdic
Lédignan
Canaules-et-Argentières
St-Chaptes
St-Jean-de-Crieulon
Domessargues
Savignargues
Sauzet

S. 68

Vallon-Pont-d'Arc
Grotte des Tunnels
St-Remèze
Plateau
les Hellys
Rimouren
les Pastroux
Bois du
Zoo Préhistorique
Bidon
D 290
Grotte d'Ebbo
Gorges de l'Ardèche
Grotte de la Madeleine
Léproserie des Templiers
Cirque de la Madeleine
Mas-de-Serret
B. de Ronze
Orgnac-l'Aven
Grottes de St-Marcel
le Garn
Dolmen
Aiguèze
Laval-St-Roman
St-Privat-de-Champclos
Monteil
D 901
Alleyrac
Issirac
St-Julien-de-Peyrolas
Chapelle Ste-Agnès
St-Christol-de-Rodières
Salazac
Bernas
Montclus
Gorges de la Cèze
St-André-de-Roquepertuis
la Chartreuse de Valbonne
Forêt de Valbonne
Frigoulet
Bois de Goudargues
Cornillon
St-Laurent-de-Carnols
Goudargues
la Bastide
St-Gély
Pont Charles Martel
la Roque-sur-Cèze
St-Michel-d'Euzet
Merderis
Menhir de la Pierre Plantée
Cascade du Sautadet
D 980
Goussargues
Aiguillon
Verfeuil
St-André-d'Olérargues
Carme
Donnat
Combe
D 6
Malataverne
Lussan
Collongres
Audabiac
Avègue
St-Marcel-de-Careiret
Sabran
Chapelle des Templiers
Mégiers
Courac
Montron
la Bruguière
Fontarèches
St-Laurent-la-Vernède
Cavillargues
St-Pons-la-Calm
Tresques
Connaux
Tave
la Bastide-d'Engras
Pougnadoresse
le Pin
Belvézet
Aérodrome d'Uzès
D 979
B. de St-Quentin
les Grands Bois
Vallabrix
Gaujac
Veyre
Larnac
Labaume
St-Quentin-la-Poterie
Masmolène
la Capelle
St-Victor-des-Oules
St-Hippolyte-de-Montaigu
Pouzilhac
Montaren
Tour du Moulin du Duc
Flaux
D 6086
Aquatique Bouscarasse
D 981
Église St-Geniès
Arpaillargues
Uzès
St-Siffret
Valliguières
St-Maximin
Tour Fenestrelle
Pont Aqueduc de Bordnègre
Argilliers
Sagriès
Vers
St-Hilaire-d'Ozilhan
Castillon-du-Gard
Château de St-Privat
Collias
Sanilhac
Bourg-St-Andéol
Château du Méas
Aérodrome de Pierrelatte
Canal de Donzère
Pierrelatte
la Ferme aux Crocodiles
D 86
Rhône
N 7
St-Étienne-de-Dion
St-Marcel-d'Ardèche
St-Martin-d'Ardèche
Lapalud
Aérodr. de Pont-St-Esprit
Lamotte-du-Rhône
St-Paulet-de-Caisson
Pont St-Esprit
Pont-Saint-Esprit
la Citadelle
Carsan
St-Alexandre
Arnave
N 68
les Célettes
St-Nazaire
St-Gervais
Vénéjan
St-Étienne-des-Sorts
Château de Gicon
Musée Albert André
Bagnols-sur-Cèze
Chusclan
Paniscoule
Centre Atomique de Marcoule
Orsan
N 580
Codolet
île du Colombier
Laudun-l'Ardoise
l'Ardoise
Chât. de Lascours
St-Paul-les-Fonts
Chapelle St-Martin
Chapelle N.-D. de Mayran
Palus
St-Victor-la-Coste
Château le Castellas
Lirac
Ft. de Malmont
Tavel
Roquemaure
Tavel
N.D. de Grâce
Rochefort-du-Gard
N 100
la Garde-Adhémar
Chap. du des-Nym
Saint-Paul-Trois-Châteaux
E 15
Chap. du St-Sépulcre
Cathédrale Romane
Saint-Restitut
A7
Village Troglodytique de Barry
Bollène
D 994
Bollène
Suze-la
Tour de Bauzon
Mondragon
Mornas-les-Adrets
Château de Mornas
Mornas
Uchau
Château le Castelas
Les Farjons
Piolenc
Mornas-Village
Orange-Nord
Arc de Triomphe
Aigues
Orange-Centre
Caderousse
Château de la Piboulette
Montfaucon
Tour de Roquemaure
St-Geniès-de-Comolas
A9
Sauv
D 976
Pujaut
Trinquevedel
D 6580
Villeneuve-lès-A
Les Angles

S. 77

S. 88

S. 69
S. 80
S. 89
Valréas
Nyons
Vaison-la-Romaine
CARPENTRAS
Orange
Sorgues
Pernes-les-Fontaines
L'Isle-sur-la-Sorgue
Donjon
Colonzelle
Grillon
Musée Cartonnage
Margerie
Chapelle St-Pierre
Château de Simiane
le Devès
le Trou de Pontias
Pont Roman
Aubres
les Pilles
Arpavon
Montségur-sur-Lauzon
Richerenches
Aérodrome de Valréas-Visan
D 976
Base de Loisirs du Lac du Sagittaire
D 538
Garde Grosse 944
Montagne d'Autuche 900
Rochebrune
les Latards
Montaulieu
Solérieux
la Baume-de-Transit
Vinsobres
Châteauneuf-de-Bordette
Montagne de Linceuil 1192
N.-D. des Vignes
Étang de Suze
Talobre
Visan
D 94
Mirabel-aux-Baronnies
St-Maurice-sur-Eygues
Piégon
Chapelle St-Jean
Beauvoisin
Chap. St-Sébastien
St-Turquoit
Bouchet
Bénivay-Ollon
Eygues
Villedieu
Mérindol-les-Oliviers
Propiac
Château de Suze
Tulette
la Tuilière
Puyméras
la Penne-sur-l'Ouvèze
Anc. Chap.
St-Roman-de-Malegarde
Buisson
D 20
D 46
Faucon
Chap. N.-D.
D 576
Ruines romaines
D 938
St-Romain-en-Viennois
Chapelle St-Quenin
Pont Romain
Pierrelongue
Roaix
St-Marcellin-lès-Vaison
Mollans-sur-Ouvèze
Ste-Cécile-les-Vignes
Rasteau
Chât. de Entrechaux
St-André
Lagarde-Paréol
Cairanne
Musée du Vigneron
Entrechaux
Veaux
Station du Mont Serein
Crestet
Château de Crestet
D 977
D 8
Séguret
les Valettes
Ste-Marguerite
la Courançonne
Beaumont-du-Ventoux
D 974
D 975
Aérodrome d'Orange-Plan-Dieu
Sablet
St-Amand 734
Dentelles de Montmirail
Malaucène
l'Harmas Jean-Henry Fabre
Travaillan
Gigondas
Suzette
Chapelle N.-D. du Groseau
Camaret-s.-Aigues
Canal de Carpentras
Violès
la Roque-Alric
Lafare
le Barroux
N.-D. du Moustier
Aérodrome d'Orange-Caritat
D 7
Château le Barroux
Bédoin
Vacqueyras
Montmirail
St-Hippolyte-le-Graveyron
les Baux
Ste-Colombe
Théâtre antique
Causans
Chapelle N.-D. d'Aubune
Beaumes-de-Venise
N.-D. des Accès
Crillon-le-Brave
D 950
Jonquières
Caromb
Modène
St-Pierre-de-Vassols
les Gaps
D 907
Orange-Sud
Aubignan
Château de Tourreau
Serres
Courthézon
Remparts de la Ville
Sarrians
Loriol-du-Comtat
Cathédrale St-Siffrein
Mormoiron
Mazan
N.-D. de Pareloup
Synagogue
D 942
Châteauneuf-du-Pape
A7
Grande Levade
Arc de Triomphe
Musée Sobirats
N.-D. des Anges
St-Estève
Château des Papes
Bédarrides
Blauvac
D 4
Aquarium Oxygène
Chap. St-Roch
Anc. Couvent Ste-Garde
Malemort-du-Comtat
Monteux
Rhône
Auzon
Sorgues
Entraigues-s.-la-Sorgue
Althen-des-Paluds
Tour de l'Horloge
Pont Pernes
St-Didier
Couvent N.-D. de Vie
Vénasque
Col du Pré
Nesque
D 49
Île de la Barthelasse
Château Roberty
Avignon-Nord
les Valayans
le Beaucet
la Roque-sur-Pernes
Vedène
St-Gens
Plateau
Chartreuse
le Pontet
St-Saturnin-lès-Avignon
D 28
Velleron
Pont St-Bénézet
Palais des Papes
Morières-lès-Avignon
Grotte de Thouzon
D 31
Château de Sade
Jonquerettes
St-Antoine
Saumane-de-Vaucluse
Abbaye Sénanque
Montfavet
D 901
Fontaine de Vaucluse

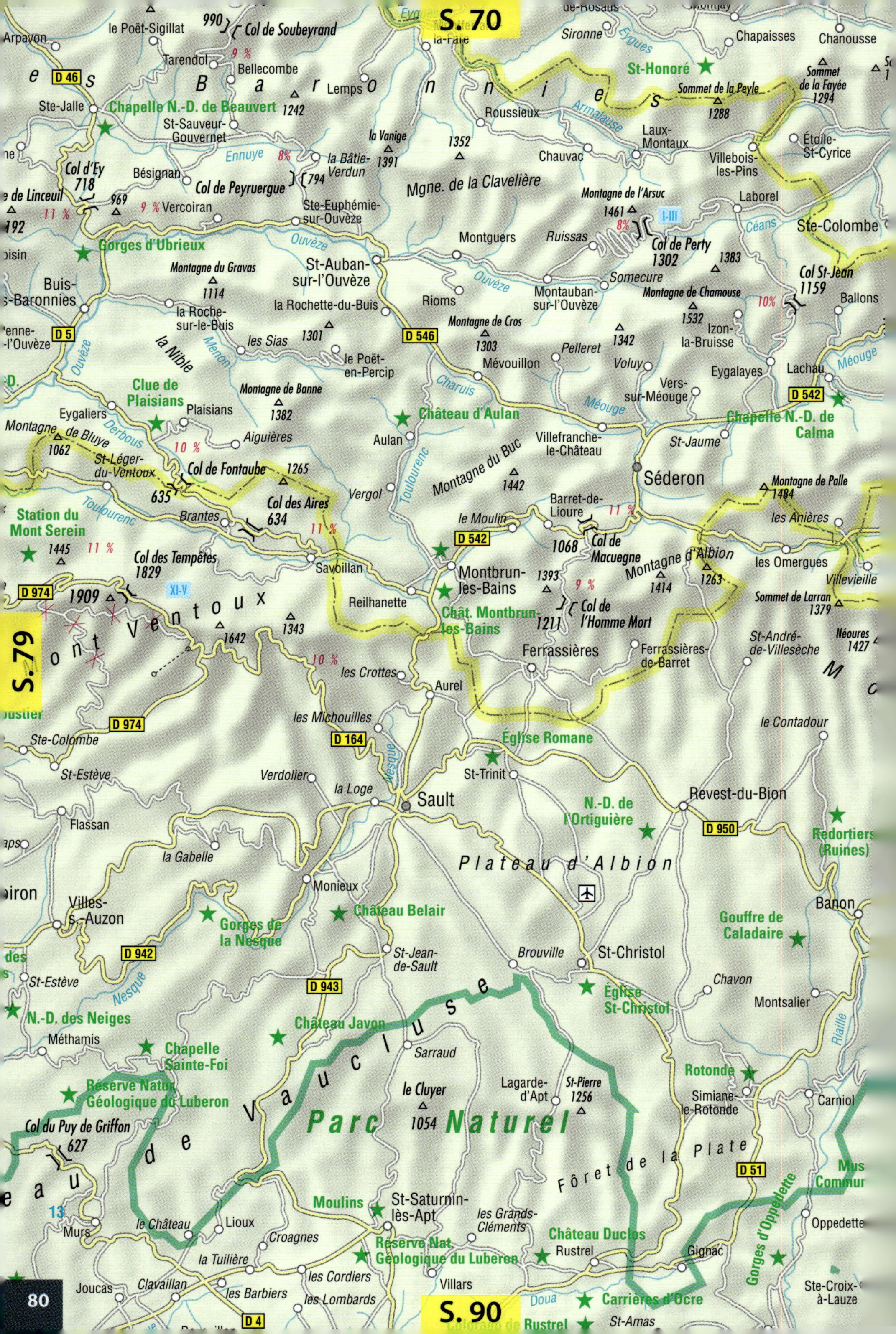
S. 70
S. 79
S. 90
Arpavon
le Poët-Sigillat
990
Col de Soubeyrand
Tarendol
Bellecombe
Lemps
la Faîe
Sironne
Eygues
Chapaisses
Chanousse
St-Honoré
Sommet de la Fayée
1294
Sommet de la Peyle
1288
D 46
Ste-Jalle
Chapelle N.-D. de Beauvert
1242
St-Sauveur-Gouvernet
la Vanige
1391
1352
Roussieux
Armalause
Laux-Montaux
Étoile-St-Cyrice
Chauvac
Villebois-les-Pins
Col d'Ey
718
Bésignan
Ennuye
la Bâtie-Verdun
Col de Peyruergue
794
Mgne. de la Clavelière
Montagne de l'Arsuc
1461
Laborel
Col de Linceuil
969
Vercoiran
Ste-Euphémie-sur-Ouvèze
Céans
Ste-Colombe
Gorges d'Ubrieux
Ouvèze
Montguers
Ruissas
Col de Perty
1302
1383
Col St-Jean
1159
Buis-les-Baronnies
Montagne du Gravas
1114
St-Auban-sur-l'Ouvèze
Rioms
Somecure
Montauban-sur-l'Ouvèze
Montagne de Chamouse
1532
Ballons
la Roche-sur-le-Buis
la Rochette-du-Buis
Montagne de Cros
1303
Izon-la-Bruisse
D 5
la Nible
Menon
les Sias
1301
le Poët-en-Percip
D 546
Mévouillon
Pelleret
1342
Voluy
Eygalayes
Lachau
Méouge
Montagne de Banne
1382
Charuis
Vers-sur-Méouge
D 542
Clue de Plaisians
Eygaliers
Plaisians
Château d'Aulan
Méouge
Chapelle N.-D. de Calma
Montagne de Bluye
1062
Derbous
Aiguières
Aulan
Villefranche-le-Château
St-Jaume
St-Léger-du-Ventoux
10 %
Col de Fontaube
1265
Montagne du Buc
1442
Séderon
Montagne de Palle
1484
635
Col des Aires
634
Vergol
Toulourenc
Barret-de-Lioure
les Anières
Station du Mont Serein
Toulourenc
Brantes
le Moulin
D 542
1068
Col de Macuegne
Montagne d'Albion
1263
les Omergues
1445
Col des Tempêtes
1829
Savoillan
Montbrun-les-Bains
1393
1414
Villevieille
D 974
1909
XI-V
Reilhanette
Col de l'Homme Mort
1211
Sommet de Larran
1379
Mont Ventoux
1642
1343
Chât. Montbrun-les-Bains
Ferrassières
Ferrassières-de-Barret
St-André-de-Villesèche
Néoures
1427
les Crottes
Aurel
les Michouilles
le Contadour
D 974
D 164
Ste-Colombe
Église Romane
St-Estève
Nesque
St-Trinit
Verdolier
la Loge
Sault
Revest-du-Bion
N.-D. de l'Ortiguière
D 950
Redortiers (Ruines)
Flassan
la Gabelle
Plateau d'Albion
Monieux
Banon
Villes-s.-Auzon
Gorges de la Nesque
Château Belair
Gouffre de Caladaire
D 942
St-Jean-de-Sault
Brouville
St-Christol
St-Estève
Nesque
D 943
Chavon
Église St-Christol
Montsalier
N.-D. des Neiges
Château Javon
Sarraud
Riaille
Méthamis
Chapelle Sainte-Foi
Rotonde
Réserve Natur. Géologique du Luberon
le Cluyer
1054
Lagarde-d'Apt
St-Pierre
1256
Simiane-le-Rotonde
Carniol
Col du Puy de Griffon
627
Parc Naturel
Vaucluse
Fôret de la Plate
D 51
13
Moulins
St-Saturnin-lès-Apt
les Grands-Cléments
Gorges d'Oppedette
Oppedette
Murs
le Château
Lioux
Croagnes
Château Duclos
Rustrel
Gignac
Réserve Nat. Géologique du Luberon
la Tuilière
les Cordiers
Villars
Joucas
Clavaillan
les Barbiers
les Lombards
Doua
Carrières d'Ocre
Ste-Croix-à-Lauze
D 4
St-Amas

S. 71
S. 82
S. 91
Trescléoux
Lazer
Eyguians
Arzeliers
de Charouille
Lagrand
Saléon
D 1075
la Tuilière
Montéglin
Upaix
Thèze
Rourebeau
Sigoyer
Clamensane
Sasse
Reynier
le Bachas
Laragne-Montéglin
D 4075
les Concis
9,5
Syriez
Borelly
Vaumeilh
le Poët
Aérodrome de Sisteron-Thèze
les Fourniers
13
Nibles
Valavoire
Mgne. de Jouere
1886
1352
les Espranons
Barret-le-Haut
la Grange Neuve
les Armands
A51
Rochers de Hongrie
Châteaufort
le Plan
D 542
la Clapisse
Valernes
les Mayols
Trainon
1654
Barret-sur-Méouge
Antonaves
Mison
D 1085
Sasse
Montagne de Gache
St-Pierre-Avez
Ribiers
Défilé de Pierre Écrite
St-Geniez
Rocher de Dromont
Salérans
Sommet de la Platte
1482
la Silve
E 712
Plan de la Baume
Mézien
la Pierre Écrite
Mgne. de Chanteduc
1447
Plaugiers
Sisteron-Nord
23
Buëch
Chathédrale N.-D.-des-Pommiers
Entrepierres
la Vallée Sauvage
les Peyres
Base de Loisirs de Champbeau
Éourres
Montagne de l'Ubac
Citadelle
Sisteron
12
Vilhosc
le Castell
Pont de la Reine Jean
Mgne. de Mare
1601
1537
St-Martin
le Vieux Noyers
Bevons
22
Sisteron-Centre
8
Vançon
St-Vincent-s.-Jabron
Noyers-sur-Jabron
D 4085
Pécoule
Salignac
le Couvent
D 946
Jabron
les Bons-Enfants
Valbelle
Sourribes
Piedguichard
2
Châteauneuf-Miravail
Mgne. de Pélegrine
1355
Mgne. de Sumiou
1402
les Escoffiers
Peipin
Aubignosc
la Pérusse
10 %
Aubignosc
3
21
Aubignosc
Église St-Martin
Sommet de l'Homme
1637
Sommet de Lure
1826
Pas de la Graille
1597
le Forest
10
Volonne
Station de Lure
Montagne de Lure
Château-Arnoux St-Auban
5
Château-Arnoux
St-Auban
les Chabannes
8
l'Escale
les Beaudun
Saumane
Abbaye N.-D. de Lure
7
N 85
Mirabeau
l'Hospitalet
Fôret de Lure
Mallefougasse
Chapelle St-Donat
St-Auban
Aérodr. de Château-Arnoux-St-Auban
Montfort
Château de Fontenelle
5
Cruis
St-Donat
Malijai
Lardiers
St-Étienne-les-Orgues
Montlaux
Peyruis
2
6,5
20
Chapelle N.-D. des Anges
Peyruis
les Mées
Les Pénitents des Mées (Rochers)
Ongles
le Revest
Revest-St-Martin
D 4096
Laye
St-Martin
Prieuré de Ganagobie
12
D 4
Fontienne
15
Sigonce
Rochers des Mourres
Dabisse
Plateau
Puimichel
Pont Ancien
Château Paillerol
Lauzon
Sommet Pierre
919
Musée Municipal
Lurs
Chapelle St-Honorat
les Maillets
FORCALQUIER
11
Pierrerue
les Pourcelles
Durance
le Castellet
Entrevennes
Anc. Prieuré N.-D. de Salagon
D 12
4
Chapelle St-Jean
13
N.-D. des Anges
15
Observatoire de Hte. Provence
Mane
D 4100
St-Julien-d'A
Niozelles
la Brillanne
2
Forcalquier/Oraison
19
Oraison
D 13
Aubenas-les-Alpes
Château de Sauvan
Château St-Maime
7,5
Laye
St-Maime
4
13
St-Michel-l'Observatoire
Chap. St-Paul
Villeneuve
les Buissonnades
Brunet
D 4100
Dauphin
Largue

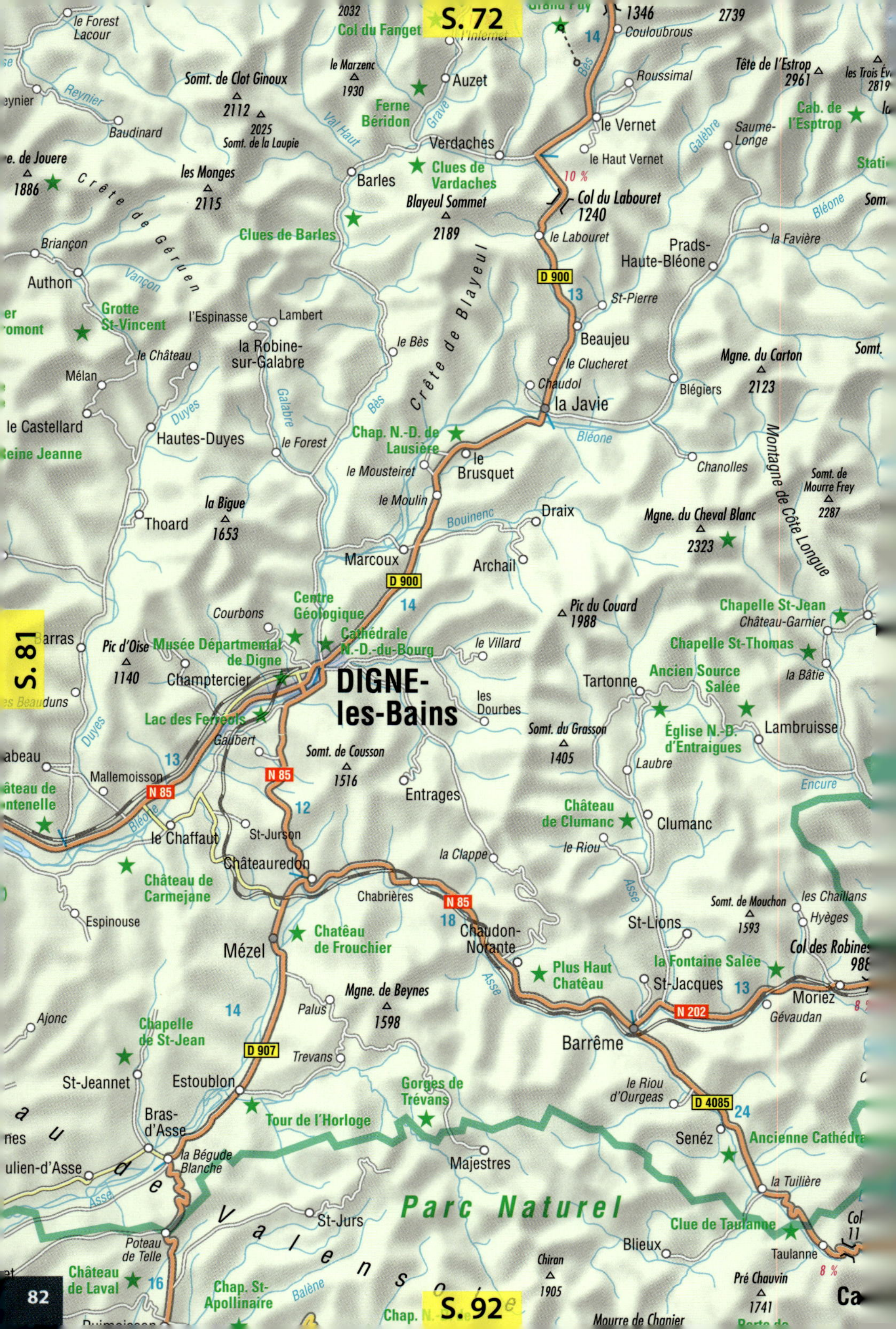
S. 72
S. 81
S. 92
le Forest Lacour
2032
Col du Fanget
l'Infernet
1346
Couloubrous
2739
14
Bès
Reynier
Baudinard
Somt. de Clot Ginoux
2112
2025
Somt. de la Laupie
le Marzenc
1930
Auzet
Ferne Béridon
Grave
Val Haut
Roussimal
Tête de l'Estrop
2961
2819
Cab. de l'Esptrop
le Vernet
le Haut Vernet
Galèbre
Saume-Longe
Verdaches
Clues de Vardaches
Barles
e. de Jouere
1886
Crête de Géruen
les Monges
2115
Blayeul Sommet
2189
10 %
Col du Labouret
1240
le Labouret
Bléone
Clues de Barles
Briançon
Authon
Vançon
Prads-Haute-Bléone
la Favière
D 900
13
St-Pierre
Crête de Blayeul
Grotte St-Vincent
l'Espinasse
Lambert
la Robine-sur-Galabre
le Bès
Beaujeu
le Château
le Clucheret
Mgne. du Carton
2123
Mélan
Duyes
Galabre
Bès
Chaudol
la Javie
Blégiers
le Castellard
Hautes-Duyes
le Forest
Chap. N.-D. de Lausière
le Brusquet
Bléone
Chanolles
Montagne de Côte Longue
le Mousteiret
Somt. de Mourre Frey
2287
la Bigue
1653
Thoard
le Moulin
Bouinenc
Draix
Mgne. du Cheval Blanc
2323
Marcoux
Archail
D 900
14
Centre Géologique
Courbons
Pic du Couard
1988
Chapelle St-Jean
Château-Garnier
Barras
Pic d'Oise
1140
Musée Départmental de Digne
Cathédrale N.-D.-du-Bourg
le Villard
Chapelle St-Thomas
Champtercier
DIGNE-les-Bains
Tartonne
Ancien Source Salée
la Bâtie
les Dourbes
Lac des Ferréols
Duyes
Gaubert
Somt. de Cousson
1516
Somt. du Grasson
1405
Église N.-D. d'Entraigues
Lambruisse
13
Mallemoisson
N 85
N 85
Laubre
Encure
Entrages
12
Bléone
le Chaffaut
St-Jurson
Château de Clumanc
Clumanc
le Riou
la Clappe
Châteauredon
Château de Carmejane
Asse
Chabrières
N 85
Somt. de Mouchon
1593
les Chaillans
Hyèges
Espinouse
18
Chaudon-Norante
St-Lions
Col des Robines
988
Château de Frouchier
Mézel
Plus Haut Château
la Fontaine Salée
Asse
St-Jacques
13
Moriez
Mgne. de Beynes
1598
Palus
N 202
Gévaudan
Ajonc
14
Barrême
Chapelle de St-Jean
D 907
Trevans
St-Jeannet
Estoublon
Gorges de Trévans
le Riou d'Ourgeas
D 4085
24
Bras-d'Asse
Tour de l'Horloge
Senéz
Ancienne Cathédra
la Bégude Blanche
Majestres
ulien-d'Asse
Asse
la Tuilière
Parc Naturel
Plateau de Valensole
St-Jurs
Clue de Taulanne
Poteau de Telle
Blieux
Taulanne
Chiran
1905
8 %
Château de Laval
16
Chap. St-Apollinaire
Balène
Pré Chauvin
1741
Chap.
Mourre de Chanier

S. 73
S. 84
S. 93
Col d'Allos 2240
la Foux-d'Allos
la Baumelle
Seignus
le Seignus
Allos
Verdon
Bouchiers
Ref. de la Cayolle
Mont Pelat 3051
Col de la Cayolle 2327
Mt. Gros Serre de la Braisse 2748
Pointe Côte de l'Ane 2916
Jalorgues
St-Étienne-de-Tinée
Ref. de Rabuons
Couvent des Trinitaires
Chapelle St-Maur
Cime de la Bercha 2274
Ardon
Auron
Station d'Auron
las Donnas 2474
D 2205
le Bourg
Roya
National
du
Mercantour
Lac d'Allos
Somt. des Graux 2552
N.-D. de Valvert
l'Autapie 2426
Chaumie
Clignon
Fort de Savoie
le Pont Haut
Col des Champs 2191
St-Jean
Chapelle St-Sébastien
Entraunes
Cime de l'Aspre 2468
Mt. Triboulet 2578
Mt. Rougnous 2673
Montagne de l'Alp
Colmars
Chasse
14 %
11 %
Église St-Martin
Villars-Colmars
Cascade de la Lance
Somt. de la Fréma 2747
Chastelonette
St-Martin-d'Entraunes
Tête de Méric 2048
Laupon 2434
St-Barnabé
Châteauneuf-d'Entraunes
Bouchanières
de Chamatte 2085
Beauvezer
Lance
Sussis
Péone
les Amignons
10 %
Villars-Reyssier
D 908
Villeneuve-d'Entraunes
Château de Guillaumes
Valberg
Ondres
le Grd. Coyer 2693
Guillaumes
Tuébi
Pont du Moulin
N.-D.-du-Buyei
Station de
le Courradour 2158
Mt. St-Honorat 2517
Villetalle
Cante
Tête de la Colombière 2065
Cime du Contan
Basse
la Colle-St-Michel
Peyresq
Villeplane
Georges de Daluis
Dôme de Barrot 2137
Cordœil
Tête du Ruch 2100
Tête de Travers 2159
Rioul
Daluis
Forêt de la Palud
Col St-Michel 1431
la Colle-St-Michel
1906
la Méléa 1716
Sasse
Pic de Rent 1974
Méailles
Coulomp
Sausses
Tête de Pibossan 1618
Léouve
Maurel
Puy de Rent
le Fugeret
Castellet-lès-Sausses
Var
St-Léger
la Croix-sur-Roudoule
Auvare
Vaïre
Braux
Enriez
Villars-la-Croix
Chapelle de Vers-la-Ville
Pont de Gueydan
Puget-Rostang
Ivoire
Allons
St-Benoît
Agnerc-Bas
Chap. de Verimande
Annot
Citadelle
Station d'Annot
les Grès d'Annot
Scafarels
Remparts
D 4202
Puget-Théniers
Entrevaux
Pont de la Reine Jeanne
-André-les-Alpes
Angles
Mgne. de Gourdan 1503
Col de St-Raphaël 876
Rouaine
N 202
Clue de Rouaine
la Rochette
Chapelle Notre-Dame
8 %
Col de Toutes Aures 1120
Villevieille
Castellet-St-Cassien
St-Pierre
Vergons
Ubraye
le Touyet
Pic de Chabran 1533
Amirat
Collongues
Clue de Vergons
Somt. de la Bernarde 1941
Laval
Montblanc
Chapelle St-Joseph
Mgne. de Gars 1192
Clue de Riolan
Somt. de Crémon 1760
Station de Neige de Vauplane
la Sagne
Clue d'Aiglun
Gars
Aiglun
Demandolx
le Prignolet
Brianconnet
Montagne de Charamel
le Mas
Cascade de Vegay
N.-D. du Roc
Lac de Chaudanne
Soleilhas
Clue de St-Auban
St-Auban
Bge. de Chaudanne
Mgne. de Teillon 1893
Col de Bleine 1439
la Lagne
la Garde
Lattes
9 %

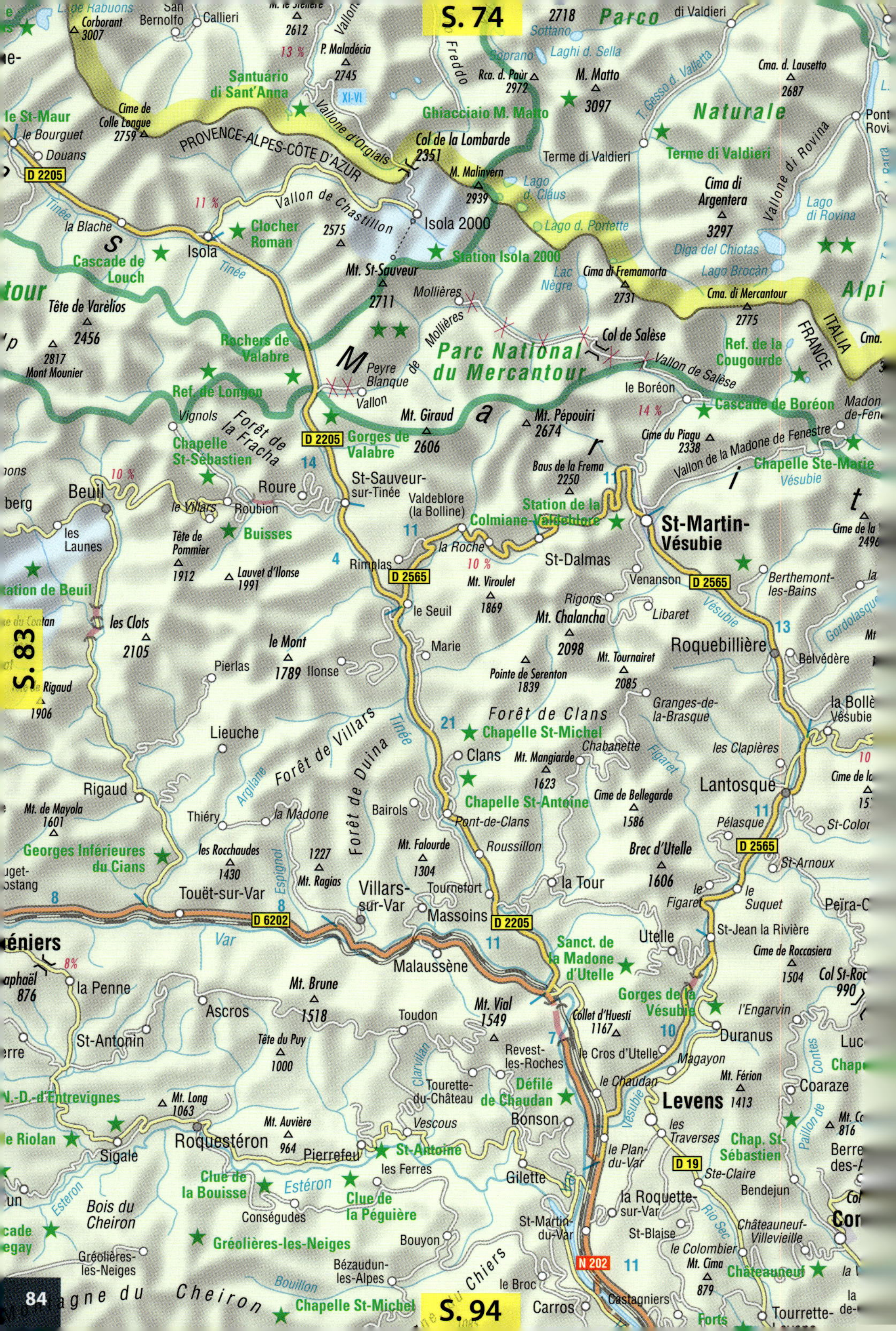
S. 74
S. 94
S. 83
Corborant 3007
Bernolfo
Callieri
2612
P. Maladécia 2745
2718
Sottano
Parco
Naturale
di Valdieri
Soprano
Laghi d. Sella
Rca. d. Paùr 2972
M. Matto 3097
Cma. d. Lausetto 2687
Santuário di Sant'Anna
Ghiacciaio M. Matto
Cime de Colle Longue 2759
le St-Maur
le Bourguet
Douans
D 2205
PROVENCE-ALPES-CÔTE D'AZUR
Vallone d'Orgials
Col de la Lombarde 2351
M. Malinvern 2939
Lago d. Claus
Terme di Valdieri
Cima di Argentera 3297
Vallone di Rovina
Lago di Rovina
Lago d. Portette
Diga del Chiotas
Lago Brocan
Isola 2000
Station Isola 2000
Vallon de Chastillon
Clocher Roman
2575
la Blache
Isola
Tinée
Cascade de Louch
Mt. St-Sauveur 2711
Mollières
Lac Nègre
Cima di Fremamorta 2731
Cma. di Mercantour 2775
ITALIA
FRANCE
Alpi
Tête de Varèlios 2456
2817 Mont Mounier
Rochers de Valabre
Parc National du Mercantour
Col de Salèse
Vallon de Salèse
Ref. de la Cougourde
Peyre Blanque
Vallon
Ref. de Longon
le Boréon
Cascade de Boréon
Madon de-Fen
Vignols
Forêt de la Fracha
Chapelle St-Sébastien
D 2205
Gorges de Valabre
Mt. Giraud 2606
Mt. Pépouiri 2674
Cime du Piagu 2338
Vallon de la Madone de Fenestre
Chapelle Ste-Marie
Vésubie
Beuil
Roure
Roubion
le Villars
St-Sauveur-sur-Tinée
Valdeblore (la Bolline)
Baus de la Frema 2250
Station de la Colmiane-Valdeblore
St-Martin-Vésubie
les Launes
Tête de Pommier 1912
Buisses
Lauvet d'Ilonse 1991
Rimplas
la Roche
St-Dalmas
D 2565
Mt. Viroulet 1869
Venanson
Berthemont-les-Bains
Station de Beuil
les Clots 2105
le Seuil
Rigons
Mt. Chalancha 2098
Libaret
Roquebillière
Belvédère
le Mont 1789
Pierlas
Ilonse
Marie
Pointe de Serenton 1839
Mt. Tournairet 2085
Rigaud 1906
Granges-de-la-Brasque
Forêt de Clans
Chapelle St-Michel
la Bollène-Vésubie
Lieuche
Forêt de Villars
Forêt de Duina
Clans
Mt. Mangiarde 1623
Chabanette
Figaret
les Clapières
Lantosque
Rigaud
Argilane
Chapelle St-Antoine
Cime de Bellegarde 1586
Mt. de Mayola 1601
Thiéry
la Madone
Bairols
Pont-de-Clans
Pélasque
St-Colomban
Georges Inférieures du Cians
les Rochaudes 1430
1227 Mt. Ragias
Mt. Falourde 1304
Roussillon
Brec d'Utelle 1606
St-Arnoux
Touët-sur-Var
Espignol
Villars-sur-Var
Tournefort
la Tour
le Figaret
le Suquet
Peïra-Cava
D 6202
Var
Massoins
D 2205
Utelle
St-Jean la Rivière
Malaussène
Sanct. de la Madone d'Utelle
Cime de Roccasiera 1504
Col St-Roch 990
la Penne
Mt. Brune 1518
Ascros
Toudon
Mt. Vial 1549
Collet d'Huesti 1167
Gorges de la Vésubie
l'Engarvin
Duranus
St-Antonin
Tête du Puy 1000
Revest-les-Roches
le Cros d'Utelle
Magayon
Clarvilan
Tourette-du-Château
Défilé de Chaudan
le Chaudan
Mt. Férion 1413
Contes
Coaraze
Mt. Long 1063
Levens
N.-D.-d'Entrevignes
Mt. Auvière 964
Bonson
les Traverses
Chap. St-Sébastien
Sigale
Roquestéron
Vescous
Pierrefeu
St-Antoine
le Plan-du-Var
D 19
Ste-Claire
Riolan
les Ferres
Gilette
Bendejun
Estéron
Clue de la Bouisse
Clue de la Péguière
la Roquette-sur-Var
Rio Sec
Bois du Cheiron
Conségudes
St-Martin-du-Var
St-Blaise
Châteauneuf-Villevieille
Gréolières-les-Neiges
Bouyon
le Colombier
Gréolières-les-Neiges
Bézaudun-les-Alpes
N 202
Mt. Cima 879
Châteauneuf
Bouillon
le Broc
Montagne du Cheiron
Chapelle St-Michel
Carros
Castagniers
Forts
Tourrette-

S. 75

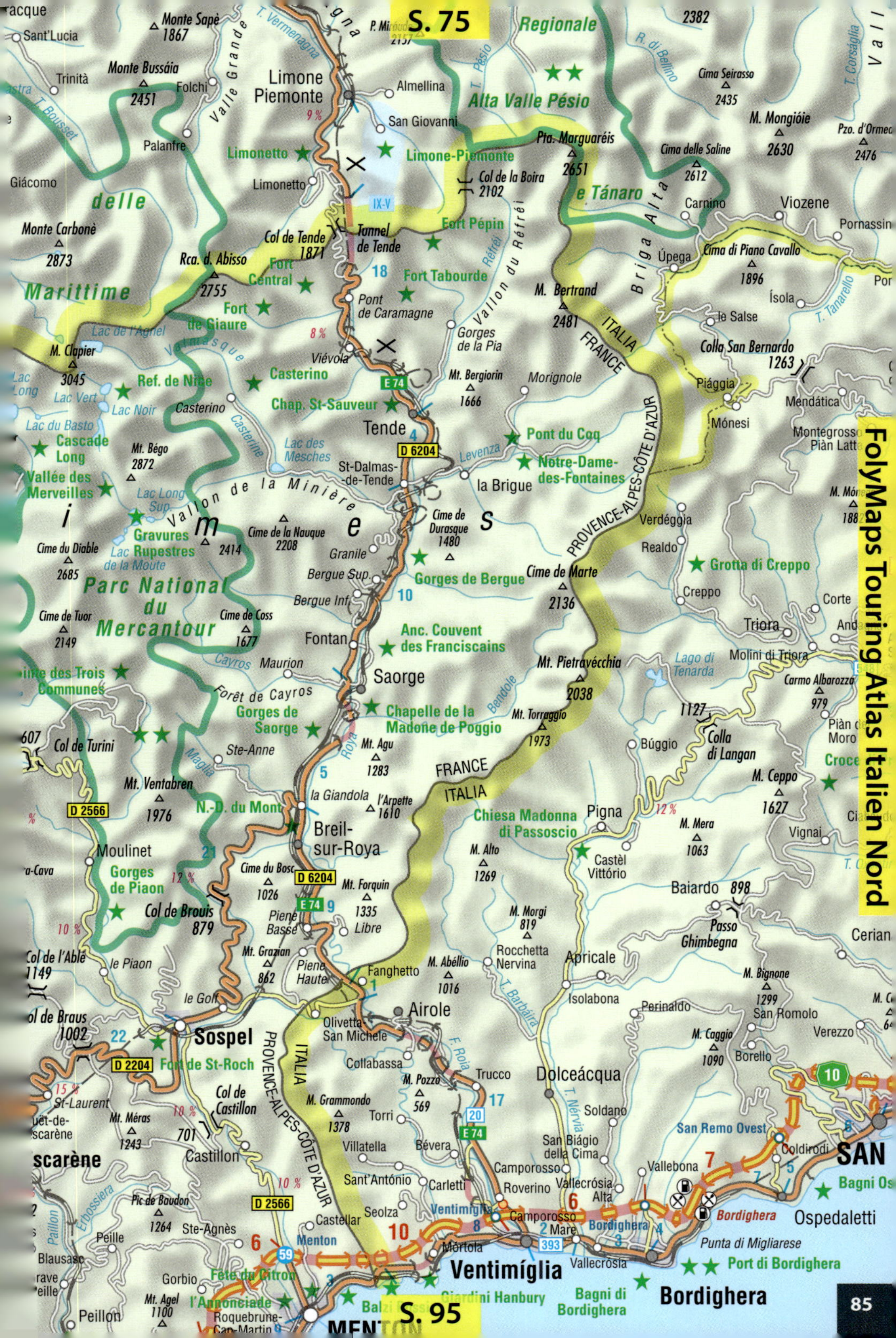
Regionale
Alta Valle Pésio
Limone Piemonte
Almellina
San Giovanni
Monte Sapè 1867
Sant'Lucia
Trinità
Monte Bussáia 2451
Folchi
Palanfre
Valle Grande
T. Vermenagna
T. Pésio
R. di Bellino
Cima Seirasso 2435
M. Mongióie 2630
Pzo. d'Ormea 2476
Cima delle Saline 2612
Pta. Marguaréis 2651
Col de la Boira 2102
Limonetto
Limone-Piemonte
Giácomo
delle
Monte Carbonè 2873
Col de Tende 1871
Tunnel de Tende
Fort Pépin
e Tánaro
Carnino
Viozene
Pornassin
Rca. d. Abisso 2755
Fort Central
Fort Tabourde
Marittime
Fort de Giaure
Pont de Caramagne
Vallon du Réfréi
M. Bertrand 2481
Briga Alta
Úpega
Cima di Piano Cavallo 1896
Ísola
Lac de l'Agnel
Valmasque
Gorges de la Pia
ITALIA
FRANCE
le Salse
T. Tanarello
M. Clapier 3045
Viévola
Casterino
Colla San Bernardo 1263
Lac Long
Lac Vert
Ref. de Nice
Chap. St-Sauveur
Mt. Bergiorin 1666
Morignole
Piággia
Mendática
Lac Noir
Lac du Basto
Cascade Long
Tende
E 74
D 6204
Pont du Coq
Mónesi
Montegrosso Piàn Latte
Mt. Bégo 2872
Lac des Mesches
St-Dalmas-de-Tende
Levenza
la Brigue
Notre-Dame-des-Fontaines
PROVENCE-ALPES-CÔTE D'AZUR
Vallée des Merveilles
Lac Long Sup.
Vallon de la Minière
Cime de Durasque 1480
Verdéggia
Realdo
Gravures Rupestres
Cime de la Nauque 2208
Granile
Cime du Diable 2685
Lac de la Moute
2414
Bergue Sup.
Gorges de Bergue
Cime de Marte 2136
Grotta di Creppo
Creppo
Parc National du Mercantour
Bergue Inf.
Corte
Cime de Tuor 2149
Cime de Coss 1677
Fontan
Anc. Couvent des Franciscains
Triora
Molini di Triora
Cayros
Maurion
Saorge
Mt. Pietravécchia 2038
Lago di Tenarda
Carmo Albarozzo 979
Cime des Trois Communes
Forêt de Cayros
Gorges de Saorge
Chapelle de la Madone de Poggio
Bendole
Mt. Torraggio 1973
Colla di Langan
Piàn di Moro
Col de Turini
Ste-Anne
Roya
Mt. Agu 1283
FRANCE
ITALIA
Búggio
M. Ceppo 1627
Croce
Mt. Ventabren 1976
la Giandola
l'Arpette 1610
Chiesa Madonna di Passoscio
Pigna
Maglia
D 2566
N.-D. du Mont
Breil-sur-Roya
M. Mera 1063
Vignai
Moulinet
Gorges de Piaon
Cime du Bosc 1026
Mt. Forquin 1335
M. Alto 1269
Castèl Vittório
Baiardo 898
Col de Brouis 879
Piene Basse
Libre
M. Morgi 819
Passo Ghimbegna
Cerian
Col de l'Ablé 1149
le Piaon
Mt. Grazian 862
Piene Haute
Fanghetto
M. Abéllio 1016
Rocchetta Nervina
Apricale
M. Bignone 1299
le Golf
Airole
Isolabona
Perinaldo
San Romolo
Col de Braus 1002
Sospel
Olivetta-San Michele
T. Barbàira
Verezzo
M. Caggio 1090
D 2204
Fort de St-Roch
Collabassa
F. Roia
Borello
St-Laurent
Col de Castillon
M. Pozzo 569
Trucco
Dolceácqua
Mt. Méras 1243
701
M. Grammondo 1378
Torri
E 74
Soldano
T. Nérvia
San Remo Ovest
Castillon
Villatella
Bévera
San Biágio della Cima
Coldirodi
SAN
scarène
Camporosso
Vallebona
Sant'António
Carletti
Vallecrósia Alta
Roverino
Bagni Os
Pic de Baudon 1264
D 2566
Castellar
Seolza
Ventimíglia
Camporosso Mare
Bordighera
Ospedaletti
Peille
Ste-Agnès
Menton
Mórtola
Punta di Migliarese
Blausasc
Gorbio
Fête du Citron
Ventimíglia
Vallecrósia
Port di Bordighera
Mt. Agel 1100
l'Annonciade
Giardini Hanbury
Bagni di Bordighera
Bordighera
Peillon
Roquebrune-Cap-Martin
MENTON
FolyMaps Touring Atlas Italien Nord

S. 95

S. 76

le Vigan
Vieux Pont
Molières-Cavaillac
Aumessas
Mars
Avèze
Roquedur
Sumène
Ranc des Banes
713
Sounalou
Cambo
Cros
le Cayla
St-Hippolyte-du-Fort
la Cadière-et-Cambo
Conqueyrac
la Gardiole
Bez-et-Esparon
D 999
Aiguefolle Cascade
St-Julien-de-la-Nef
Moulès-et-Baucels
les Très Touillières
les Campels
Pommiers
St-Bresson
D 48
Ganges
Blancardy
Salle de Gour
D 25
Navas
Luc
le Landre
Montdardier
St-Laurent-le-Minier
Ancien four a chaux
la Roquette
Montoulieu
Bois de Monnier
la Combe
Laroque
Agonès
Grotte des Demoiselles
Pompignan
Blandas
Soutayrol
Bois de Mont Mal
Beauquiniès
D 4
St-Bauzille-de-Putois
7 %
Rogues
Gorniès
Brissac
D 986
Ferrières-les-Verreries
Château de Ranc
Cirque de Navacelles
le Puech
la Croix
Col de la Cardonille
330
Gorges de la Vis
Figaret
Mas de Murle
Mas Blanc
St-Maurice-Navacelles
St-André-de-Buèges
9 %
Notre-Dame-de-Londres
Madières
St-Jean-de-Buèges
St-Étienne d'Issensac
Buèges
Dolmen de Lamalou
Gourdou
les Besses
Frouzet
Masclac
Aérodr. de St-Martin de Londres
Rouet
D 25
le Coulet
Gervais
Causse-de-la-Selle
St-Martin-de-Londres
Pégairolles-de-Buèges
Ferrussac
Maron
Mas Rigaud
Château de Montferrand
la Vacquerie-et-St-Martin-de-Castries
Gorges de l'Herault
Mas-de-Londres
Grotte de Beaume Cellier
la Baume
Hérault
Village de l'Âge du Cuivre
Cazevieille
Village Préhistorique
Ermittage N.-D. de Belle Grâce
Grotte du Sergent
Viols-en-Laval
St-Jean-de-Cuculles
D 17
Viols-le-Fort
Cambous Château
Salces
Grotte du Sergent
Maure
Lavit
les Matelles
le Triadou
St-Baudille
848
St-Guilhem-le-Désert
Montcalmès Eglise
D 68
St-Vincent-de-Barbeyrargues
Abbaye de Gellonne
D 32
Cantagrils
D 986
Prades-le-Lez
Arboras
Grotte de Clamouse
St-Jean-de-Fos
Puéchabon
Parc St-Gély-du-Fesc
Argelliers
Montpeyroux
Pont du Diable
Murles
St-Gély-du-Fesc
D 9
Aniane
Vailhauquès
Jonquières
Lagamas
la Grange
D 986
St-Félix-de-Lodez
Pont de Gignac
Gignac
la Boissière
Grabels
Château d'O
A750
St-André-de-Sangonis
St-Martin
Montarnaud
St-Georges-d'Orques
Convent de N.-D. de Grâce
St-Paul-et-Valmalle
Château de la Mosson
Zoo de Lunaret
Ceyras
Musée Fabre
12
Mas d'Alhen
N 109
N.-D. d'Hortus
E11
Ruines Romaines
St-Georges-d'Orques
Juvignac
Brignac
Popiar
St-Paul-et-Valmalle
la Taillade
Pouzols
St-Bauzille-de-la-Sylve
Valmalle
Murviel-lès-Montpellier
Anc. Abbaye de Vignogoul
Lavérune
Canet
Aumelas
Dolmen
Pignan
D 27
St-Jean-de-Védas
D 609
le Pouget
Vendémian
D 32
le Cardonnet
Saussan
D 613
Tressan
Cournonterral
Fabrègues
Puilacher
A9
Mas de Lunès
Ston
Plaissan
Cournonsec
D 185
Montpellier-Fabrègues
Paulhan
D 2
Mas d'Antonègre
D 5
E15
E80

S. 96

S. 77
S. 88
S. 97
de-Sossenac
des-Gardies
Canaules-et-Argentières
Aigremont
Domessargues
St-Chaptes
Blauzac
St-Jean-de-Crieulon
Savignargues
Sauzet
Mauressargues
St-Geniès-de-Malgoirès
Oppidum
Logrian-Florian
Puechredon
Aubarne
Sauve
Château de Florian
St-Théodorit
Montagnac
les Espélugues Gouffre
Vic
Lévesque
Ste-Anastasie
Dions
Vidourle
Monlézan
St-Bauzély
la Calmette
Bragassargues
Bois
Fons
Vallonguette
Oppidum de Castel Viel
Quissac
Cannes-et-Clairan
Gajan
Camp des
Montmirat
Orthoux-Sérignac-Quilhan
St-Mamert-du-Gard
Château de Planque
Forêt de Coutach
Liouc
Crespian
des Lens
Parignargues
N 106
Sardan
Vic-le-Fesq
Baraques Montpezat
St-Pierre de Vacquière
D 907
Château du Fesq
Mas de Provence
Brouzet-lès-Quissac
D 6110
Montpezat
D 999
Musée Archéologique
Combas
Oppidum de Mourressipe
Tour Magne
Gailhan
Vacquières
Col de la Croix de Gailhan
Fontanès
D 22
St-Côme-et-Maruéjols
Clarensac
Maison Carrée
Carnas
St-Clément
Caveirac
Souvignargues
Sinsans
St-Dionizy
D 40
Chap. St-Julian
Village-de-Fontbouysse
Enceinte des Gastels
Langlade
Eglise d'Aleyrac
Aspères
Pondres
Oppidum de Nages
E 15
Nîmes-Ouest
Château Montredon
Calvisson
Nages-et-Solorgues
Milhaud
Garrigues
Villevieille
E 80
Sommières
Congénies
N 113
Fontanès
Tour Carré
Sépultures de Cante Perdrix
Boissières
Aubor
Bénovie
D 1
Buzignargues
D 6110
Junas
Saussines
St-Hilaire-de-Beauvoir
Boisseron
Aubais
Uchaud
Vergèze
D 135
Montaud
St-Jean-de-Cornies
D 610
Aigues-Vives
D 34
Vidourle
St-Séries
St-Drézéry
N.-D. de la Pitié
St-Christol
Gallargues
Codognan
Château de Candiac
D 21
Pont Romain
Beauvoi
Beaulieu
Restinclières
Ambrussum Nord
E 80
Gallargues-le-Montueux
Ambrussum Sud
Lunel
Sussargues
St-Geniès-des-Mourgues
E 15
N 113
D 6313
Assas
Aimargues
Vauvert
D 610
A 9
Lunel
le Cailar
Castries
Aqueduc Romain du Château
Marsillargues
D 68
N 113
Valergues
St-Just
Arènes Romaines
Beau-Bois
Chât. Castries
Vendargues
Baillargues
Arénes Rom.
Château de Teillan
Gallician
D 65
le Crès
Vendargues
Mudaison
D 24
Lansargues
D 979
Mas de Carthagène
Mas de Valescure
St-Aunès
Étg. de Grey
D 613
Auroux
St-Laurent-d'Aigouze
Candillargues
Étang du Charnier
Languedocien
Flaugergues
Mauguio
D 61
Abbaye de Psalmody
Aérodrome de Montpellier-Candillargues
Mas Psalmody
Mas les Iscles
Montpellier-Est
Mas de Terre de Port
Tour Carbonnière
Cabanes du Salaison
la Mogère
Canal du Rhône à Sète
Mas Grand St-Jean
Tour de Constance
Vauguières le Haut
Étang de Mauguio
Montpellier-Sud
D 21
la Grande-Motte
D 58
Montpellier-Méditerranée
D 62
Aigues-Mortes
Lattes
Pérols
D 62
Aquarium panoramique
Remparts de la Ville
le Canet
Cuvette du Lairan
Carnon
Carnon-Plage
le Grau-du-Roi
D 979
Carnon-Plage
Port-Royal
Mas de Jarras-Listel
Palavas-les-Flots
Port-Camargue
Seaquarium

S. 78

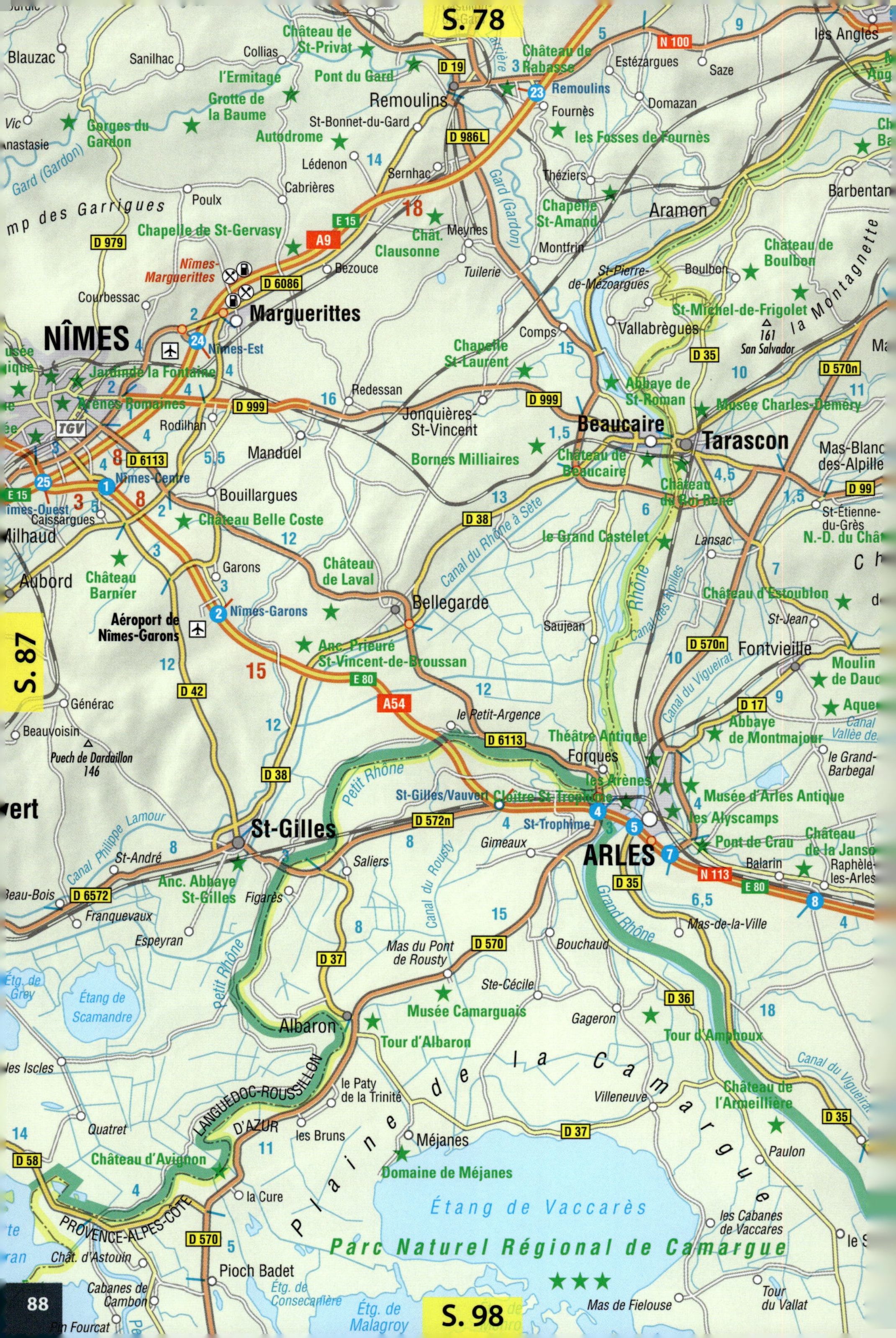
Blauzac
Sanilhac
Collias
Château de St-Privat
Château de Rabasse
Estézargues
Saze
les Angles
N 100
D 19
Pont du Gard
l'Ermitage
Grotte de la Baume
Remoulins
Fournès
Domazan
Gorges du Gardon
Autodrome
St-Bonnet-du-Gard
D 986L
les Fosses de Fournès
Gard (Gardon)
Lédenon
Sernhac
Théziers
Barbentane
Cabrières
Poulx
Chapelle St-Amand
Aramon
Garrigues
E 15
18
Meynes
Chât. Clausonne
D 979
Chapelle de St-Gervasy
A9
Montfrin
Château de Boulbon
Nîmes-Marguerittes
Bezouce
Tuilerie
St-Pierre-de-Mézoargues
Boulbon
la Montagnette
D 6086
Courbessac
Marguerittes
St-Michel-de-Frigolet
Vallabrègues
161 San Salvador
NÎMES
Nîmes-Est
Comps
Chapelle St-Laurent
D 35
D 570n
Jardin de la Fontaine
Abbaye de St-Roman
Redessan
Musée Charles-Deméry
Arènes Romaines
D 999
Jonquières-St-Vincent
Beaucaire
Tarascon
Mas-Blanc-des-Alpilles
TGV
Rodilhan
Manduel
Bornes Milliaires
Château de Beaucaire
D 6113
Nîmes-Centre
Château du Roi René
D 99
E 15
Nîmes-Ouest
Caissargues
Bouillargues
St-Étienne-du-Grès
Milhaud
Château Belle Coste
D 38
le Grand Castelet
Lansac
N.-D. du Château
Canal du Rhône à Sète
Aubord
Château Barnier
Garons
Château de Laval
Rhône
Canal des Alpilles
Château d'Estoublon
Aéroport de Nîmes-Garons
Nîmes-Garons
Bellegarde
St-Jean
Saujean
Anc. Prieuré St-Vincent-de-Broussan
D 570n
Fontvieille
Moulin de Daudet
Canal du Vigueirat
S. 87
Générac
D 42
15
E 80
A54
le Petit-Argence
Beauvoisin
Puech de Dardaillon 146
D 6113
Théâtre Antique
Abbaye de Montmajour
Vallée des Baux
le Grand-Barbegal
Forques
Petit Rhône
les Arènes
D 38
St-Gilles/Vauvert
Cloître St-Trophime
Musée d'Arles Antique
les Alyscamps
D 572n
St-Trophime
Canal Philippe Lamour
St-Gilles
Gimeaux
ARLES
Pont de Crau
Château de la Jansonne
St-André
Saliers
Canal du Rousty
N 113
Balarin
Raphèle-lès-Arles
Anc. Abbaye St-Gilles
Figarès
D 35
E 80
Beau-Bois
D 6572
Franquevaux
Grand Rhône
Mas-de-la-Ville
Espeyran
D 570
Bouchaud
Mas du Pont de Rousty
D 37
Étang de Scamandre
Ste-Cécile
D 36
Musée Camarguais
Gageron
Albaron
Tour d'Albaron
Tour d'Amphoux
les Iscles
Canal du Vigueirat
LANGUEDOC-ROUSSILLON
le Paty de la Trinité
Plaine de la Camargue
Villeneuve
Château de l'Armeillière
D 35
Quatret
D'AZUR
les Bruns
Méjanes
D 37
Château d'Avignon
Domaine de Méjanes
Paulon
D 58
la Cure
Étang de Vaccarès
les Cabanes de Vaccarès
PROVENCE-ALPES-CÔTE
D 570
Parc Naturel Régional de Camargue
Chât. d'Astouin
Pioch Badet
Étg. de Consecanière
Cabanes de Cambon
Tour du Vallat
Étg. de Malagroy
Mas de Fielouse
Pin Fourcat

S. 98

AVIGNON
Palais des Papes
Montfavet
Morières
Aérodrome d'Avignon-Caumont
Chartreuse de Bonpas
Avignon-Sud
Caumont-sur-Durance
Durance
Rognonas
Noves
Châteaurenard
Château Reynard
Jonquerettes
Châteauneuf-de-Gadagne
le Thor
l'Isle-sur-la-Sorgue
Sorgue
St-Antoine
Saumane-de-Vaucluse
Fontaine de Vaucluse
Fontaine-de-Vaucluse
Abbaye de Sénanque
Gordes
Village de Bories
Lagnes
les Imberts
Cabrières-d'Avignon
le Petit-Palais
Coustellet
St-Pantaléon
Beaumettes
les Vignères
Cabannes
Cathédrale St-Véran
Colline St-Jacques
Cavaillon
Robion
Maubec
les Poulivets
Oppède-le-Vieux
Taillades
Citadelle
la Peyrière
Mourre de Cairas 727
Synagogue et Musée Juif Comtadin
Canal de Carpentras
Cheval-Blanc
Eyragues
Petite Crau
Verquières
les Paluds-de-Noves
St-Andiol
Graveson
Musée Auguste-Chabaud
Château de Lagoy
Mollégès
Plan-d'Orgon
Orgon
N.-D. de Beauregard
Canal des Alpilles
St-Rémy-de-Provence
Tour du Cardinal
Abbaye St-Paul de Mausole
Site Antique de Glanum
les Antiques
Aérodr. de le-Mazet-de-Romanin
Eygalières
Chapelle de St-Sixte
les Plaines
Sénas
Gorges de Régalon
Pont Suspendu
Mallemort
Chaîne des Alpilles
Val d'Enfer
les Baux
Chapelle Ste-Marie de Pierredon
Rochers d'Entreconque
les Flèchons
le Destet
Aureille
Lamanon
Alleins
Canal E.D.F.
Grottes de Calès
Eyguières
Château Bas
Vernègues
Maussane-les-Alpilles
les Calans
les Baumettes
l'Hauture
Mouriès
Canal de la Vallée des Baux
Salon-de-Provence Nord
Aurons
Salon-de-Provence Centre
SALON-de-Provence
Château de l'Emperi
Musée de l'Empéri
Maison de Nostradamus
Pélissanne
Canal de Craponne
Mas-de-Payan
Aérodrome de le-Salon-Eyguières
Château de Villepail
Caphan
St-Martin-de-Crau
la Samatane
St-Martin-de-Crau-Est
Poscros
Langlade Branche
Cal. d'Istres dérivé des Alpilles
Cal. des Martigues
Salon-de-Prov.-Ouest
Grans
Salon-de-Prov.-Sud
Étg. d'Entressen
Suffren
Entressen
Grd. Mas de Pilier
Miramas
le Pont de Rhaud
Lançon-Provence
Étg. des Aulnes
Cal. de Vergière
le Grand Mas
Cal. de Chauvet
Miramas-le-Vieux
Cornillon-Confoux
St-Chamas
Pont Flavien
Calissane
Sulauze
la Crau
Aérodrom Istres-le-Tubé
Port St-Chamas
les Baïsses
la Bosque
Mas d'Icart
la Bayanne
Étg. de l'Olivier
Oppidum du Castellan
Mauran
la Suzanne
Grand Plain du Bourg
le Retour des Aires
Cal. de la Fossette
Musée de Istres
ISTRES
Étang de Berre
N.-D. de Caderot
Centre d'Information du Port Autonome de Marseille
Grd. Boisviel
Rassuen
Varage
A7
A54
E 80
E 714
N 7
N 568
N 569
N 1569
D 570n
D 901
D 938
D 900
D 973
D 7n
D 26
D 571
D 99
D 2
D 5
D 17
D 569
D 538
D 113
D 69
D 24
D 10

S. 79
S. 90
S. 99

S. 80
S. 89
S. 100
Joucas
Clavaillan
les Cordiers
les Barbiers
les Lombards
D 4
Roussillon
Gargas
Gordes
Carr. d'Ocre
Moulin des Bouillons
Apt
Musée Archéologique
Cathédrale Ste-Anne
Colorado de Rustrel
Carrières d'Ocre
St-Amas
Doua
Ste-Croix-à-Lauze
Viens
Caseneuve
St-Martin-de-Castillon
Saignon
D 900
St-Pantaléon
Beaumettes
Goult
Pont Julien
Coulon
les Agnels
Abb. St-Eusèbe
18,5
la Bégude
Céreste
Église de Céreste
Encrème
Calavon
les Tourettes
Auribeau
Castellet
Gros Collet
1064
St-Véran
Ménerbes
Lacoste
Bonnieux
Buoux
Sivergues
Mourre Nègre
1125
le Grand Luberon
Fort de Buoux
Vitrolles-en-Lubéron
Dolmen de la Pichonne
Ancien Abbaye St-Hilaire
Musée de la Boulangerie
Prieuré de St-Symhorien
Peypin-d'Aigues
Cabrières-d'Aigues
Château Pradine
Régional
du Luberon
Combe de Lourmarin
Aigue Brun
Pied de l'Aigle
629
Vaugines
Cucuron
la Motte-d'Aigues
St-Martin-de-la-Brasque
Grambois
Château de la Colette
Lourmarin
Sannes
Étg. de la Bonde
Ermitage
Mérindol
les Borrys
Puget
Lauris
Puyvert
D 943
Château de Cadenet
Ansouis
la Tour-d'Aigues
Château de la Tour-d'Aigues
Durance
Brame-Jean
Mallemort
17
Cadenet
Anc. Abbaye de Silvacane
D 973
12
Villelaure
la Bastidonne
15
Charleval
Pont-Royal
D 561
la Roque-d'Anthéron
Bassin de St-Christophe
Mardéric
Château le Vieux
Canal de Cadenet
St-Nicolas
Pertuis
Sommet de Malacoste
475
D 7n
Canal de Marseille
Ste-Anne de Goiron
St-Estève-Janson
Cazan
St-Césaire
Chaîne des Côtes
Canal E.D.F.
le Puy-Ste-Réparade
D 956
Temple Romain
Rognes
Pertuis
15
Château de Fonscolombe
D 96
Château Meyrargues
Badasset
Lambesc
St-Michel
St-Canadet
Meyrargues-Fontbelle
Meyrargues
Provence
Château de Cabanne
Chaîne de la Trévaresse
E 712
A51
la Barben
Château de la Barben
St-Cannat
Venelles
Forêt de Peyrolle
Pélissanne
D 572
Grand St-Jean
Font-Rousse
14
Meyrargues
la Campane
Parc Animalier
D 7n
Lignane
Puyricard
13
Venelles
Lançon-Provence
les Quatre Termes
Château d'Éguilles
les Logissons
12
Aix-les Platanes
la Tête du Marquis
605
Chaîne d'Éguilles
Château de Montjustin
Château de Vauvenargues
Éguilles
Oppidum d'Entremont
Lac du Bimont
E 80
E 714
Coudoux
Coudoux
28
la Fare-les-Oliviers
les Figons
Celony
Festival de Musique
Bompard
AIX-en-Provence
la Croix de Provence
946
Aix-Ouest
St-Sauveur
le Tholonet
D 10
Ventabren
A8
E 80
Aix-Ouest
29
Musée Granet
le Bouquet
Château de la Berne Jeanne
Arc
Fondation Vasarely
A7
les Baïsses
Velaux
Aérodr. d'Aix-les-Milles
Aix-Centre
les Milles
30
31
Aix-Trois Saulets
Beaurecueil
Châteauneuf-le-Rouge
Aqueduc de Roquefavour
Aix-Pont de-l'Arc
D 8n
le Canet
Meyreuil
la Mérindolle
les Milles
Luynes-Gardanne
32
le Canet
Fuveau
Château de la Tour d'Arbois
Luynes
6,5
le Plan
Berre
28
Suzanne
Bouc-Bel-Air
Luynes
Musée des Transports
Réservoir de Réaltor
Chât. de l'Enfant
Rognac
D 113
Aix-en-Provence-TGV
Bouc-Bel-Air
Berre-l'Étang
E 714
Vitrolles
Calas
A51
D 6
Gardanne
D 96
Fuveau

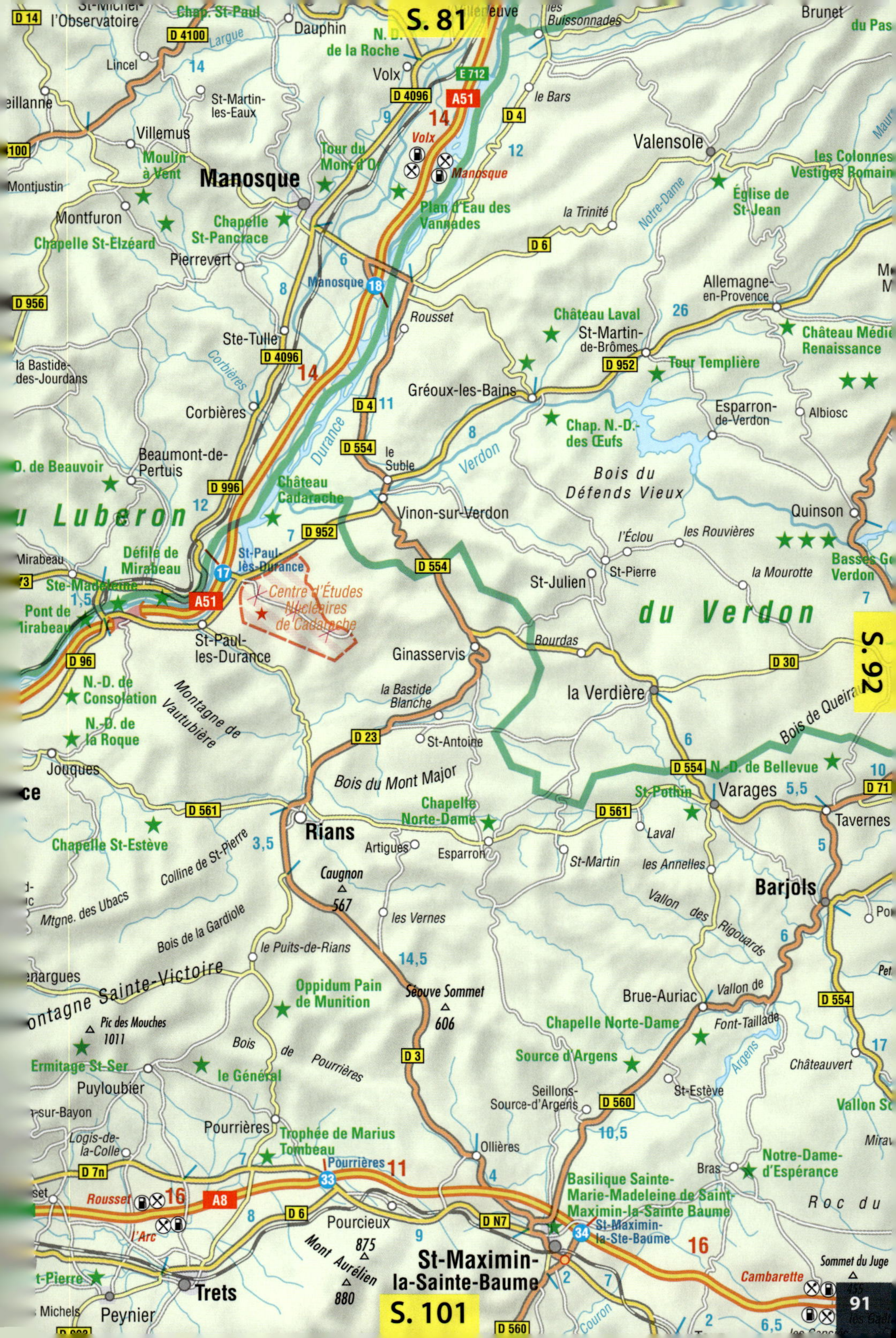

S. 81
S. 92
S. 101
l'Observatoire
Chap. St-Paul
Dauphin
N.-D. de la Roche
Volx
Buissonnades
Brunet
Lincel
St-Martin-les-Eaux
Villemus
Moulin à Vent
Manosque
Tour du Mont d'Or
Plan d'Eau des Vannades
le Bars
Valensole
Les Colonnes Vestiges Romains
Église de St-Jean
Montjustin
Montfuron
Chapelle St-Elzéard
Chapelle St-Pancrace
Pierrevert
la Trinité
Notre-Dame
Allemagne-en-Provence
Château Laval
St-Martin-de-Brômes
Château Médiéval Renaissance
Tour Templière
Rousset
Ste-Tulle
Corbières
la Bastide-des-Jourdans
Gréoux-les-Bains
Esparron-de-Verdon
Albiosc
Chap. N.-D. des Œufs
Beaumont-de-Pertuis
N.-D. de Beauvoir
Durance
le Suble
Verdon
Château Cadarache
Bois du Défends Vieux
Luberon
Vinon-sur-Verdon
Quinson
l'Éclou
les Rouvières
Mirabeau
Défilé de Mirabeau
St-Paul-lès-Durance
Ste-Madeleine
Pont de Mirabeau
Centre d'Études Nucléaires de Cadarache
St-Pierre
St-Julien
la Mourotte
Basses Gorges du Verdon
du Verdon
St-Paul-les-Durance
Ginasservis
Bourdas
la Verdière
N.-D. de Consolation
Montagne de Vautubière
la Bastide Blanche
N.-D. de la Roque
St-Antoine
Bois de Queiras
Jouques
Bois du Mont Major
N.-D. de Bellevue
Varages
St-Pothin
Tavernes
Chapelle Norte-Dame
Rians
Laval
Chapelle St-Estève
Artigues
Esparron
St-Martin
les Annelles
Colline de St-Pierre
Caugnon 567
Barjols
Mtgne. des Ubacs
les Vernes
Vallon des Rigouards
Bois de la Gardiole
le Puits-de-Rians
Montagne Sainte-Victoire
Oppidum Pain de Munition
Séouve Sommet 606
Brue-Auriac
Vallon de Font-Taillade
Pic des Mouches 1011
Ermitage St-Ser
Bois de Pourrières
le Général
Chapelle Norte-Dame
Source d'Argens
Argens
Châteauvert
Puyloubier
Seillons-Source-d'Argens
St-Estève
Vallon Sourn
Pourrières
Trophée de Marius Tombeau
Logis-de-la-Colle
Ollières
Notre-Dame-d'Espérance
Bras
Rousset
Basilique Sainte-Marie-Madeleine de Saint-Maximin-la-Sainte Baume
Roc du
Pourcieux
St-Maximin-la-Ste-Baume
l'Arc
Mont Aurélien 875 880
St-Maximin-la-Sainte-Baume
Trets
Peynier
Sommet du Juge
Cambarette
Couron
A51
A8
E 712
D 4096
D 4
D 6
D 952
D 554
D 996
D 96
D 30
D 23
D 561
D 71
D 3
D 560
D 7n
D 6
D N7
D 956
D 4100
D 14

S. 82
Chateau du Pas de Laval
Chap. St-Apollinaire
Balène
Puimoisson
D 953
Chap. N.-D. de Beauvoir
le Pavillon 1624
1905
Mourre de Chanier 1930
Pré Chauvin 1741
Porte de St-Jean
Moustiers-Ste-Marie
les Brochiers
Mauroue
Auvestre
D 952
Musée de la Fayence
Maïre
Chapelle St-Pierre
Châteauneuf-les-Moustiers
Chapelle St
Colonnes Romain
Chap. St-Maxime
Roumoules
Riez
Château de Campagne
Régional
Pont du Galetas
Rougon
Belvédère de Mayreste
la Palud-sur-Verdon
Verdon
D 952
Montagnac-Montpezat
Château Chanteraine
Aguines
Cirque de Vaumale
Collet Barris 1459
Trigance
Balcons de la Mescla
D 11
les Salles-sur-Verdon
Ste-Croix-de Verdon
Lac de Ste-Croix
Falaise des Cavaliers
Montpézat
Bauduen
Grand Canyon du Verdon
Pont d'Artuby
St-Laurent-du-Verdon
Chapelle N.-D. de Baudinard
Grand Plan de Canjuers
Colline d'Estelle
Baudinard-sur-Verdon
Aven du Clos de Fayoun
la Barre
Artignosc-sur-Verdon
Champ Mil
Basses Gorges du Verdon
Mgne. de Barjaude 1173
Mgne. de Beau-Soleil 1025
Régusse
Moissac-Bellevue
Chapelle N.-D. de Liesse
Vérignon
D 30
Montmeyan
Moulins de Régusse
Mtgne. des Espiguières
S. 91
D 13
Forêt de Pelenc
Aups
Chapelle N.-D. de Spéluque
Bois de Pranne
Ampus
Châteaudoub
Château de Taurenne
Nartuby d'Ampus
D 557
D 71
Amphoux
Tourtour
Fox-Amphoux
le Logis
Tavernes
Sillans-la-Cascade
Villecroze
Rebouillon
D 955
Lentier
Salernes
D 560
Cascade Bresque
D 560
Babadié 471
Pontevès
le Flayosquet
D 557
Flayosc
D 13
Gros Bessillon 813
Petit Bessillon 663
Mgne. du Serre 294
Chât. de Riforand
N.-D. des Sel
Cotignac
Bois du Bessillon
Notre-Dame-de-Grâce
Ste-Anne
Entrecasteaux
St-Antonin-du-Var
D 562
Notre-Dame
Chap. Notre-Dame de Benva
Lorgues
Château Robernier
Argens
Vallon Sourn
Correns
D 562
D 10
Florieye
Carcès
Ancien Abbaye du Thoronet
Argens
Miraval
Montfort-sur-Argens
D 562
Chap. Notre-Dame
Lac de Carcès
le Thoronet
Taradeau
D 554
Montagne des Ubacs
Chapelle Ste-Brigitte
Vins-sur-Caramy
D 13
Grotte St-Michel
Vidaub
Caramy
Cabasse
le Val
St-Pastour
431 le Recou
Pierre Plantée
le Cannet-des-M./le Luc
Brignoles
E 80
A8
A8
Parc Mini-France
S. 102

S. 83

Bge. de Chaudanne
Mgne. de Teillon 1893
la Lagne
la Garde
Col de Luens
Destourbes 1543
1054
la Bâtie
Eoulx
Chapelle St-Pons
Ste-Anne
Bourguet
Châteauvieux
la Martre
Brenon
le Plan-d'Anelle
Jabron
N.-D.-des-Sept-Douleurs
Bargème
St-Nicholas
Peyroules
la Foux
Jabron
Chapelle St-Léonce
Malamaire
la Doire
Vilaute
Mgne. de Lachens 1715
D 21
la Bastide
le Moutet
la Roque-Esclapon
Comps-sur-Artuby
Chap. St-Jean
Bois du Malay
Col de la Glacière 1070
Mieraure 1195
de Canjuers
Col du Bel-Homme 1032
1086 Pierrion
Bois du Défens
Bargemon
Montferrat
Callas
Claviers
Ste-Anne de Claviers
Chap. de la Trinité
les Quatre Chemins
D 54
D 562
GUIGNAN
Cascade de Pennafort
D 555
D 54
Trans-en-Provence
la Motte
D 1555
le Muy
Anc. Abb. de la Celle Roubaud
Arcs
TGV
le Muy
A8
Somt. du Peynier 301
Vidauban-Sud
Argens
Aille
les Lattes
Cime de Bausson 1656
Thorenc
Col de Bleine 1439
Pic de l'Aigle 1644
la Ferrière
D 2
Valderoure
Lane
Caille
Andon
Séranon
sur la Colle 1589
D 6085
Chap. N.-D. de Gratemoine
Station de l'Audibergue
Clue de Loup
Col de la Sine 1108
Montagne de l'Audibergue
1169
Canaux
Caussols
Col de Valferrière
1642
Mgne. de Thiey 1552
Escragnolles
Bail
Col du Ferrier 1041
Dolmen des Claps
Pas de la Faye 981
St-Vallier-de-Thiey
Grotte de Baume Obscure
D 6085
Col du Pilon 786
Chapelle St-Pierre
Dolmen des Puades
Mons
Aqueduc Romain de Roche Taillée
Grotte de St-Cézaire
Cabris
Château de Beauregard
Dolmen de Colbas
Spéracèdes
Eglise N.-D. de l'Ormeau
St-Cézaire-s.-Siagne
le Tignet
Peymeinade
D 563
D 2562
Seillans
Fayence
Velnasque
Callian
Montauroux
N.-D. des Cyprès
Tourrettes
Aerodrome de Fayence
D 562
les Terrassonnes
la Colle-Noire
les Marioris
Auribeau-sur-Siagne
Lac de St-Cassien
Massif du Tanneron
St-Paul-en-Forêt
Bois de l'Ermite
Mandelieu-la
Reyran
les Adrets
Castel de Guiol 431
Bois du Rouet
St-Denis
Bagnols-en-Forêt
Bois de Bagnols
Esterel
A8
les Adrets-de-l'Esterel
le Planestel
E 80
Mt. Vinaigre 618
Route des Vins
Endre
D N7
Bois de Palayson
Parc Animalier
Massif de l'Estérel
le Canaver
Fréjus
Chapelle N.-D. de Jérusalem
Puget-s.-Argens
N7
E 80
Pagode bouddhique
Mosquée
Aquarium
Rocher de Roquebrune 373
Puget-s.-Argens
Ancien Pont Romain
Arènes
Valescure
Agay
Roquebrune-s.-Argens
D 7
FRÉJUS
TGV
ST-RAPHAËL
le Dramont
Eglise N-D. de Pitié
Argens
Fréjus-Plage
D 559
Boulouris
Port St-Raphaël
Phare Cap d
Sommet de St-Martin 510
D 25
Fréjus-Plage
Golfe de Fréjus
St-Aygulf
le Vieux Revest
D 559
Plage de St-Aygulf
Col de Gratteloup

S. 94

S. 103

S. 84

Montagne du Cheiron
Chapelle St-Michel
les-Alpes
Carros
Castagniers
Tourrette-Levens
Aspremont
Cantaron
St-Pons
Courségoules
Mouton d'Anou
la Clapière
Gréolières
Cipières
de Loup
Carros-le-Neuf
Gattières
Grotte St-André
Falicon
St-André-de-la-Roche
Col de Vence
St-Jeannet
Bramafan
St-Barnabé
Observatoire de C.E.R.G.A.
Gorges du Loup
Puy de Tourrettes
Baou des Blancs
Château des N.-D. Fleurs
St-Pancrace
Gairaut
Nice-Nord
Arènes
Monast. de St-Pons
Thermes Romains
CIMIEZ
Anc. Cathedrale
Parc d'Attractions
la Gaude
St-Isidore
Courmes
Gourdon
Tourrettes-sur-Loup
Vence
Colonnes Romaines
la Madeleine
Cath. Russe
Magnan
Cimiez
Citadelle
le Haut Montet
Ferrier
le Bar-sur-Loup
St-Paul
Fondation Maeght
la Colle-s.-Loup
St-Laurent-du-Var
Nice-St-Isidore
Nice-St-Augustin
Fabron
Promenade d. Anglais
NICE
Port Nice
Église le Bar-sur-Loup
Col du Pilon
Magagnosc
le Pré du Lac
Château-neuf-Grasse
le Rouret
CAGNES-sur-Mer
St-Laurent-du-Var
St-Augustin
Plage de Nice
Parc Phoenix
Villeneuve-Loubet
Cros-de-Cagnes
Aéroport de Nice-Côte-d'Azur
Opio
Roquefort-les-Pins
les Mouis
Tour de la Madone
GRASSE
N.-D. du Brusc
Villeneuve-Loubet
Villeneuve-Loubet-Plage
Bouches du Loup
Valbonne
les Soullières
Plascassier
Baie des Anges
Peymeinade
Sophia-Antipolis
Biot
Marineland
la Brague
Mouans-Sartoux
Plage de Antibes
N.-D. de Valcluse
Antibes
Port Vauban
Fort Carré
les Breguières
Moulin Vieux
Siagne
Pégomas
Mougins
Vallauris
ANTIBES
Tanneron
le Cannet
Phare de la Garoupe
Plage de la Garoupe
Rocheville
Golfe Juan
Juan-les-Pins
Cap d'Antibes
la Bocca
Festival du Film
Plage de Cannes
Batt. du Graillon
elieu-la-Napoule
les Termes
Cannes
Cap de la Croisette
Mandelieu
CANNES
Minelle
Île Ste-Marguerite
Golfe de la Napoule
Fort Île Ste-Marguerite
la Napoule
Île St-Honorat
St-Jean
Abbaye Île St-Honorat
Théoule-sur-Mer
Plage Théoule-s.-Mer
la Galère
Îles de Lérins
Miramar
Pointe de l'Esquillon
Port de Miramar
l'Estérel
Pic de l'Ours 496
le Trayas
Plage du Trayas
Pic du Cap Roux 453
Pointe du Cap Roux
Plage de Anthéor
Anthéor
Port de Agay
Cap du Dramont
Phare Cap du Dramont
Corniche de l'Estérel
Côte d'Azur
A8
D 6007
D 6098
D 6185
D 6285
D 2085
D 2210
D 2
D 35
D 36
D 19
D 6202
D 6202B
TGV

S. 93

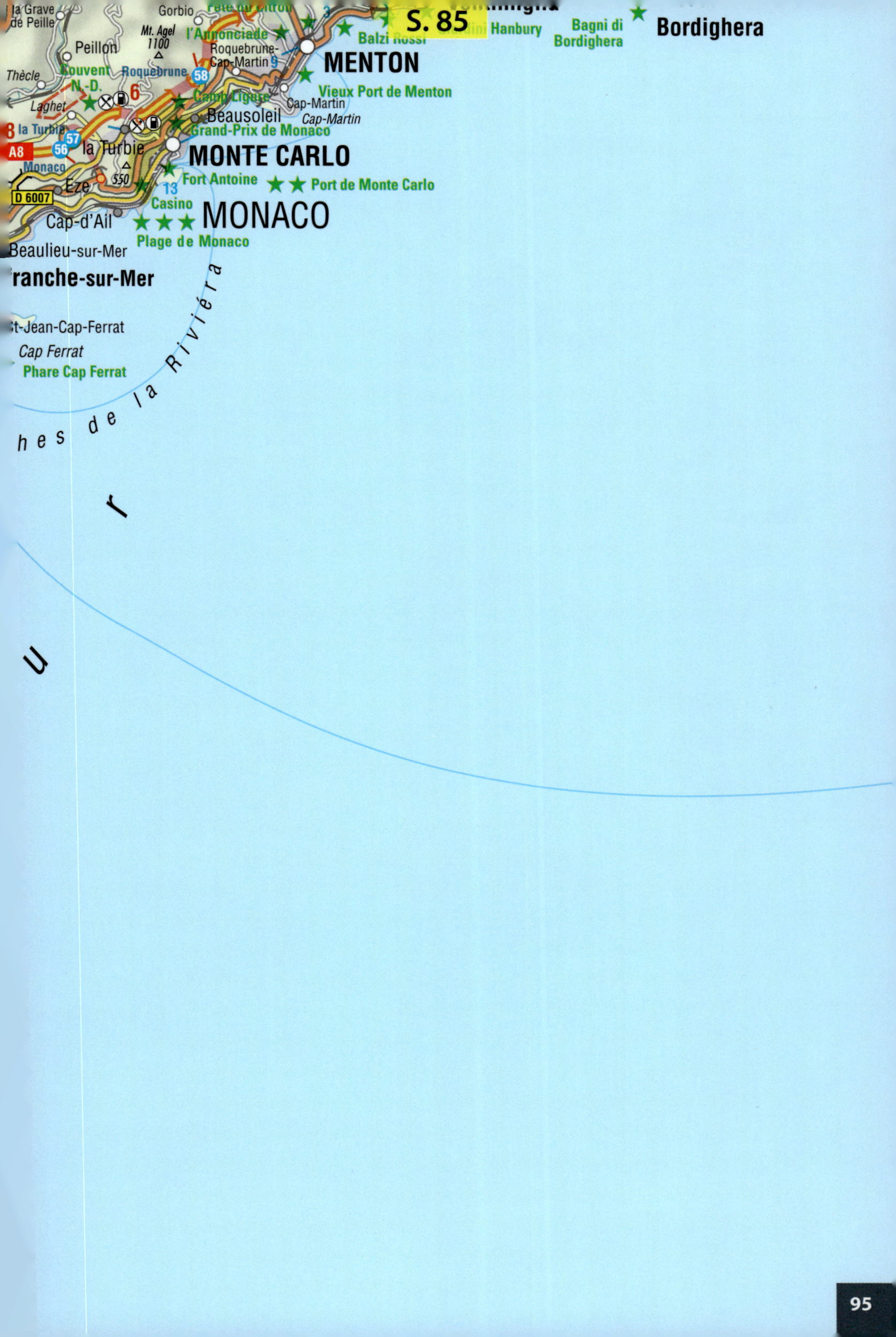

S. 85
Bordighera
Bagni di Bordighera
Hanbury
Balzi Rossi
la Grave de Peille
Gorbio
Mt. Agel 1100
l'Annonciade
Peillon
Roquebrune-Cap-Martin
MENTON
Thècle
Couvent N.-D.
Roquebrune
58
6
Vieux Port de Menton
Laghet
Camp Ligure
Cap-Martin
Beausoleil
Cap-Martin
la Turbie
Grand-Prix de Monaco
57
A8
56
la Turbie
MONTE CARLO
Monaco
550
Eze
Fort Antoine
Port de Monte Carlo
13
D 6007
Casino
MONACO
Cap-d'Ail
Plage de Monaco
Beaulieu-sur-Mer
ranche-sur-Mer
t-Jean-Cap-Ferrat
Cap Ferrat
Phare Cap Ferrat
hes de la Riviéra

S.86

Paulhan
Plaissan
Campagnan
St-Pargoire
Anc. Moulin de Roquemengarde
Usclas-d'Hérault
St-Pons-de-Mauchiens
Cazouls-d'Hérault
Chât. Lavagnac
Camp Romain
Montagnac
Aumes
Pont de Montagnac
Pézenas-Sud
Castelnau-de-Guers
St-Martin-de la Garrigue
Montmèze
Ruines Gallo-Romaines
Villeveyrac
Église de Villeveyrac
Robinson
Ancien Abbaye de Valmagne
les Cigales
Mas d'Antonègre
Montbazin
Remparts Montbazin
Poussan
Gigean
la Garenne
Sète
Balaruc-le-Vieux
Bouzigues
Loupian
Balaruc-les-Bains
Parc à Huîtres
Mèze
le Barrou
Montagne de la Gardiole
Mireval
Vic-la-Gardiole
Autodrôme
Montpellier-Fabrègues
Mas de Bellev
Domaine de Tudès
Frontignan
Fort de Frontignan
Quartier du Grau
Frontignan-Plage
SÈTE
Musée Paul Valéry
Notre-Dame-de-la-Salette
Plage de Sète
Mont St-Clair
175
la Corniche
Citadelle Richelieu
Fort St-Pierre
Vieux Port de Sète
Bassin de Thau
la Grand Grange
le Mourre Blanc
la Bellonette
Pinet
Pomérols
Florensac
la Fadèze
Veyrac
Bessan
Moulin Bladier
Marseillan
Ancien Église
Port de Marseillan
Tour du Castellas
Plage de Marseillan
les Mougères
la Tuilerie
AGDE
Marseillan-Plage
Port de Marseillan-Plage
Vias
Aqualand du Cap d'Agde
le Cap-d'Agde
le Grau-d'Agde
Plage le Grau-d'Agde
Pont Romain
A75
A9
E11
E15
E80
D 2
D 5
D 18
D 51
D 185
D 600
D 612
D 613
D 912
TGV
26
16
d u

Carnon-Plage
Palavas-les-Flots
eneuve-lès-Maguelone
Cathédrale St-Pierre de Maguelone
Plage de Villeneuve
Port-Camargue
Pointe de l'Espiguette
Plage Port-Camargue
Phare de l'Espiguette
Seaquarium
Jarras-Listel
St-Roman
la Capelude
Ancien Fort de Peccais
Étang de Caitives
la Petite Camarg
Étang de Rolland
Golfe d'Aigues-Mortes
aine
Golfe du Lion
Mer M

S. 87
S. 98

S. 88
S. 97
Cabanes de Cambon
Pin Fourcat
Mas d'Icard
Petit Rhône
Étg. de Consecanière
Étg. de Malagroy
Étg. de Monro
Mas de Fielouse
Tour du Vallat
D 36
Étg. de Ginès
Cacharel
Étg. dit l'Impérial
Étg. du Lion
Étg. du Fournelet
Salin-de-Badon
Parc Ornithologique
Phare de la Gacholle
Étg. de la Dame
le Boumian
Saintes-Maries-de-la-Mer
Étg. d'Icard
Étg. des Launes
St-Bertrand
Grand Badon
Plage Saintes-Maries-de-la-Mer
Port Gardian
Saintes-Maries-de-la-Mer
Étg. de Galabert
Golfe des Saintes-Maries
ou de Beauduc
Étg. du Grd. Rascaillon
Tourvielle
Faraman
Parc Nature
Étg. du Vaisseau
Pointe de Beauduc
ou du Sablon
Étg. de Beauduc
Régional de Ca
Étg. de Farama
Phare de Beauduc
Phare de
Plage de Beauduc
éditerrané

S. 89

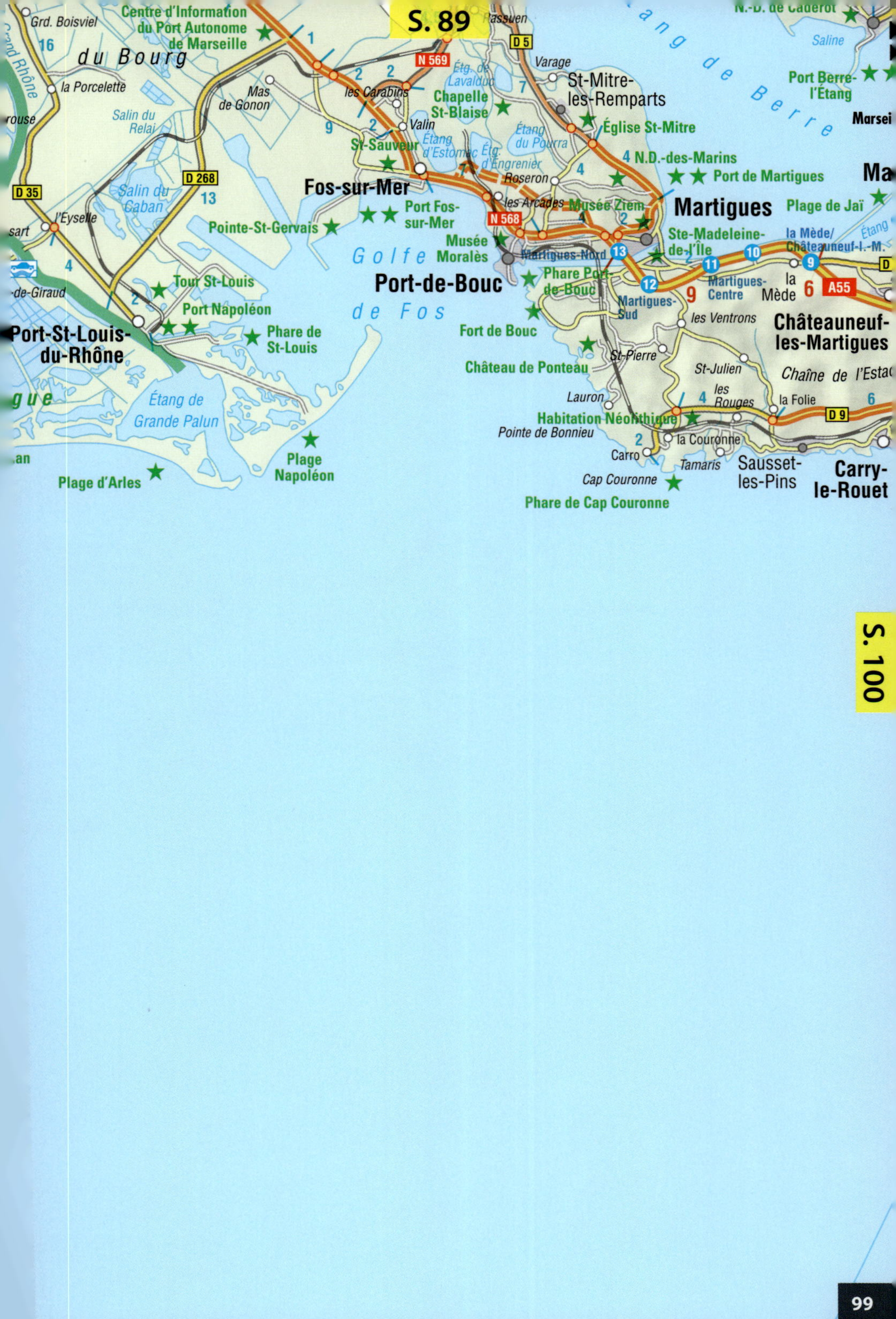
Grd. Boisviel
Centre d'Information du Port Autonome de Marseille
du Bourg
la Porcelette
Mas de Gonon
Salin du Relai
les Carabins
Valin
Chapelle St-Blaise
Étg. de Lavalduc
Étang d'Estomac
Étg. d'Engrenier
Étang du Pourra
Varage
St-Mitre-les-Remparts
Église St-Mitre
N.D.-des-Marins
Port de Martigues
Martigues
Plage de Jaï
Port Berre-l'Étang
Saline
Marsei
Ma
St-Sauveur
Fos-sur-Mer
Roseron
les Arcades
Musée Ziem
Salin du Caban
D 35
D 268
D 5
N 569
N 568
A55
D 9
l'Eysselle
Pointe-St-Gervais
Port Fos-sur-Mer
Musée Moralès
Golfe de Fos
Martigues-Nord
Ste-Madeleine-de-l'Île
la Mède/Châteauneuf-l.-M.
Martigues-Centre
la Mède
Port-de-Bouc
Phare Port-de-Bouc
Martigues-Sud
les Ventrons
Châteauneuf-les-Martigues
Tour St-Louis
Port Napoléon
Phare de St-Louis
Port-St-Louis-du-Rhône
Fort de Bouc
Château de Ponteau
St-Pierre
St-Julien
Chaîne de l'Estac
les Rouges
la Folie
Lauron
Étang de Grande Palun
Habitation Néolithique
Pointe de Bonnieu
la Couronne
Carro
Tamaris
Sausset-les-Pins
Carry-le-Rouet
Cap Couronne
Phare de Cap Couronne
Plage Napoléon
Plage d'Arles
Rassuen
Étang de Berre

S. 100

S. 90
S. 99
Berre-l'Étang
Aix-en-Provence-TGV
Vitrolles
Cassole
Cabriès
Bouc-Bel-Air
Gardanne
Fuveau
Gréasque
Biver
les Moulières
Aéroport de Marseille-Provence
St-Nicolas
Marignane
les Pennes-Mirabeau
St-Victoret
Simiane-Collongue
Plan de Campagne
les Peyrets
St-Germain
les Frères
Mimet
St-Savournin
Cadolive
la Valentine
Peypin
Château de Valdonne
Étang de Bolmon
Château des Covet
Gignac-la-Nerthe
Rebuty
la Nerthe
le Rove
le Rove/Gignac-l.-N.
les Caillols
Septèmes-les-Vallons
670 Pilon du Roi
Cadeneaux
St-Antoine
Chaîne de l'Étoile
le Logis-Neuf
la Bourdonière
Rocher du Garlaban 711
Plan-de-Cuques
Notre-Dame du Château
Carry-le-Rouet
le Douard
St-Henri/St-André
les Aygalades
STE-MARTHE
ST-JÉRÔME
Allauch
Château de Fontvieille
la Treille
Ensuès-la-Redonne
Port l'Estaque
l'Estaque/la Calade
la Vesse
Musée de la Ville
les Arnavaux
la Rose
ST-LOUIS
ST-BARTHÉLÉMY
ST-JULIEN
les Trois Lucs
Eoures
Aubagne-Nord
Rade de Marseille
les Ports/St-Louis
Niolon
le Rouet
Méjean
Phare Ste-Marie
ST-BARNABÉ
la Valentine
Aubagne-Sud
Carry-Rouet
Port Carry-le-Rouet
MARSEILLE
Vieux Port
Vieille Charité
la Barasse
Fort Ratonneau
Hôpital Caroline
Île Ratonneau
Château d'If
Fort St-Jean
Notre Dame de la Garde
ST-LOUP
Musée d'Archéol. Méditerranéenne
la Penne-s.-H.
la Penne-sur-Huveaune
STE-MARGUERITE
la Panouse
Île Pomègues
Fort Borély
MAZARGUES
Vaufrèges
Mt. Carpiagne 645
le Redon
les Baumettes
Col de la Gineste 327
MONTREDON
la Madrague
Mgne. de Marseilleveyre 432
la Cayolle
Cassis
Morgiou
Sormiou
Phare Île Maire
Notre-Dame de Bon Voyage
Baie de Cassis
Île Maire
les Goudes
Callelongue
Grotte Cosquer
Cap Morgiou
Cap Canaille
Île de Jarre
les Calanques
Île Calseraigne
Île de Riou
Phare Cap
Notre-Dame

S. 91
S. 102
Trets
Peynier
les Michels
D 908
Ermitage de St-Jean du Puy
les Adrets
624
880
D 560
Tourves
D N7
les Censiès
les Gaëta
Château de Valbelle
Château St Julien
Chapelle de l Gayolle
Abbaye d
Montagne de Regagnas
716
les Boyers
la Bouilladisse
Pas de Trets
St-Zacharie
Moulin-de-Redon
Parc du Moulin Blanc
Logis-de-Nans
Rougiers
D 1
Pont de Cassède
Montagne de la Loube
830
D 5
Auriol
D 560
Bois de la Lare
Chapelle Notre-Dame d'Orgnon
Nans-les-Pins
Chapelle des Parisiens
les Glacières
Mazaugues
la Roqueb
St-Vincent
A52
D 96
Tête de Roussargue
749
Plan-d'Aups-Ste-Baume
Grotte St-Pillon
St-Pilon
1147
Signal de la Ste-Baume
le Mourré d'Agnis
915
Néoul
Pont de l'Etoile
St-Pierre-lès Aubagnes
Pic de Bertagne
1041
Chaîne de la Sainte-Baume
740
les Grands Péru
Riboux
Signes
Méounes-lès-Montrieux
D 2
le Martinet
UBAGNE
Gémenos
Aubagne-Est
Ancien Abbaye Cistercienne
Mt. Cruvelier
577
Cuges-les-Pins
D 8n
Ok Corral
Aérodrome du Castellet
le Camp
D N8
Circuit du Castellet Paul-Ricard
Montrieux-le-Vieux
le Pou de Vèze
800
Jas de Laura
826
Chartreuse de Montrieux-le-Jeune
Forêt des Morières
Gapeau
Carnoux-e.-P.
le Petit Rouvière
Roquefort
Rouvière
Roquefort-la-Bédoule
D 2
la Bégude
Ste-Anne-du-Castellet
Plateau de Siou Blanc
Grand Caunet
Laouque
D 3
le Brûlat
Rocher de l'Aigle
605
Roca Troca
721
le Grand Cap
783
Cassis
Ceyreste
le Castellet
le Beausset
Mont Caume
804
A50
La Ciotat
les Plaines Baronnes
les Lecques/St-Cyr-s.-M.
la Cadière-d'Azur
la Cadière-d'Azur/le Castellet
Notre-Dame de Vieux-Beausset
le Revest-les-Eaux
Tourris
Aqualand
le Broussan
Dardennes
la Ciotat Plage
le Liouquet
les Lecques
St-Cyr-sur-Mer
le Plan
Ste-Anne-d'Evenos
Evenos
576
les Pomets
Bau de 4 Heures
Fort St-Antoine
La Ciotat-Plage
la Madrague
D N8
Zoo de Sanary-Bandol
Gorges d'Ollioules
la Valette-du-Var
La Ciotat
Cap de l'Aigle
Île Verte
Port d'Alon
D 559
Bandol
le Gros Cerveau
Ollioules
Toulon-Ouest
Benoît Malon
Bandol
Sanary
7,5
Châteauvallon
TGV
A57
Plage de Bandol
Port de Bandol
Île de Bendor
A50
Lagoubran
la Seyne-Centre
le Mourillon
Six-Fours-l.-Pl./Ollioules
Port de Toulon
les Playes
TOU
Sanary-sur-Mer
Collégiale St-Pierre
Fort l'Aiguillette
Six-Fours-les-Plages
la Seyne-sur-Mer
Six-Fours-les-Plages
Fort Croix
Aquarium
Roche-Blanche
les Sablettes
St-Mandrier-sur-Mer
Îlles des Embiez
Fabrégas
Observatoire de la Mer
Plage Fabrégas
Notre-Dame du Mai
Phare Cap Sicié
Cap Sicié

S. 92
S. 101
Brignoles
les Gaëtans
la Celle
Abbaye de la Celle
Parc Mini-France
Maunier
455
Camps-la-Source
Flassans-sur-Issole
Issole
le Luc
Sources Thermales
le Cannet-des-Maures
le Cannet-des-Maures
Autodrome du Var
la Lauzade
la Basse Verrerie
des-M./ le Luc
E 80
A8
D N7
D 43
D 97
D 554
D 14
D 12
D 559
D 98
A57
A570
Besse-sur-Issole
Chapelle Ste-Agathe
Roquebrussanne
Forcalqueiret
Ste-Anastasie-sur-Issole
Château du Castellas
Gonfaron
le Village des tortues
Forêt des Mayons
Gareoult
Rocbaron
Carnoules
Pignans
Notre-Dame des Anges
Col des Fourches
535
Néoules
Puget-Ville
661
779
la Sauvette
705
Pilon St-Clément
Ste-Philomène
le Fédon
449
Crête des Martels
Ancien Eglise de Collobrières
le Martinet
Barre de Cuers
Ruol
Cuers-Pierrefeu
la Portanière
Collobrières
Chartreuse de la Verne
Belgentier
le Suc
479
Cuers
Cuers-Nord
Réal-Collobrier
Forêt de Pierrefeu
la Rivière
l'Aubède
424
Gapeau
Valcros
Pierrefeu-du-Var
le Temple
424
415
Sommet du Laquina
599
Menhirs du Laquina
la Guiranne
Cuers-Sud
Bouisse
270
St-Guillaume
Col de Babaou
Solliès-Toucas
Ste-Christine
Camp-Long
Massif des Maures
la Navarre
Réal Martin
Valcros
Col de Gratteloup
199
Forêt des Maures
les Terrins
Solliès-Pont
Chapelle St-Isidore
Château des Forbins
Parc d'Oiseaux Tropicaux
les Gaouby
Bormes-les-Mimosas
Tourris
la Farlède
la Chaberte
les Borrels
le Loti
224
les Jassons
St-Honoré
la Verrerie
Réserve du Trapan
la Crau
la Londe-les-Maures
Château de Bormes
le Fenouillet
Mauvanne
la Bigue
La Bastide V.
St-Augustin
HYÈRES
Port-Pothuau
les Bormettes
la Favière
les Fourches
Chât. Hyères
Port-de-Miramar
Chât. les Fourches
le Tombadou
Jardins Riquier
la Garde
Ayguade-Ceinturon
Port-de-Miramar
Cabasson
la Palasse
le Cap-Brun
le Pradet
N.-D. deConsolation
Musée de Hyères
Cap de Brégançon
Fort de Brégançon
TOULON
Ostebelle
Plage Ayguade
Ste-Marguerite
Carqueiranne
Port Hyères Plage
la Garonne
le Pradon
l'Almanarre
Hyères Plage
les Oursinières
Carqueiranne
Fort Croix des Signaux
Fort de la Gavaresse
Salins des Pesquiers
Hyères Plage
la Capte
Presqu île de Giens
Golfe de Giens
Îles d'H
Château de Giens
Cap de l'Esterel
la Madrague
Giens
la Tour-Fondue
Plage Notre-Dame
Pointe Escampobariou
la Tour-Fondue
Ancien Fort de la Repentance
Ancien Batterie
Port du Niel
Île du Grand Ribaud
Port Porquerolles
Porquerolles
127
Île de Porquerolles
Fort du Grand Langoustier
Mt. des Salins
Château Fort Ste-Agathe
Cap d'Arme
Phare et Calanques de l'Oustaou-de-Diou

S. 93
Plage de St-Aygulf
Col de Gratteloup
Col de Bougnon
le Revest
les Gastons
Valauris
la Moure
Plan-de-la-Tour
Aqualand
Val-d'Esquières
la Gaillarde
Pointe de la Calle
les Issambres
Plage les Issambres
San-Peïre-sur-Mer
Baie de Bougnon
la Nartelle
Pointe des Sardinaux
Plage Ste-Maxime
Ste-Maxime
Col de Vignon
St-Preire
Coriolan
Guerre-Vieille
Beauvallon
Golfe de St-Tropez
St-Tropez
Plage des Graniers
Cap de St-Tropez
Château de la Moutte
les Salins
St-Pons-les-Mûres
Port-Grimaud
N. D. de-la-Queste
Grimaud
Chap. Ste-Anne
Cogolin
Bastagne Moulin
la Capilla
Plage de Tahiti
Anse de Pampelonne
Salagru
Barrage de la Verne
Gassin
Ramatuelle
Plage de Pampelonne
les Guiols
la Croix-Valmer
Moulins de Paillas
Cap Camarat
Phare de Cap Camarat
l'Escalet
la Môle
la Bouuillabaisse
Plage de l'Escalet
les Pradels
Baie de Cavalaire
Gigaro
Cap Cartaya
Port Cavalaire-sur-Mer
Plage de la Briande
Cavalaire-sur-Mer
le Rayol
Canadel-sur-Mer
Cap Lardier
Pramousquier
Cap Nègre
Corniche des Maures
Pointe de Calle-Rousse
Pointe du Castellas
Phare du Titan
Île du Levant - /Champ Militaire/
Île du Levant
Héliopolis
Passe des Grottes
Pointe Marpertuis
Fort de Emminence de la Solitude
Parc National de Port-Cros

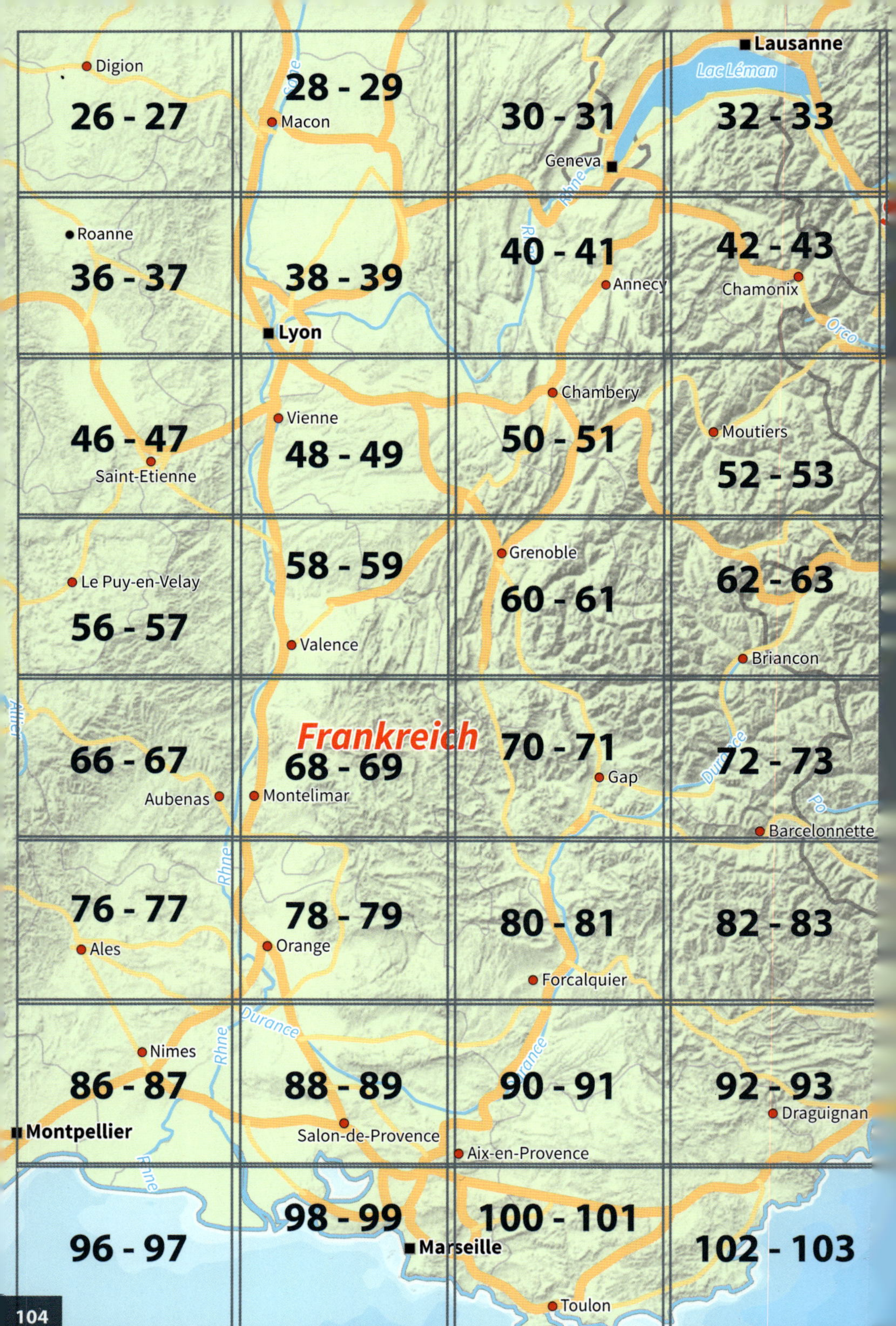
Digion
26 - 27
28 - 29
Macon
30 - 31
Geneva
Lausanne
Lac Léman
32 - 33
Roanne
36 - 37
38 - 39
Lyon
40 - 41
Annecy
42 - 43
Chamonix
Orco
Vienne
46 - 47
Saint-Etienne
48 - 49
Chambery
50 - 51
Moutiers
52 - 53
Le Puy-en-Velay
56 - 57
58 - 59
Valence
Grenoble
60 - 61
62 - 63
Briancon
Allier
66 - 67
Aubenas
Montelimar
Frankreich
68 - 69
70 - 71
Gap
Durance
72 - 73
Po
Barcelonnette
Rhne
76 - 77
Ales
78 - 79
Orange
80 - 81
Forcalquier
82 - 83
Durance
Nimes
Rhne
86 - 87
Montpellier
88 - 89
Salon-de-Provence
90 - 91
Aix-en-Provence
92 - 93
Draguignan
96 - 97
98 - 99
Marseille
100 - 101
Toulon
102 - 103